生物社会学研究

罗力群 / 著

SHENGWU SHEHUIXUE YANJIU

华中师范大学出版社

新出图证（鄂）字 10 号

图书在版编目（CIP）数据

生物社会学研究/罗力群著. --武汉：华中师范大学出版社，2024.9.

ISBN 978-7-5769-0630-1

Ⅰ. C91

中国国家版本馆 CIP 数据核字第 2024XR6478 号

生物社会学研究

责任编辑：张怀东　**责任校对：**骆 宏　**封面设计：**罗明波

编辑室：学术出版分社　**电话：**027-67863220

出版发行：华中师范大学出版社有限责任公司

社址：湖北省武汉市洪山区珞喻路 152 号　**邮编：**430079

电话：027-67863426（发行部）

网址：http://press.ccnu.edu.cn　**电子信箱：**press@mail.ccnu.edu.cn

印刷：武汉中科兴业印务有限公司　**督印：**刘 敏

开本：710mm×1000mm 1/16　**印张：**19.75

版次：2024 年 9 月第 1 版　**印次：**2024 年 9 月第 1 次印刷

字数：294 千字　**定价：**88.00 元

欢迎上网查询、购书

序　　言

较适于用来理解人类行为和社会文化的自然科学理论和知识，大概首推生物学和量子力学。在现代社会科学里，以生物学来理解人类的潮流是20世纪60年代之后在西方学术界逐渐兴起的。只是在近几年里，量子力学对传统社会科学的影响才得到了较多的关注和讨论。

本书是我20多年来阅读和思考的结果，旨在探索把生物学和社会学结合起来的途径，即如何引入生物学知识来理解社会学传统上关心的人类行为和社会文化问题。就实际情况来看，生物学对社会学的影响主要是通过三个方面来进行的，即进化生物学、行为遗传学和神经科学。此外，也有人借助于内分泌学等方面的知识来解释人类行为。借助于生物学知识并结合社会学传统的洞见来理解社会学传统上关心的问题的做法就统称为生物社会学。我撰写此书，自然肯定生物学知识对于理解人类的重要价值。可以说，不重视生物学因素对人类行为和社会文化影响的社会科学学科是贫瘠的学科。

我们知道，著名社会学家默顿（2006：59）曾经倡导发展中层理论。中层理论即中间层次的理论，它区别于社会学研究中使用的工作假设，也不同于可以解释一切人类社会行为、社会组织和社会变迁的宏大理论。很多社会学家则提倡社会学研究应该基于机制（一组有规律的因果关系）解释。中层理论和机制解释应当是基本对应的两个概念。一大关键问题在于，如何去做中层理论，提出机制解释呢？诚如默顿所说，诸如结构功能主义等宏大理论只能规定研究的一般取向，不能清晰地表述具体变量之间的关系。例如，功能主义理论的主要作用似乎在于启发研究者去关注社会文化现象发挥的作用或功能，而西方马克思主义则引导研究者关注阶级压迫和冲突等方面。事实上，生物学里是有着生物演化论、遗传学理论等宏大理论或极具一般性的理论的。为什么我们不能借助于演化论、遗传学或神经科学知识，并结合社会学传统的重视社会环境或社会结构因素的洞见，去做中层理论，提出机制解释，做经验研究呢？

很多人可能认为，人类及其社会文化具有不同于物质世界和其他生命的很多特殊性，因此生物学知识原则上不能用于解释人类行为和社会文化。我已在本书多处特别是第一章里提出了不同的看法。我认为，把生物学理论和知识整合进社会学研究是没有真正的学理上的障碍的。多年来，我在自己所执教的高校开设了一门面向全校各院系本科生的通识课程，以及一门面向社会学院研究生的课程，这两门课程介绍以进化论和生物学来解释人类行为和社会文化的知识。我发现，理工科和人文学科（语言、文学等）的本科生似乎要比社会科学学科的本科生更容易接受这些知识，而社会学的本科生要比研究生更容易接受这些知识。如果真是这么回事，这应当是由于已有的观念影响了他们对新知识的接受——很多学习社会科学的学生以及年龄较大的学生脑子里已经有了跟我在课上要讲的不同的一套解释人类社会的套路。的确，我们通常很难摆脱掉多年来持有的观念而迎接新的思想——如果在旧的观念下一切都好，为什么要接受新的呢？像其他生命那样，我们人类也常常耽溺于自我欺骗，即有意无意地扭曲信息的倾向（Trivers，2011）。很多乐意拒斥生物学的人，总是能找到这样那样的理由来使自己心安理得，甚至感到真理在握。

生物社会学是20世纪60年代之后在西方社会学界逐渐发展起来的，并不晚于其他社会科学学科借鉴生物学的努力。尽管只有一小部分西方社会学家这么做，他们的声音还是能通过诸多主流专业期刊、专业学会及其会议等渠道发出来。但在中国社会学界，却很少能听到这样的声音，中文社会学专业期刊里很少发表正面肯定生物学价值的文章（即使有的文章提到有关生物学和进化论的知识，有时对这些知识的介绍却有着基本缺陷）。我认为，中外社会学界的这种差别至少由于两个原因：其一，虽然中国和西方都存在文理隔离的现象，学文科的人不太了解理工科，而学理工科的人也不太了解文科及其学术，二者很少进入对方的研究领域，但我国的文理隔离现象应当更加严重。这大概突出地表现在：不少本来学习人文社科的西方学者转入理科后，竟然后来也获得了诺贝尔科学奖；而我国不仅没有这样的例子，恐怕也没有本来学习人文社科的人后来转入理工科而成为中国科学院或中国工程院院士的例子。其二，对于中国人（可能也包括其他东亚人）来说，英语和其他西方语言是比较难的语言。中西语言在语法等方面差别很大。我们通常也生活在民族结构较为单一的环境里，很少有机会跟以西方语言为母语的人交流从而能帮助我们学习西方语言。相较于数学、物理学等学科，生物学特别是进化生物学和生态学知识的媒介更依赖于文字而非数学。所以也就能发现，我们可以轻易列出举世闻名、成就极高的华裔数学家和物理学家（如陈省身和杨振宁两先生），而不太容易找到这样的生物学家。也正是部分地由此，中国社会科学和社会学的学者不太容易掌握较新较好的生物学知识。

本书共分九章。第一章从大的方面讨论社会学和生物学的关系。早期社会学家还有着对生物学的某种程度上的兴趣，但自 20 世纪初之后，西方社会学家对生物学的兴趣逐渐消退。只是自 20 世纪六七十年代之后，这种兴趣才开始缓慢地复苏，生物社会学逐渐发展起来。很多社会科学学者和社会学者忽视生物学因素对人类行为和社会生活的作用。这种生物学冷漠症可能有两个来源：其一是人类中心主义倾向，其二是片面强调后天社会文化环境因素的学术传统。第一章也指出，社会科学和社会学需要生物学的基本的理由在于：生物学是解释生命的正当学问，社会科学和社会学是解释人的学问，既然人也是生命之一，社会科学和社会学理应在解释人的时候纳入生物学考量。

第二章到第四章分别探讨进化论、遗传学和神经科学与社会学研究的关系。第二章指出，以进化论研究人类行为和文化的取向在人文社科各学科里都有所体现，进化心理学、进化人类学、进化经济学、进化社会学、进化伦理学等新兴学科正是一般所谓进化社会科学。人们有时批评人类行为演化研究的所谓生物学决定论或遗传决定论倾向，指摘其经验证据不足或缺乏可证伪性。这些批评意见是对人类行为演化研究、进化生物学及其历史以及有关的科学哲学思想缺乏足够了解的结果。

按照生物学和遗传学里的常见看法，行为通常都受到遗传影响。第三章指出，行为遗传学研究分为两大类，即主要表现在双胞胎研究和收养研究那里的数量遗传学研究与致力于找到影响行为的具体基因的分子遗传学研究。一批西方社会学家在数量遗传学和分子遗传学两个方向上都有研究成果问世。在西方政治学界和经济学界也已经分别形成了常常称为遗传政治学/基因政治学和遗传经济学/基因经济学的新的研究领域，它们分别对应于社会学界所谓遗传社会学/基因社会学。

神经科学是研究神经系统特别是脑的结构和功能的诸学科，20 世纪 50 年代到 60 年代是现代神经科学形成的时期。第四章指出，神经社会学的基本特点在于引入神经科学固有的知识和方法，研究脑与社会文化环境之间的相互作用。把传统的社会学知识跟神经科学研究结合起来，既可能为传统社会学，也可能为神经科学带来一些新颖、重要的洞见。并非仅仅社会学家倡导把本学科传统与神经科学研究整合起来。在其他人文社科学科里，神经心理学、神经经济学、神经政治学、神经人类学、神经伦理学、神经美学等一系列“神经××学”近些年来都持续处于发展之中。

第五章到第九章则分别考察如何在性别、婚姻家庭、人口和民族、犯罪、社会结构和历史问题研究中引入生物学的考量。第五章指出，男女之间在生理、心理、行为等诸方面的差别具有遗传、激素、神经和进化等方面的生物学基础。哺乳动物里几乎普遍地存在着雄性统治；在我们人类的历史和现实中，也能发现广泛的男性统治现象，并且，跟多数灵长动物物种比较，人类表现出更广泛的男性统治和男性对女性性行为的控制。这些现象都能从演化的角度做出解释。

第六章指出，可以基于进化论解释乱伦禁忌及各类婚姻家庭制度的起源和维持、各类家庭关系的基本特征。也有一些学者基于遗传学和神经科学解释婚姻家庭问题。例如，美国著名进化生物学家亚历山大基于群体选择的观点解释了一夫一妻制的演化——一夫一妻制为群体成员提供了均等的生育机会，能减少群体内部冲突，促进群体团结、整合，帮助群体在群体间竞争和冲突中获胜，从而有利于群体的生存和繁衍。

第七章探讨了借助于生物学知识来解释人口和民族问题的路径。生物人口学很可能是西方人口学界近些年来发展最快的研究领域。行为遗传学研究表明，在现代西方社会，遗传是导致子女数量差别的因素之一；遗传因素可能通过对身体和心理、行为（例如健康程度、性情）的影响，进一步影响到子女数量。按照进化论的推理，自然选择和演化会导致个体近似普遍地有着将地位转化为繁衍成功的行为倾向。我们的研究团队对湖南某地和河南某地农民的研究都表明，农民的社会经济地位越高，子女数量也越多。关于民族问题，分子遗传学研究能够为探讨各民族在遗传上的源与流奠定一个可靠的基础，至少是传统的关于民族问题的人文社科研究的一个极为重要的补充。进化生物学里著名的广义适合度理论可以充当民族问题研究的一般理论框架。可以借助这个理论解释为何广泛存在着号称拥有共同祖先的民族或族群等现象。

第八章指出，近些年来发展起来的生物社会犯罪学倡导把生物学的理论和技术和传统社会科学的工作结合起来研究犯罪问题。美国进化心理学家邓特利和沙克尔福德基于进化论提出了关于犯罪行为的解释框架。他们把犯罪行为视为演化出来的行为策略，这同时也意味着，犯罪倾向的分布频率要远远高于很多人的想象。行为遗传学研究表明，反社会行为和犯罪行为具有遗传基础，特别是终身累犯受遗传因素影响较大。关于神经系统与反社会行为和犯罪行为之间的关系，既有研究较为一致地发现，除了社会文化环境因素，两个脑区即边缘系统和前额皮层与反社会行为相关联；此外，自主神经系统也跟反社会行为和犯罪行为有关系。

第九章指出，社会分层是社会学者最重视的社会结构。从演化的观点看，个体之间广泛地存在着资源竞争和冲突，但个体之间资源获取能力各异，就必然导致由各个体构成的群体或社会内的在资源占有上的层化或差异。费孝通曾经把能够满足生存要求的传统中国农业社会的社会关系结构称为差序格局，他认为这一结构特征使得中国人表现出某些特殊的道德和行为倾向。而其中的某些道德和行为倾向可以看作人类演化出来的普遍的倾向。基于社会结构视角对国民性的解释属于直接层面的解释，应当带有一定的真理性成分，而直接解释与最终解释或进化解释是互补而非互斥的关系。按照行为遗传学研究，社会经济地位获得受遗传、共享环境（主要指家庭出身或家庭环境）和非共享环境三种因素影响，遗传的效应大于家庭出身的效应。遗传过程中的基因重组会导致代与代之间在认知能力和其他心理、行为特征上的差别，进一步导致代际流动的可能性。遗传因素在更大程度上影响地位获得的社会应该也是更开放的、代际阶层流动水平更高的社会。关于阶层固化的风险，需要担心的不是遗传现象本身，而是限制阶层流动的制度安排和习俗以及婚姻匹配习俗。传统社会科学认为，国家之间在财富上的差别受到地理环境、制度和政策、文化、国家能力等因素影响。事实上，受进化和遗传影响的国民认知能力也会影响国家之间在财富上的差别。

科学的基本目的就是对世界做简洁的理论描述。在此方面，达尔文和孟德尔等人做出了杰出的工作。正是这些不世出的天才提出了那些伟大的思想，仿佛一脚把门踢开，让关在黑屋子里的人能够睁开眼睛，看看外面的光明。本书就是一项平凡的工作——把遵循达尔文和孟德尔等人以及社会学先贤指引而做出的一些研究工作整理出来。读了本书后，一些读者可能也会感到我对生物学的倚重过多，对传统社会学视角的依靠较少。希望还有其他人比我做得更好。

目　　录

第一章　社会学和生物学[①]

在过去的几十年里的西方社会科学界和社会学界，生物学的影响主要体现在三个方面，即进化生物学、遗传学和神经科学。依托于这三个方面来研究人类行为和社会文化的社会学研究常常被分别称为进化社会学（evolutionary sociology）、遗传社会学/基因社会学（genosociology）和神经社会学（neurosociology）。此外，也有人借助于内分泌学等方面的知识来解释人类行为。借助于生物学并结合社会学传统的洞见来理解人类的这个大的领域常常被统称为生物社会学（biosociology）。

第一节　生物学在社会学里的影响

在社会科学里，社会学家对生物学的兴趣应当不如心理学家、经济学家和社会文化人类学家那么浓厚。但生物学的影响也贯穿整个社会学史，是社会学史的一个重要方面。总的说来，早期西方社会学家对生物学的兴趣较为浓厚。但自 20 世纪初之后，社会学家对生物学的兴趣逐渐消退，只是自 20 世纪六七十年代之后，他们的这种兴趣才开始缓慢地复苏。

1. 早期历史

被称为“社会学之父”的法国哲学家和社会学家孔德（Auguste Comte）在其 1838 年出版的六卷本《实证哲学教程》（1830 年至 1842 年间出版）的第四卷里在学术史上首次提出了“社会学”这个名词。孔德认为，各门科学按照达到科学阶段的先后顺序是天文学、物理学、化学、生物学和社会学。孔德像十八、十九世纪的很多西方知识分子那

---

① 本章部分内容来自拙文《20 世纪后期以来生物社会学的兴起》，《社会学评论》2024 年第 2 期。

样，很尊重英国科学家牛顿的成就，把牛顿物理学当作发展科学的样板，所以他更喜欢用“社会物理学”而不是“社会学”这个名词来称呼研究人类社会的新学问。虽然如此，但孔德仍然认为，社会学应该以生物学为基础发展起来，并且社会学的发展也会反过来促进生物学的发展（Schutt and Turner，2019）。

孔德之后的英国哲学家和社会学家斯宾塞（Herbert Spencer）怀有巨大的抱负。他把自己的哲学思想称为综合哲学（synthetic philosophy），他一生的目标就是建立一个综合哲学的体系。他认为哲学是完全统一的知识，是对宇宙万物的一般性认识；哲学命题是最高的首要的真理，不能从别的命题演绎出来，但分门别类的知识（生物学、心理学、社会学等等）都可以包容进哲学体系里，都可以看作某些基本哲学思想的外推和延伸。斯宾塞又认为，包括生命与非生命在内的宇宙万物都处于进化的过程中。进化是斯宾塞极为关注的一个话题，所以有时他的哲学也被称为进化论哲学。他自认为当时的德裔俄罗斯生物学家冯·贝尔（Von Baer）的作品促成他提出了进化学说（Spencer，1867：337）。在贝尔看来，胚胎发育表现为不断分化和趋于结构复杂的过程，他也像其他德国胚胎学家那样，认为任何变化都遵循这种规律（Haines，1988）。而斯宾塞正是认为，进化的一大特征在于趋向于变得更复杂（和进步）。社会达尔文主义指的是借助英国科学家达尔文提出的生命演化理论，解释人类社会并鼓吹自由放任、种族主义、帝国主义等思想的做法。人们往往把斯宾塞看作“社会达尔文主义之父”。但是，斯宾塞强调进化是一个趋于复杂和进步的过程，生命进化的主要原因在于用进废退和获得性状遗传。这样的进化观更接近于达尔文主义出现之前的拉马克主义的观点。据科学史学科奠基人乔治·萨顿等人（1990）的考证，斯宾塞“直到晚年都是一个拉马克主义者”。很可能，达尔文对斯宾塞思想的影响并不大。斯宾塞在世时也不喜欢被人称为达尔文主义者，他认为自己创立的思想体系比达尔文更好（罗力群，2019a）。

总的看来，斯宾塞主张社会学研究应该依赖生物学，并且他在进化思想等方面也确实受到了生物学家影响。斯宾塞（2001）的初次出版于1873年的《社会学研究》一书是学术史上书名包含“社会学”一词的第一部著作。这部书探讨了社会学的性质、进行社会学研究会遇到的各种困难和偏见、生物学和心理学与社会学的关系等问题，因此可以当成社会学方法论的专著。该书有一章坦然认可孔德的社会学应该以生物学为基础的思想，并对此做了专门论证。

我们知道，通常所谓社会学经典三大家指的是涂尔干（Emile Durkheim）、韦伯（Max Weber）和马克思（Karl Marx）。在其早期著作《社会分工论》里，涂尔干（Durkheim，1984：208-213）指出，机械团结的社会（传统社会）和有机团结的社会（现代社会）的一个基本区别在于劳动分工的发展程度不同；而在从传统社会向现代社会的过渡中，分工的日益深化“不是由于外部环境发生了较多变化，而是由于生存竞争变得更为激烈了”。在另一个地方，涂尔干又简洁明了地说“劳动分工是生存竞争的结果”。达尔文（2005：69）在《物种起源》里曾经讲到性状趋异原理，即在生物个体之间的生存竞争非常激烈的情况下，即便只是在一个狭小区域里，生物个体之间在外在性状上的变异或差别也会非常大，因为更大的变异意味着能更有效地利用环境。按照达尔文的自然选择理论的基本思路，由于自然资源相对于某环境下生长的生物个体数目而言是有限的、稀缺的，生物之间存在激烈的生存竞争，这就导致自然选择，即个体之间有差别的繁衍①，于是演化逐渐得以发生。达尔文上面的基本意思是：在生存竞争很激烈的情况下，最终将只有一些很特殊或有着什么“绝活”的个体才能生存。涂尔干引用了达尔文关于性状趋异原理的一段话。涂尔干认为，人口增加导致资源稀缺和生存竞争，这就促成了劳动分工的日益发展，社会得以逐渐演化。涂尔干对达尔文思想的借鉴是明显的。但涂尔干《社会分工论》之后的著作里似乎就见不到生物学影响的痕迹了。涂尔干（2004）在后来的著作里强调社会学应该坚持“以社会事实解释社会事实”的原则。他所说的社

① 《社会分工论》一书的汉译本把“competition to survival... natural selection”和“natural selection”都灵活翻译为“物竞天择”（涂尔干，2013：156，228）。这种译法可能受到了清末民初学者严复的影响。在当代中文生物学、哲学、心理学、经济学文献里，一般情况下“competition to survival”“natural selection”还是分别直接翻译为“生存竞争”“自然选择”的。从方便不同学科交流的角度考虑，似宜采取跟其他学科一致的译法。此外，严复式的灵活翻译似乎也不利于向读者传达达尔文理论包含的重要信息，即自然资源有限导致选择和演化。

会事实就是由很多个人联系起来本身所形成的事实，是不能由生物学和心理学来解释的事实，是尚待社会学人发现的种种事实。

韦伯曾经承认生物遗传因素可能对社会行为产生影响。韦伯（1997：43）讲道：如果有充分的统计学证据表明遗传因素对社会行为具有影响，社会学就应该接受这一点。不过韦伯的社会学方法论的基调在于强调移情式地理解人们行为的意义或动机。这种方法论主张看似与生物学相距甚远，在其著作里似乎也很难找到受生物学影响的痕迹。但无论如何，与当代的某些学术时尚比起来，愿意承认遗传对行为的影响仍然不失为开明的一个表现。

马克思本人、恩格斯和其他许多人常常把马克思和达尔文相提并论（Ball，1979）。例如，《物种起源》出版仅仅一年后的1860年，马克思写信给恩格斯："虽然这本书用英文写得很粗略，但是它为我们的观点提供了自然史的基础。"1883年马克思去世的时候，恩格斯在马克思墓前讲："正像达尔文发现有机界的发展规律一样，马克思发现了人类历史的发展规律……"要想理解马克思和恩格斯为什么这么说，就要明白：其一，他们所理解的达尔文进化论的一个要点是，物种之间和物种内部存在着持续的生存竞争（struggle for survival），由此导致自然选择和进化的过程，而进化意味着生命世界的进步；他们认为人类社会里存在着相似的规律，即持续的阶级斗争也在推动着人类社会的变迁和进步。其二，马克思（应当也包括恩格斯）多多少少是一个科学统一论者（李醒民，2008）。一个科学统一论者看到非人类的生命世界和人类社会服从相似的规律时自然是极为振奋的。现代进化生物学已经把进步的意味从达尔文进化论的实质含义中剥离了出去。但在19世纪后期，可以说马克思、恩格斯对进化论的理解基本上是没有问题的，因为达尔文本人也认为进化的主要原因即自然选择在相当程度上由生存斗争引起，进化总体上说也是一个进步的过程，尽管达尔文（2005）对进化的进步性质的看法是有保留的。总的看来，达尔文学说对马克思学说并没有实质性的影响。与其说达尔文影响了马克思，不如说马克思是西方文明之子，他的学说受到了18世纪启蒙运动的理性和进步思想的直接、间接影响。

在早期著名社会学家、人类学家和哲学家中，韦斯特马克曾经受到达尔文进化理论很大影响。韦斯特马克是英国学术史上第一位社会学教授，也是著名人类学家马林诺夫斯基的指导老师，应当也是对马林诺夫斯基影响最大的老师①。韦氏的主要著作包括初次出版于1891年的《人类婚姻史》（*The History of Human Marriage*）和初版于1903年、1906年的约1600页的两卷本皇皇巨著《道德观念的起源与发展》（*The Origin and Development of Moral Ideas*）。我国哲学学者赵敦华（2006）讲，韦氏是“一个巨人，他的双肩是两部重要著作……”这么说是算不得夸张的。韦斯特马克自觉地基于达尔文的进化理论系统地考察了人类婚姻家庭和道德等问题。他是早期著名社会学家和人类学家中唯一一位真正始终在其思想中贯彻了达尔文进化论的著名学者，是现代进化社会科学的重要先驱（罗力群，2016；Wolf，1995：17）。

至于韦氏的弟子马林诺夫斯基（1987：91），他的一个基本论点是，高度发达的文化是人类和动物的一个根本区别，但文化的基础还是在于生物学原因，即“文化……产生于生物需要的满足”。在差不多所有人都忘掉了马氏的学术传承的新的时代，费孝通（1998：319，321）敏锐地指出，“（马林诺夫斯基）把文化看成生活的手段实际上是达尔文生物演化论的逻辑发展”，“马老师对文化的基本看法实际上是和达尔文的生物演化论一脉相承”。费老实际上在指出，达尔文的进化论包含了功能论的成分，即各种性状或特征能否在演化中“脱颖而出”取决于其对于生存和繁衍所发挥的功能。任何对进化论有着基本了解的人都应能看出，费老的解读是毫无问题的。虽然马氏的基本学术思想受到了生物学影响，但他很少使用生物学直接解释具体的人类行为和社会文化。

众所周知，活跃于20世纪初至30年代的以芝加哥大学社会学系教师为主体的芝加哥学派也受到生物学特别是生态学影响，他们喜欢使用生态学里常用的竞争、共生等概念来描述、分析城市居民的社会生活。就我国社会学史而言，费孝通的师友潘光旦先生是最著名的主张依托生

---

① 费孝通的老师兼同门弗思（Firth，1957：5）回忆：“马林诺夫斯基感到他与韦斯特马克的学术路数尤为接近。他常常在著述里对韦斯特马克致谢，（结识韦斯特马克）四分之一世纪后仍回忆，‘韦斯特马克的亲自教导和著述对我的影响要超过其他任何科学上的影响’。这些都不是空话。”

物学和进化论来研究人类社会文化的少数学者之一。用他（潘光旦，1994：315）1930年发表的文章里的讲法，“就是站在生物学的立脚点来观察文化”。依潘光旦，“所谓生物的原因有三：一是变异，二是遗传，三是选择或淘汰”。从字面和基本内容来看，这是标准的自然选择理论的框架。当然，潘光旦的思想带有他那个时代的烙印，这表现在他刻意区分了“自然选择”（“因了自然的势力而发生的”选择）和“文化选择”（“因了社会和文化的势力而发生的”选择）。现代进化生物学（Blute，2010：31；Wilson，2012：213）认为，动物界也存在社会（指多个可能相互影响的有机体个体组成的群体）和文化（通常定义为通过学习、模仿而习得、传播的行为）。潘光旦所谓文化选择的实质含义仍然是个体或群体之间有差别的繁衍状况，因此是自然选择的具体形式，是可以划入自然选择①的范畴里去的。事实上，潘光旦（1993：251）本人也曾指出，文化选择或人工选择“大要与天择者（自然选择——笔者注）无殊”。在潘光旦看来，不仅“形态与生理方面”受遗传影响，“智力、性情、脾气”等亦然。这种观点放在今天的生物学里也不落伍。潘光旦的同侪吴景超先生也曾倡导探究人类社会的生物学基础，他的著作《社会的生物基础》（1930）仿佛是穿越了时代的作品。比较起来，潘光旦既从进化也从遗传的角度考虑问题，而吴景超更专注于考察遗传对人类行为和社会文化的影响。费孝通（2011）一般不借助于生物学解释人类自己，但他在关于婚姻家庭制度等方面的著述中，仍能大段大段地使用生物学知识来解释动物行为。可以说，从韦斯特马克/潘光旦到马林诺夫斯基，再到费孝通，生物学的影响依次下降，今天在中国社会学界大概已经降到几乎微不足道的地步了。

作为从古典社会学向现当代社会学过渡的一个关键人物，美国社会学家帕森斯一生中的著作始终都肯定生物学因素对人类行为的影响。例如，帕森斯（Parsons，1966：6）讲道：“（一个有机体）的遗传构造构成了一般取向，在有机体一生中与环境因素的相互作用过程中，这种一

① 生物进化论的一个基本思想是：自然选择或有差别的繁衍是演化的主要动力。至于有的人文社科学者把选择或自然选择主要理解为弱肉强食，这是一种过分简单化的理解。关于选择或自然选择的具体含义，参阅下一章。

般取向就发育成具体的解剖结构、生理机制和行为模式。”不过，帕森斯关于生物学因素的论述较为简略，其语言风格通常也是晦涩的甚至佶屈聱牙式的。帕森斯关注的焦点还是社会文化因素对人类的影响。

2. 现代生物社会学

撇开作为基本研究工具的数学和统计学不谈，生物学应当是对社会科学和社会学影响最大的自然科学学科。而社会学早期历史上对生物学的零零散散的兴趣，终于在 20 世纪 60 年代之后发展成为一股借鉴生物学来研究人类社会的系统的努力，现代生物社会学问世了。并非仅仅西方社会学内部发生了这样的变化，在人类学、心理学、经济学、政治学等社会科学学科内也是如此。这场变革的一大知识背景是：生物学在 20 世纪中后期出现了一些里程碑式的进展。第一，在 20 世纪 40 年代至 60 年代间，DNA 双螺旋结构模型的发现等重要工作导致生物学界内部在传统的进化生物学和生态学之外形成了分子生物学和分子遗传学等新的主要分支（Mayr，2004：164）。第二，20 世纪五六十年代也见证了现代神经科学的形成，这一时期西方学术界建立了最早的神经科学实验室、神经生物学系、神经科学专业学会（陈宜张，2004）。第三，在传统的进化生物学里，汉密尔顿（William D. Hamilton）、特里弗斯（Robert Trivers）等优秀的进化理论家①提出了一系列可解释各物种社会行为的新的进化理论，他们也身体力行，用达尔文主义理论来解释人类行为和社会文化（罗力群，2018；2019a）。

伴随着生物学的上述发展，20 世纪 60 年代以来，生物学对西方社会科学的冲击也主要体现在三个方面。首先，社会科学学者试图结合遗传学和本学科传统探讨遗传和环境对人类行为的影响，从而形成了心理学的行为遗传学、遗传政治学/基因政治学（genopolitics）、遗传经济学/基因经济学（genoeconomics）和遗传社会学/基因社会学（genosociology）等新的领域。也有生物学家做行为遗传学研究，主要考察影响动物和人类行为的

---

① 在我国人文社科界，道金斯（Richard Dawkins）和威尔逊（Edward O. Wilson）等进化生物学家要更为著名。使得他们声名鹊起的著作多属通俗性著作或综述性著作。比较起来，汉密尔顿和特里弗斯等人对进化思想做出了更多创造性的重大贡献。据笔者与美国某进化生物学家的私下交流，道金斯和威尔逊在美国也更为有名。

遗传和环境因素。心理学家则主要关心人类行为。如果按通常的做法把行为遗传学粗略定义为对行为的遗传和环境因素的研究的话，那么遗传政治学、遗传经济学和遗传社会学都可以看成行为遗传学在社会科学内的分支。不过，社会科学不同学科的学者受到本学科传统影响，在关心的问题、使用的具体概念等方面可能不一样。

其次，西方人文社科学者也试图结合本学科传统和神经科学的知识和技术来探讨神经系统结构与功能与行为及社会文化环境之间的关系，于是形成了一系列“神经××学”，诸如神经社会学（neurosociology）、神经心理学（neuropsychology）、神经经济学（neuroeconomics）、神经政治学（neuropolitics）、神经人类学（neuroanthropology）、神经伦理学（neuroethics）、神经美学（neuroaesthetics）。

再次，西方人文社科学者依托生物进化论和本学科传统来解释人类行为和社会文化的努力则催生了进化心理学、进化人类学、进化经济学、进化伦理学和进化社会学等新兴领域，这些领域又常常被统称为进化社会科学（evolutionary social sciences），其中又以进化心理学的影响最大。

总之，在过去几十年里的西方人文社会科学界，生物学的影响主要体现在三个方面，即进化生物学、遗传学和神经科学。本书主要关心生物学与社会学的关系以及这种互动关系在过去几十年所结出的果实即生物社会学。生物社会学的主干包括遗传社会学、神经社会学和进化社会学。此外，也有社会学家借助于内分泌学等方面的知识（例如关于雄性激素的知识）来解释人类行为，这类工作也从属于生物社会学。

可以说，社会学界在借鉴生物学来研究人类社会方面的早期发展总体上并不晚于其他社会科学学科。现代进化社会学（依托进化论解释人类行为的工作）至少可以追溯至美国社会学家范登伯格（Van den Berghe，1974）发表于《美国社会学评论》的论文《重新考虑动物：走向关于攻击行为的生物社会理论》，而现代进化心理学、进化人类学、进化经济学的较早期的著作也出现于相似的时间点（罗力群，2016）。以遗传学解释人类行为的工作在心理学界具有较为悠久的历史，尽管20世纪上半叶致力于此的心理学家为数甚少。美国社会学家艾克兰

(Eckland，1967) 20 世纪 60 年代在《美国社会学评论》上发文，鼓吹在社会学研究中纳入遗传学考量，这与现代经济学（Beauchamp et al.，2011）、政治学（Hatemi and McDermott，2012）等学科里相似研究取向的出现也位于相似的时间点上。现代神经科学形成于 20 世纪五六十年代。社会科学各学科依托神经科学解释传统上关心的问题的研究工作大致自 20 世纪 70 年代开始兴起（马庆国，2012），社会学也不例外。最早的神经社会学研究可追溯至美国神经生理学家伯根和坦豪顿等三位社会学家发表于 1972 年的一篇论文（Bogen et al.，1972）。这篇论文旨在探讨大脑偏侧化理论的社会学含义，即社会文化环境因素对大脑两半球功能的影响。

几十年来，一直有一些西方社会学家（包括至少三位美国社会学会主席）提倡整合生物学知识来研究社会学传统上关心的问题。例如，美国社会学会第 74 届（1982—1983 年度）主席罗西（Rossi，1984）在其就职演说中指出："不能面对这个基本问题（生物学对人类行为研究的挑战）的意识形态是胡思乱想，不能面对这个问题的社会科学学科是贫瘠的。"美国社会学会第 92 届（2000—2001 年度）主席梅西（Massey，2000）在其就职演说里讲道："我们需要放弃我们长期以来对社会行为具有生物学基础这一思想的抵制……"就美国社会学界而言，《社会学年鉴》(*Annual Review of Sociology*)、《美国社会学杂志》(*American Journal of Sociology*)、《美国社会学评论》（*American Sociological Review*)、《社会力量》(*Social Forces*)、《社会学视角》(*Sociological Perspectives*)、《社会学论坛》(*Sociological Forum*)、《社会学理论》(*Sociological Theory*) 等专业刊物都多次发表跟生物社会学有关的论文。近年来，美国进化社会学家和生物社会学家也在美国社会学会内建立了自己的专业组织，即进化、生物学和社会分会。

虽然西方生物社会学已经取得了某种程度的发展，但社会学家对生物学的兴趣应当不如其他一些社会科学学科的学者那么浓厚，生物学取向在社会学界的影响要小一些。按照 20 世纪 90 年代初对 133 位美国社会学者的调查，社会学者通常能认识到生物学因素对人类行为的作用，但社会学者对生物学因素的重视程度低于心理学和文化人类学等社会科学学科的学者（Sanderson and Ellis，1992）。尽管缺乏较晚近的调查数据来做一个跨学科的比较，但特纳等西方社会学家（Turner et al.，2020）还是能感受到，政治学、经济学、心理学等学科的学者对于应用生物学知识于社会世界要更为积极。我国一些社会学者应当也有着相似的体会。根据笔者的经验，很多社会学者私下里往往都乐于承认生物学因素对人类行为的某种影响，但这一看法似乎没能充分体现到公开发表的著述上。美国著名社会学家默顿（Robert Merton）是社会学史乃至于整个思想史上少有的智者之一，他主张遵循以非生物学的社会因素来解释社会的传统，因为人类社会已经驯服了人的生物性——“人作为一堆未驯服的生物冲动的形象看起来更像是一幅漫画而不是肖像”（默顿，2006：260）。20 世纪乃至于今天的很多社会学家见到这句话必定心有戚戚。

第二节　生物学冷漠症的来源

很多社会科学学者和社会学者忽视生物学因素对人类行为和社会生活的作用，这种生物学冷漠症可能有两个主要的来源，其一是人类中心主义倾向，其二是单方面重视后天社会文化环境因素的学术传统。

所谓人类中心主义倾向，即我们倾向于极为关注我们人类自己的感受、经验和利益，把人类看作宇宙中最重要的存在和生命，认为人类从根本上优越于其他生命。也许人类中心主义的倾向在道德上是无可指摘的。但是，这种倾向也意味着我们容易忽视世界其他部分的特质，形成某种认知偏差，导致人类特殊论的思想观念，如此一来就为忽视生物学因素找到了看似合理的借口。

按照派生或从属于人类中心论的人类特殊论，人类是根本不同于其他生命的。早在四十余年前，生物学家亚历山大和努南（Alexander and Noonan，1979）就曾列举人类的三十种独特特征，例如直立行走、毛发较少、婴幼儿期较长、婴幼儿期无自理能力、父母常常也照料成年子女、停经、近亲之间密切联系、社会强行实施一夫一妻制、法律制度、广泛而有组织的群体间侵略和战争、祖先崇拜、有组织的宗教、民族主义和爱国主义、包括成千上万核心家庭的国家组织，等等。其中大概有五项特征是经常被人们提及的：意识、先见之明、制造和使用工具的能力、使用语言和符号的能力、文化（代代相传的知识，包括语言和工具，也涉及意识和理性的运用）。而许多生物学研究都表明，这五项特征可能都存在于其他灵长动物那里，黑猩猩可能拥有全部这五个特征。例如，如果把文化定义为通过学习、模仿得到的行为，很多动物物种也有着文化，动物个体之间相互模仿使得其文化得以传播（Blute，2010）。黑猩猩和倭黑猩猩拥有动物界最发达的文化；非洲黑猩猩种群之间存在着广泛的文化差异（Wilson，2012：213）。

关于人类与动物之间区别的最常见说法大概是：人类才真正有意识，人类行为是有意向的，而动物只受到本能支配。因而，人类特别是其行为和文化就原则上不能诉诸生物学和进化论来解释。但是，自达尔文以来的一批生物学家和心理学家的观察都表明，动物心理虽然与人类比起来差别很大，但动物也有某种程度上近似于人类的心理活动。达尔文（2009：82）甚至认为，人和狗、猫等高等动物的心理虽差别重大，但此差别只是量上的差别，而不是质上的差别。在近几十年来的关于人类和动物心理和行为的比较研究领域里，动物也有意识和心理活动并且动物和人类的区别只是程度上而非种类上的差别的观点已经被普遍接受了。仍有人强调达尔文高估了动物的心理能力，但他们也认为人类和动物心理、行为的差别只是程度上的（Penn et al.，2008；Laland and Seed，2021）。

当然，我们人类往往对其他物种有着道德上的优越感。英国生物学家费雪可以说是20世纪前半叶最优秀的进化理论家。在费雪看来，表面上看起来为人类所特有的那些精神和道德品质，实质上跟动物的精神和道德品质差不多（Fisher，1930：170）。事实上，人类中死于同物种其他成员的比例要远远超过其他物种的情况，从这方面说，人类对同物种成员要更为残忍（Alexander，1987）。而人类对其他物种的毁灭又是别的什么物种可以比拟的呢？人类中的利他、合作、自私、恶意、冲突等行为，同样能在其他生命那里找到。我们的近亲灵长目动物群体里也近似普遍地存在着社会分层和统治秩序（Lopreato and Crippen，1999：

227)。

人类中心主义的倾向也会造成所谓社会现象更为复杂并更具偶然性(袁方、王汉生,1997:17-20)的认知偏差。而我们并没有充分证据表明,我们可以一般地说,这些差别确实存在。说社会现象更复杂、更偶然的时候,比较的对象往往是物理世界,而不包括非人类的生命世界,这时候尤具欺骗性——诸如“世界各地的水分子结构都是一样的,但各个个人的特质则迥异”之类的例子是颇能打动人心的。但是恐怕很少有人想到过诸如“所有个人的生命都未能超过三百年(或八百万年)”这同样简单的例子,来说明人类社会现象的简单性和必然性。其实,物理世界也是很复杂、很不稳定的,有关的例子极多。例如,在气压为760毫米汞柱,温度为0摄氏度的条件下,1立方厘米的气体包含约2.687×10^{19}个分子,这些分子在各个方向上随机运动,不停相互碰撞(尼克利斯、普利高津,1986:2)。即便我们不认为这一类的情况比人类社会各个个体的互动更为复杂,难道它们不是远远偏离于我们头脑中的成见“人类社会远比自然界复杂和不稳定”吗?再举一个极端的例子,是宇宙必然消亡还是个人或某族群必然消亡呢?显然属于人类社会现象的后者更有必然性。

在我们放眼生命世界的时候,我们就发现,所谓人类社会更复杂也更有偶然性的幻象进一步消退了。世界上到底有多少物种?每个物种内部各个个体之间到底有多少差别?对诸如此类的问题我们是没有确切答案的,自然就无法确证人类社会的特殊性。再如,我们常常骄傲于人类内部拥有广泛而复杂的合作关系,但是在其他生命,特别是某些社会性昆虫、细菌等生命(过群居生活的生命)那里,同样存在复杂的合作。即便人类由于较强的认知能力而拥有更为复杂的合作机制,例如通过法律和契约合作,这并不能保证人类在所有与合作有关的行为上都优于其他生命,而人类与其他生命在合作问题上也并没有本质差别(West,Mouden and Gardner,2011)。倘若我们不是把人类与其他一些物种一一比较,而是把人类与作为一个整体的其他物种比较,考虑到不同物种往往有着不同的合作机制,很可能我们又可以说,人类的合作机制反而更简单一些了。总之,社会现象和自然现象都是很复杂,很不稳定的。因为复杂性的标准不太好确定，我们恐怕很难从总体上确证社会现象和自然现象哪一个更为复杂，更为不稳定。

所谓人类与其他生命的根本区别，有些是臆想出来的，缺乏事实上的依据。进一步说，人跟其他生命之间存在重大差别并不构成拒斥生物学和进化论的充足理由。昆虫和灵长动物与其他生命之间自然也是有区别的，所以有昆虫学和灵长动物学这样专门研究昆虫和灵长动物的学问。如果我们能找到人类与其他生命之间的 N 种区别，也许我们能发现，昆虫或灵长动物与其他生命之间的区别并不更少。而昆虫学和灵长动物学都共享进化论、遗传学等基本的生物学原理。读者试想一下，是一个人与一只猴子之间的差别大呢，还是一只猴子与一个艾滋病毒之间的差别大呢？我想，那些怀有人类中心论和人类特殊论思想的人会认为猴子和艾滋病毒之间的区别更大，而生物学家基于某些同样的生物学原理来解释猴子和艾滋病毒。既然如此，我们有何理由拒绝用某些生物学知识解释我们人类自己呢？

很可能大部分人都多多少少有着人类中心论和人类特殊论的倾向。社会科学和社会学历史上形成的特定学术传统也妨碍社会科学和社会学学者接纳人类行为的生物学解释。按照几位著名的进化心理学家的看法（Tooby and Cosmides，1992；Pinker，1997：44-47），主流社会科学的人类社会观可称为标准社会科学模式（Standard Social Science Model，SSSM）。事实上，在社会科学各学科内，从来也不存在一个具体的成型的 SSSM 理论。SSSM 不过是对传统的心理学、人类学和社会学甚至政治学、经济学等行为与社会科学学科内的一些共有的理论倾向的概括而已。SSSM 的基本原则是：尽管人类也具有一些生物性的官能，文化和社会环境仍是一个自治的领域，它决定了个人基本的心理、行为倾向或人性，进化、遗传、神经系统的结构与功能等生物学因素对个体心理、行为倾向的解释力极为有限，文化和社会环境因素的变异、变化也不能还原为个体心理、行为倾向，只能由文化和社会环境因素本身来解释。

标准社会科学模式是主流社会科学和社会学的基本理论原则。在此问题上，很多社会科学和社会学学者持有二元对立的思维方式。他们认为，不接受 SSSM 就意味着接受其反面，即生物学决定论——进化、遗传和神经系统等生物学因素决定了个体的心理和行为，进而决定了各种社会文化现象。这是一种过分简单化的错误认识，没有几个心智健全的人实际上持有此种看法。以遗传的影响为例，按照我国著名生物学家饶毅（2012）的看法，“可以说，所有行为都一定有基因参与，只是不清楚多少基因参与某一特定行为，某个基因参与多大的程度，它参与的具体步骤和方式”。这就意味着，虽然主流生物学肯定遗传因素的广泛影响，但并未一般性地得出基因具有决定作用的结论。读者在以下诸章将会看到，生物社会学既承认生物学因素也承认社会文化环境因素对人性的影响，而不一般性地肯定生物学因素的所谓决定作用；生物社会学在承认个体心理、行为倾向对社会文化的影响的同时，也承认某些社会文化因素对其他社会文化因素的影响。例如，现代神经科学认为，在人的一生中，脑的结构与功能都会受到外在环境影响而发生改变，甚至个人长期的积极的自我暗示也有利于脑正常发挥功能和个性发展（Schmalleger，2017：106-107）。就生物社会学而言，它既承认生物学因素也承认社会文化环境因素对人性的影响，而不一般性地肯定生物学因素的所谓决定作用；生物社会学在承认个体心理、行为倾向对社会文化的影响的同时，也承认某些社会文化因素对其他社会文化因素的影响。

第三节　为什么社会学需要生物学?

在我看来，社会科学和社会学需要生物学的基本的理由是很简单的：生物学是解释生命的正当学问，社会科学和社会学是解释人的学问，既然人也是生命之一，社会科学和社会学理应在解释人的时候纳入生物学考量。

积极地把生物学因素纳入社会科学和社会学研究，同时也意味着为社会科学和社会学引入新的理论和概念，为它们确立一个共同的基础理论或范式，并丰富其现有的知识体系。从自然科学的历史和现实来看，在常规或正常状态下，自然科学学科都有着一个主流的基础理论或范式。例如，生物学里的范式是进化论，近现代力学的范式是相对论和量子力学理论。按照著名科学哲学家和科学史家库恩的看法，自然科学能够不断进步的诀窍恰恰在于，由于接纳了一个共同的范式，科学共同体成员在受教育阶段能够接受严格而高效的教育，在走上研究之路时也能实现内部团结和自治，全神贯注于解决一个个具体的问题（库恩，2003：147-150）。

解释生命演化的进化论是进化生物学甚至整个生物学的基础理论，既然人也是生命的一种，社会科学和社会学同样可以把进化论当作自己的基础理论。从学理上讲，生物进化论的核心思想是变异、遗传和选择的思想。人类行为具有广泛的变异或差别，人类行为通常也受到遗传因素影响，因而人类行为也会发生选择和演化，总之可付诸进化论来解释。① 即便我们坚持社会学是一门多范式科学或多范式学科，我们似乎也无法合理地据斥进化论可以成为社会学的多种范式之一的观点。既然遗传学和神经科学是研究包括人类在内的诸多物种的正当学问，来源于它们的一些知识也有潜力进入社会学的知识体系，成为新的体系的有益组成部分。

借鉴生物学知识理解人类社会，也能丰富我们的研究层次，帮助我们更好地认识我们的研究对象。诺贝尔奖获得者、生物学家庭伯根（Tinbergen，1963）认为，行为生物学研究（ethology）② 关心的问题有四类：

①功能（function）：某项行为对促进行为者生存和繁衍的功能或作用是什么？

②演化史（phylogeny）：某项行为是怎么在自然选择等因素作用下演化成现在的样子的？

③机制或因果关系（mechanism/causation）：遗传、神经系统、内分泌系统等生物学因素和外部环境因素是如何直接引发某项行为的？

---

① 关于生物进化论的较详细介绍，参阅本书第二章。

② 庭伯根并不在意动物行为和人类行为的区分。通常把“ethology”译为“动物行为学”。在该文中，庭伯根把“ethology”定义为“行为生物学研究”（the biological study of behavior），没有在“behavior”一词前加上限定词“animal”。肯定动物和人类行为研究的一致性是动物行为学学者的常见做法。

④发育或发展（development）：某项行为在一生中是如何发展或发育的？

这四类问题又可进一步分为两大类，前两类问题属于最终（ultimate）层面的问题，后两类问题是直接（proximate）层面的问题。对两大类问题的解释分别是最终解释（原因）和直接解释（原因）。最终解释也即进化解释。对四类问题的解释是相互补充而非相互排斥的关系，它们结合起来就构成了对行为的全面的理解。庭伯根对四类问题和最终解释/直接解释的区分已经被动物行为学界广为接受。动物行为学着眼于对个体层次行为的解释，社会学家则更注重对宏观、集体层次现象的解释。但是，社会学家对宏观、集体层次现象的解释常常包含着对个体层次行为的解释，而个体行为通常只用社会环境或社会结构因素来解释。例如，德国社会学家韦伯（2005）在其名著里正是通过对个体层次行为的解释进一步解释了更高层次的现象——新教教义导致了新教徒的某些价值观念和行为方式，这又进一步促进了现代资本主义的产生。再如，在费孝通（2011）看来，在自给自足的传统农业社会或安居的乡土社会里，容易形成特殊的社会关系结构即差序格局，而差序格局又会造成社会成员的诸如缺乏公德等特殊的道德和行为倾向。

首先，从庭伯根的四分法的角度看，主流社会学对个体行为的解释属于直接解释特别是机制性解释①，而忽略了进化解释或最终解释。其次，社会学传统的对个体行为的直接解释往往单方面强调社会环境因素的作用，而忽略了遗传和神经系统等方面的影响。引入生物学考量在最终层次和直接层次都能弥补传统社会学研究的缺失，帮助我们更好地理解人类行为。例如，社会学传统上往往单方面强调后天环境因素对于社会经济地位获得的（直接）影响。而在人类行为遗传学（借鉴生物学和社会科学等知识研究遗传和环境对行为的作用的工作）的框架内，行为包括地位获得现象都受到三种因素影响，即遗传、共享的环境因素（主

① 社会学家对个体行为发育或发展过程的解释大概主要表现为其著述中对各年龄层的个人行为的零零散散的观察。只是在一些社会心理学家那里，才有着对个体行为发展的较为系统性的描述和解释。例如，符号互动论的奠基人米德（2005：120-129）把个体自我观念的发展总结为三个阶段，即玩耍、游戏和泛化的他人。

要指兄弟姐妹共享的家庭背景等因素)、非共享的环境因素(主要指个人独特的人生经历,如碰巧交上了损友而走上犯罪道路)①。这种框架应当不仅更符合实际,也由于对环境因素进行了细分而能深化我们对环境因素本身的认识。

上面的论述是关于对个体行为的解释的。对于宏观/集体层面现象的解释同样存在两类解释,即最终解释和直接解释。按照一部分生物学家和社会科学家发展出来的文化群体选择理论(如 Alexander,1987;Bowles,2006;Boyd and Richerson,1985),正如存在生物演化,同样也存在可用自然选择逻辑解释的人类文化演化。文化群体选择,指的是群体之间发生的文化的选择现象,即如果一种文化现象有利于群体的生存和繁衍,它就能以更大频率出现在总人口中。例如,使得雄孔雀长出漂亮大尾巴的基因有助于雄孔雀繁衍,从而经历了演化之后差不多所有雄孔雀都长着大尾巴;某种有助于群体成员合作的文化现象(如某种宗教)随着时间的流逝也会成为群体中的主流文化。作为采纳文化群体选择视角的一个例子,按照进化生物学家亚历山大(Alexander,1987)和人类学家亨利希等人的研究(Henrich et al.,2012),在历史上存在较激烈群体间竞争和冲突的地区(如古希腊),一夫一妻制使得群体内部成员生育机会较为平等,有助于减少群体内部冲突,促进群体团结、整合,帮助群体在群体间竞争和冲突中获胜,从而能在演化中胜出。当然,有人可能会发问:为什么一夫一妻制只是在少数地区才演化出来?文化群体选择论者可能会这样回答:正如生命演化和基因突变具有偶然性(例如,在孔雀的早期演化史上的基因突变使得个别雄孔雀长出了大尾巴),同样文化的起源和演化也具有偶然性。文化群体选择论是完全可类比于生命演化的,这种视角关注的是社会文化现象对人类生存和繁衍的影响。

传统社会学对宏观和集体层面的社会文化现象的解释通常属于庭伯

---

① 关于行为遗传学的较详细介绍,参阅本书第三章。

根所谓机制性解释①，采纳文化群体选择论一类的视角同样可以弥补传统研究路线忽视最终解释或演化解释的缺失。

从自然科学的历史和现实来看，在常规或正常状态下，自然科学学科都有着一个主流的基础理论或范式。例如，生物学里的范式是进化论，近现代力学的范式是相对论和量子力学理论。按照库恩的看法，自然科学能够不断进步的诀窍恰恰在于，由于接纳了一个共同的范式，科学共同体成员在受教育阶段能够接受严格而高效的教育，在走上研究之路时也能实现内部团结和自治，全神贯注于解决一个个具体的问题（库恩，2003：147-150）。至少从形式上看，并不太容易把库恩所说的常规科学共同体与其他一些人类群体（例如一个宗教共同体）区分开来（拉卡托斯，2005：1-3；费耶阿本德，1987）②。可以说，在社会学各传统领域内，也存在一些群体，它们“能够实现内部团结和自治”，并专注于“解决一个个具体的问题”，这就与库恩所说的常规科学共同体在某种程度上相似了，但显然仍然存在一些易于识别的差别。例如，自然科学里的共同体的教学与研究甚少关心经典著作，因为教科书已经以更简洁、清晰的方式再现了先辈们的思想（库恩，2012：137-140），而在有的人文社科学科里，对千百年前的经典的反复咀嚼仍然是流行的时尚，每次咀嚼似乎都能品尝出不同的味道；自然科学工作者使用的理论工具显得更偏离于日常常识，也更依赖演绎推理来推动进一步的工作（罗力群，2021）。这些都与社会科学传统领域内的共同体形成鲜明的对比。在引入了生物学理论、知识与技术后，生物社会学内部将形成与自然科学的常规科学共同体更相似的共同体。长期困扰很多社会学家的所谓理论研究与经验研究的分离问题将会被近乎完美地避免掉。所谓行动与结构的紧张关系问题将不再被视为真正的问题，这正如在行为生物学里那

① 社会学家有时刻意区分了机制式解释和社会结构式解释，把机制定义为因果关系（例如“搭便车”理论描述的行为机制），而潜在地认为社会结构只是提供了现象发生的背景，算不上原因或机制式解释的成分（赵鼎新，2020）。鉴于社会结构实际上并且也应当被当作现象的原因，这里把上述机制式解释和社会结构式解释都看作机制式解释。

② 库恩（2012：139）也在自己的著作里写道：科学教育“是一种狭窄而且僵硬的教育，也许除了正统神学之外，它比其他任何教育都更如此”。

样——行为生物学家的工作既涉及行为，也涉及结构（环境因素）。生物社会学也将汇入世所公认的科学之洪流，与生物学等自然科学学科携手共进。

从比较实际的角度考虑，引入生物学知识应当有助于促进社会学的发展壮大。很多社会学者认为，生物学和社会学之间是零和博弈的关系，即引入生物学解释将会导致社会学视角的消亡。社会学的核心视角在于肯定社会环境因素在解释人类行为和社会文化上的重要性。事实上，社会学的这一传统洞见是广受支持的。神经科学家也承认社会环境因素对脑的结构和功能的影响，行为遗传学家也重视社会环境因素对行为的作用，进化生物学家也肯定自然环境和社会环境对演化过程的效应。探讨社会环境因素的影响是社会学家的强项。把社会学的传统研究路线和生物学知识结合起来，可能为生物学等其他学科带来新的洞见，促进其他学科的发展，并避免自身在整个学科体系内被边缘化的风险。

美国社会学家霍姆（Hohm，2008）曾在 2006 年秋和 2007 年春调查了全美以研究型大学为主的高校的 600 余位文理学院院长、副院长和助理院长。社会学系和各种人文社科和理科系通常都隶属于文理学院，该调查请求学院管理者评估 23 个包括社会学在内的人文社科和理科学科在研究、教学等各方面的情况。霍姆所以选择文理学院管理人员做调查，是因为他们直接负责学科间资源分配，他们对各学科的看法对学科发展具有重要影响。调查发现，在 23 个学科中，社会学在关心学生、研究工作促进社区问题改善、有能力参与跨学科团队、参与学院和校级治理、参与周围社区事务方面得到的评价较好。但是，在学术严格性、吸引学生学习该学科、学生毕业后的发展、筹集研究经费、在学校里的声望等方面，文理学院管理人员对社会学的评价较低。霍姆曾长期担任美国太平洋社会学学会的领导职务，并曾对 17 个社会学系做学科发展评估。在与院级和校级管理者打交道的过程中，霍姆（Holm，2008b）也发现，这些管理人员对社会学系在教职工和学生的种族/民族/阶层/性别多样化等方面的评价较高。不过，这些管理人员也认为，社会学具有过分意识形态化（too ideological）等方面的缺陷。除了院校管理者，一部分社会学家和其他学科外人士也对社会学持有以上种种评价

(Cole，2001)。

鉴于中外社会学具有相似的学科特点，在我国做类似调查，很可能也会得到跟霍姆（Hohm，2008；2008b）相似的结果。社会学界内部对于上述对社会学的种种评价在多大程度上属实应当是存在争议的。既然学校管理层掌握着资源分配的权力，他们对某学科的看法就会影响到学科的发展。在社会学研究和教学中引入生物学的成分，应当能改善外界对社会学的认识，促进学科的发展。例如，通常认为自然科学是较为严格的学问，引入生物学很可能会改善外界对社会学学术严格性的认知。引入生物学应当也有助于开发实用型技术，进而帮助学生就业和研究者筹集研究经费。例如，美国社会学家格里高利等人（Gregory and Kalkhoff，2013；Kalkhoff et al.，2016）就基于神经科学知识开发出一种语音分离技术，该技术能够提高人们进行多人协作的效率。

从科学史上看，16、17 世纪现代科学兴起以来的历史就是一部科学统一的历史。这方面的最著名实例，其一，伽利略和牛顿用其理论既解释天体运动也解释地上物体的运动，而本来这两个领域被看作水火不容的东西。其二，达尔文用其理论统一解释植物、动物和微生物这些看似根本不同的东西，于是到了达尔文这里，有生命和无生命的东西就都可按自然法则来解释了。达尔文（2009）既用其理论解释人类和动物身体、生理，也解释人类和动物的心理、行为，于是物质世界和精神世界又统一到一起（Tooby and Cosmides，1992）。现代自然科学的几个基本学科也呈现出相互联系的等级次序，物理学依赖于数学，化学依赖于物理学，生物学依赖于化学（皮亚杰，1998：156；Trivers，2011：306）。例如在进化生物学里，如果物理学和化学能够解释生物现象，就不再用进化论来解释（威廉斯，2001：9），即进化生物学主动承认物理学和化学是上位学科，优先承认上位学科的解释权。例如鱼从水中跃起又回落进水里，可以用物理学的引力定理来解释，不需解释成自然选择——进化而来的适应。总之，现代自然科学有着一些共享的基本原理，不仅互不排斥，还能按一定的等级次序整合到一起，整体上体现了科学统一的图景。

自 19 世纪以降，科学的繁荣就促成了科学统一思潮的兴起，科学、哲学和科学史等领域的学者纷纷提倡各门科学在科学原理、科学语言、科学方法和（或）科学任务上的统一（李醒民，2008）。例如，孔德和马克思都曾提倡科学的统一。孔德主要提倡科学应统一于实证的方法，即观察和归纳的方法。在他的科学分类里，后起的科学要依赖于先行的学科，例如要用到生物学的原理解释人类社会，在这个意义上，他也属于科学原理统一论者。而青年马克思（1985：85）在《1844 年经济学哲学手稿》里写道："自然科学往后将包括关于人的科学，正像关于人的科学包括自然科学一样：这将是一门科学。"

在化学和生物学的早期历史上，都曾有一些著名学者鼓吹学科自治，反对其他学科的影响。但随着科学的发展，这些思想都烟消云散了。反对知识和科学统一的思想在人文社科界还有着很大影响，而他们的主要根据就在于前面讲到的所谓的人类特殊性（罗力群，2016：226）。人类的特殊性被大大夸大了；既然人类也是生物，人类理应服从基本的生物学规律。认识到这一点并肯定科学统一的价值的人将会珍重生物社会学的发展。

本章小结

早期西方社会学家还有着对生物学的某种程度上的兴趣，但自 20 世纪初之后，社会学家对生物学的兴趣逐渐消退。只是自 20 世纪六七十年代之后，这种兴趣才开始缓慢地复苏，生物社会学逐渐发展起来。生物学的影响主要体现在三个方面，即进化生物学、遗传学和神经科学。依托于这三个方面来研究人类行为的社会学研究常常被称为进化社会学、遗传社会学/基因社会学和神经社会学。借助于生物学并结合社会学传统的洞见来理解人类的这个大的领域常常被统称为生物社会学。

很多社会科学学者和社会学者忽视生物学因素对人类行为和社会生活的作用，这种生物学冷漠症可能有两个来源，其一是人类中心主义倾向，其二是片面强调后天社会文化环境因素的学术传统。从人类中心论派生出人类特殊论，即人类根本不同于其他生命，人类社会比自然现象更复杂、更有偶然性的观点。人类特殊论得不到经验证据的足够支持。

社会科学和社会学需要生物学的基本的理由在于：生物学是解释生命的正当学问，社会科学和社会学是解释人的学问，既然人也是生命之一，社会科学和社会学理应在解释人的时候纳入生物学考量。把生物学知识引入社会学能为社会学确立一个共同的基础理论，并丰富其现有的知识体系和研究层次。从比较实际的角度考虑，引入生物学知识应当有助于促进社会学的发展壮大。

第二章　进化生物学和社会学[①]

进化论通常被看作侧重于研究进化问题的进化生物学乃至于整个生物学的核心理论、基础理论。美国进化生物学家阿尔科克（Alcock，2001：28）曾经指出，进化生物学基本上分为两部分，一部分侧重于重建生物演化史，另一部分则注重考查有机体性状由于自然选择和进化而引起的适应问题。这两部分工作所要回答的问题分别是生物学家庭伯根（Tinbergen，1963）所说的演化史和功能问题。对行为的进化生物学研究在现代主要指20世纪60年代和70年代以来发展起来的行为生态学或社会生物学。

在进化生物学里，适应指的是由于自然选择而引起的促进后代繁衍的行为、生理等方面的性状。生物学文献也常常用这个词指称有机体性状由于自然选择而变得更能促进繁衍的过程和现象。社会生物学指的是对有机体社会行为（个体之间相互作用的行为）的生物学基础特别是进化上的基础的研究，生物学家往往认为它是包含于行为生态学（有时也称为进化生态学）之内的，即后者是更一般的术语。但是也有生物学家认为，可以把它们替换使用，“不必把它们分得很清”（Krebs，1986）。经过20世纪七八十年代关于社会生物学的论战，社会生物学一词已经在很大程度上被污名化。因此，近些年来很多西方学者为了避免争议，常常回避使用这个词，而倾向于使用行为生态学的提法。

以进化论来研究人类行为和文化，不仅是进化生物学的一个绵延不绝的重要传统，在人文社会科学诸学科里也是如此。但是，在20世纪60年代以前人文社科各学科的历史里，都只是有一些零零散散的个人对进化论兴趣盎然或热衷于把进化论拿来研究人类行为和文化。伴随着

---

① 关于对进化思想和进化社会（科）学发展的较详细介绍，请参阅拙著《进化社会科学导论》，社会科学文献出版社2016年版。

20 世纪六七十年代生物进化论的重大进展，以进化论研究人类行为和文化，才在包括社会学在内的人文社科各学科里逐渐变成由很多学者共同参与并研究本学科传统上关心的诸多主题的系统的努力。

第一节　进化思想的发展

1. 达尔文的进化思想

(1) 达尔文主义

今天的学术界在三种意义上使用“进化”一词（Poirier，1987：15-16)：第一种含义，泛指“随时间推移而发生的变化”；第二种含义，随时间推移而产生多样化的过程，即有机体由共同祖先开始而出现分化的过程；第三种含义，生物种群或人口中基因频率的变化[①]。现代生物学认为，一定的基因对应着一定的外显性状，因此进化的第三种含义可以解释前两种含义所描述的过程。

按照著名进化生物学家迈尔（2008：86-87）的看法，达尔文的进化思想、理论主要包括五个方面：基本的进化理论，即物种并非恒定不变；共同祖先理论，即所有生物都有着共同的由来，共同的祖先；渐变论，即进化是逐渐、缓慢发生的；物种增殖理论，即生物来源于共同祖先，又通过自然选择-进化物种不断增多；自然选择理论，即自然选择是进化发生的主要原因和主要机制。这些理论观点结合起来就构成了所谓的达尔文主义。

达尔文的进化思想仍然构成现代进化论的基本框架。美国著名进化生物学家科因（2009：4）讲，现代进化论的核心观点可以用一句话表达：一个生活在 35 亿年前的原始物种（可能是一个可以自我复制的分子）逐渐进化出了地球上的所有物种，随时间推移物种数目不断扩大，而大多数进化都是由于自然选择引起的。这一句话就浓缩了达尔文的五

---

① 在生物学里，种群（population）指在一定时间内占据一定空间的同种（species）生物的所有个体，种群内个体之间交配繁衍的概率显著大于不同种群个体之间交配繁衍的概率。例如一个湖泊里的所有鲤鱼就构成了一个种群。基因频率指的是种群或人口中某一基因在染色体某位点可能出现的基因总数中所占比率。

个理论：物种在变——基本的进化理论；一个物种进化出了所有物种——共同祖先理论；逐渐进化——渐变论；物种数目不断增多——物种增殖理论；自然选择是大多数进化的原因——自然选择理论。生物学界现在不仅仅把进化论看作一种理论，也把进化看作一种事实，因为化石记录、比较解剖学、胚胎学、残迹器官、生物的地理分布、分子生物学等方面的证据都支持进化的发生。

自然选择学说是达尔文整个理论的核心、基础，因为达尔文用这个学说来解释进化的主要原因和机制，用这个学说也容易推知达尔文的其他四个理论。例如，按达尔文的学说，新的物种是由于旧的物种在地理隔离和自然选择的作用下发生分化的结果，即旧的物种分裂为多个物种。这样一步步向上追溯，就能发现所有物种都有一个共同由来。所以人们有时也仅用自然选择理论简单地代称达尔文的整个进化理论。

达尔文提出了一整套进化思想、理论，科学史家、生物学史家大多把这一事件称为“达尔文革命”，对人类思想、学术产生了广泛而深刻的影响。达尔文的进化论对人类思想、世界观的影响最突出地体现在对人类自我形象的严重冲击。在此方面，在科学史上所有堪称科学革命的重大事件中，唯有 16 世纪的“哥白尼革命”可与之相比。

（2）自然选择理论

达尔文认为，生物演化的主要动因就是自然选择。自然选择理论由以下三条推论组成，而这三条推论又来自五项事实（迈尔，2008：114-115；2010：316-317）。

> 事实 1：一切物种都具有强大的繁殖能力，若不受限制，种群的大小将呈指数增长（按一定比例持续增长）①。
>
> 事实 2：除了每年的较小波动和偶尔的较大波动，种群基本保持稳定。
>
> 事实 3：自然资源有限。
>
> 推论 1：种群的个体之间为了争夺有限资源而存在激烈的生存

---

① 指数增长的实质意思跟人们在经济生活中进行投资所说的复利是相通的。如初始本金为 1 万元，每年恒定获得 30%的复利，50 年后就能获得近 50 亿元。由此可以想象，若种群大小按指数增长，若干年后的数量增长程度。

竞争，每一世代的后裔都只有一部分能生存下来。

事实 4：在每一种群中，任何两个个体之间都存在差异，即种群内部存在广泛的变异。

事实 5：有些变异是可以遗传的。

推论 2：由于存在变异和遗传，各个个体的生存概率不同，即存在自然选择的过程。

推论 3：自然选择过程在很多世代后就会驱使进化的发生。

用达尔文（2005：12）自己的话来说：

由于每种生物繁殖的个体数，远远超出其可能生存的个体数，因而常常会引起生存斗争。于是，任何生物的变异，无论如何之微小，只要它在复杂多变的生活条件下对生物体有利，能使生物获得更多的生存机会，因而便被自然选择上了。由于强有力的遗传原理，任何被选择下来的变种，将会繁殖其新的变异了的类型。

自然选择学说的核心概念是变异、遗传、（自然）选择，即生物个体之间是存在种种差异或曰变异的，其中有些变异可以遗传给后代，而有的由遗传而得来的变异、特征有利于生物个体的生存和繁衍，于是有些生物个体就能繁殖更多的子代。我们也就更易于见到这些遗传特征及携带这些特征的生物个体，即可以说这些生物个体和遗传特征是为自然所选择了的。

达尔文主要从生物个体层面理解自然选择，此时自然选择指个体之间有差别的繁衍成功（Mayer，2004：134）。达尔文及其之后的一些进化生物学家有时也从群体（物种、种群、民族、部落、家族等）层面看待自然选择，此时自然选择指群体之间有差别的繁衍成功。进入 20 世纪之后，越来越多的进化生物学家开始从基因层面看待自然选择，此时自然选择指某基因比染色体同样位点上的其他基因能留下更多拷贝。

达尔文的本意是用自然选择学说解释因为生存问题引起的演化，后来在初版于 1871 年的《人类的由来及性选择》（2009）一书里，他又提出了性选择理论，解释因求偶行为引起的演化。达尔文认为，性选择有两种运作方式，即同性竞争和异性选择。同性竞争指同性动物和人为了争夺与异性的交配机会而发生的争斗，例如两只雄鹿用鹿角打架，获胜的雄鹿要么能直接与母鹿交配，要么能把失败者从某一领地赶走，从而占地为王，获得较多与母鹿交配的机会。因此，使得动物在同性竞争中获胜的特征（例如较强的搏斗能力）就能随着获胜者的繁殖活动遗传给下一代。所谓异性选择，指的是异性动物挑选配偶。在异性选择过程中，如果雌性或雄性一般倾向于与具有某些特征的异性作配偶，则这些特征更容易通过交配活动而遗传下来。可以用异性选择解释为何我们见到的雄孔雀（而非雌孔雀）长着鲜艳的大尾巴——雌孔雀更愿意与这样的雄孔雀为配偶，这样的特征更容易遗传下来，逐渐在孔雀各种群中占据支配地位。

达尔文是主张严格区分自然选择和性选择的，认为是两个根本不同的过程。后来的很多生物学家认为，性选择实际上也是自然选择，即性选择和自然选择可以合二为一，统称为自然选择（迈尔，2010：393-394；巴斯，2007：8-9）。确实，我们稍加琢磨就可发现，达尔文所说的性选择过程也可用变异、遗传和选择等术语来诠释。本书也把性选择当作自然选择来处理。

今天的生物学家认为，除了自然选择，突变（mutation，生物的遗传物质基因的突然变化）、基因流动（gene flow，生物种群之间由于个体的迁移而引起的基因交流）、遗传漂变（genetic drift，代与代之间由于随机因素导致某些等位基因消失）等机制也是导致生物演化的力量（迈尔，2008：96-100；Relethford，1990：69-80）。但这些因素最终都要经受自然选择的检验。例如，在一块地域人口中，由于外来人口迁入，带入新的基因（发生了“基因流动”），导致基因频率上的变化，即进化发生。新的基因在该人口所处环境中既可能有利于也可能不利于基因携带者的生存和繁衍，所以基因频率的进一步变化还是要由自然选择来说明。总之，现在自然选择仍然被视为导致有机体演化的主要原因。

2. 20 世纪六七十年代进化论的重大进展

（1）从达尔文到汉密尔顿

《物种起源》1859 年初版后，达尔文学说里的一般演化和共同祖先思想等成分很快为人们接受了，但在其后的约 80 年里，主流生物学并未接受达尔文主义的核心成分即自然选择学说。今天我们回过头看，可以发现，达尔文提出其理论时，尚缺乏坚实的基础来支撑，这主要体现在达尔文不懂得遗传的机理，进而也无法正确说明变异的来源。

如前所述，遗传的观点和变异的观点是自然选择理论的核心成分。变异是自然选择的“原材料”。如果变异不多，不一定会发生自然选择和演化。再者，现有物种的数目极其丰富，如果要从一个物种逐渐演化出这所有物种，也要求生物个体之间的变异极其丰富才行。现代遗传学可以说明生命的遗传机制以及个体之间为何存在极多的变异，具体说来，由于突变和染色体重组等遗传过程，会产生极其丰富的遗传多样性乃至于生物个体在后天表现上的广泛差别。例如，从理论上讲，一对人类父母能够生育出以万亿计的先天遗传素质不完全一样的子女。但是，达尔文是19世纪的人，现代遗传学从20世纪初才逐渐发展起来，达尔文不能正确认识遗传机制和变异的来源。

20世纪30年代至40年代发生的一场名为进化综合的科学运动改变了上述情况。这场运动具体发生在1936—1947年，当时一批生物学家在其著述里把遗传学和自然选择学说结合了起来。1947年1月在美国普林斯顿召开的一次国际学术会议上，生物学多数领域、学派的代表（除了死硬的拉马克主义派）都同意现代综合的结论，其中包括承认自然选择学说（迈尔，2010：375-376）。这就意味着达尔文的理论终于成为主流生物学界接受的理论。遗传学澄清了达尔文学说所说的遗传机制，从而巩固、充实了自然选择学说的基础，生物学界也在自然选择——演化学说的基础上统一了起来。

科学的基本目的就是对外部世界作简洁的理论化描述。而科学理论得以发展，或者由于出现了新思想，或者由于得到了新发现（例如，20世纪50年代DNA双螺旋结构的发现促成了分子生物学的形成），而新思想一般要比新发现对科学理论和科学事业的影响大得多（Mayr，2004：165-166）。19世纪中叶达尔文发表自然选择的进化学说是新思想推动科学进展的一个实例。20世纪下半叶，以英国生物学家汉密尔顿（William D. Hamilton，1936—2000）为首的一批西方进化生物学家提出了一系列新的进化思想，是又一个实例。在这些新思想中，首要的又是汉密尔顿的广义适合度理论（Hamilton，1963；1964）。

（2）广义适合度理论

广义适合度（inclusive fitness theory，Hamilton，1964）理论有时又译为内含适应性理论，有时也称为亲缘选择理论或亲选择理论（kin selection theory）。该理论最好的名称应是"广义适合度理论"而非"亲缘选择理论"，因为从语义上讲，"亲缘选择理论"似乎意味着该理论仅仅是关于亲属之间的选择过程的，但该理论的实际含义要更为丰富。汉密尔顿（1975）本人也曾表示，"广义适合度理论"这一名称更为恰当。不过，今天还是有不少生物学家同时使用这两个名称。

要搞清广义适合度理论的基本思想，首先要了解该理论使用的"亲缘系数"（coefficient of relationship/coefficient of relatedness）这一概念。亲缘系数衡量的是两个有机体之间血缘关系或称遗传关系的程度。亲缘或血缘（relationship/relatedness）的理论含义指一个有机体某一位点（基因在染色体上的位置）上的基因也出现在另一有机体相应位点的概率（Bourke，2011：31）。两个有机体的亲缘系数为 0，并不意味着两个有机体没有共同基因，而只是表明，两个有机体在对应位点有着相同基因的概率等同于从有机体所处种群/人口中随机抽取的两个有机体之间的概率。或者说，从某一种群/人口中随机抽取的两个有机体之间的亲缘系数赋值为 0。

对于我们人类而言，子女与父亲或母亲之间的亲缘系数为 0.5，因为我们的基因一半来自父亲，一半来自母亲。根据遗传学也能算得其他亲属之间的亲缘系数。

表 2-1　人类常见亲缘关系及相应的亲缘系数

亲缘关系	祖孙	亲子	同卵双胞胎	同父同母兄弟姐妹（含非同卵双胞胎）	叔侄、姑侄、舅甥或姨甥	堂表兄弟姐妹
亲缘系数	0.25	0.50	1.00	0.50	0.25	0.125

此外，对于包括人类在内的有机体来说，如果一个种群或人口很少发生迁移现象，即有机体个体很少离开出生地，这样的种群或人口称为黏性种群/人口（viscous population），这意味着交配或婚姻主要发生在群体内部。此种情况下，即使某些个体不属于同一家庭或家族，它们/

他们的亲缘系数也大于 0（West et al.，2011）。

广义适合度理论可以简洁地用一个不等式来表示，这个不等式又称为汉密尔顿法则（Hamilton's Rule）：$rb>c$ 或 $rb-c>0$。

上式中，r 是行动者和行动接受者之间的亲缘系数；b（benefit）指收益即社会行动给行动接受者的繁殖带来的好处，演化生物学家用行动接受者的子代数量来衡量“收益”；c（cost）指成本即社会行动给行动者的繁殖带来的损失，演化生物学家用行动者的子代数量来衡量。

汉密尔顿起初的主要兴趣在于解释利他行为（有利于别的有机体的生存和繁衍却不利于自己的行为）的演化。他的经典论文（Hamilton，1964）里提出的不等式的基本含义是：如果利他行为给行为受益者带来的繁殖上的好处（b）乘以行为者与行为接受者之间的亲缘系数（r）大于给行为者带来的成本（c），那么，规定利他行为的基因将得以传播。用较为通俗的话讲，有一定亲缘关系的个体之间更可能发生利他行为，并且，亲缘关系越近，作出奉献（利他行为）的程度就越强；利他行为虽然不利于行为者本身的繁殖，但利于有亲缘关系的个体的繁殖，而有亲缘关系的个体之间较为可能共享基因，包括利他基因，因此利他行为就能通过有亲缘关系的个体的繁殖促进（利他）基因的传播。

更一般地讲，汉密尔顿既考虑到社会行动对行动者本身繁衍的影响（今天的生物学家称之为经典适合度、传统适合度或直接适合度，即达尔文基本理论意义上的适合度），也考虑到社会行动对其他个体繁衍的影响（今天的生物学家称之为间接适合度），直接适合度和间接适合度合起来就是广义适合度，因此他的理论被称为广义适合度理论。在汉密尔顿不等式中，$-c$ 指的是直接适合度。成本或 c 用行动者因某行动减少的子代数量来衡量，负成本或收益即 $-c$ 用行动者因某行动而增加的子代数量衡量。rb 指的是间接适合度，其中 b 用行动接受者因某社会行动而增加的子代数量衡量。只要直接适合度和间接适合度之和即广义适合度大于 0，则规定该社会行动的基因就会被选择而传播。

可以看到，对于汉密尔顿不等式 $rb+(-c)>0$ 而言，若 $r=0$，即两个有机体之间没有亲缘关系，则不等式变为 $(-c)>0$，这意味着，在无亲缘关系的情况，规定某社会行动的基因只要能促进行为者繁衍，该基因及相联系的社会行为就得以传播。汉密尔顿理论不仅可用来说明亲属之间的四种社会行动，也能用来说明非亲属之间的四种社会行动。从行动者本身的立场看，社会行动分为四种类型。而在社会演化中，常常存在多个行动者及不同的立场，这时就相应存在社会冲突。广义适合度理论同样可用来分析社会冲突（Bourke，2011：41-47）。此外，汉密尔顿认为他的理论适用于所有有机体的社会行为。但从实际情况来看，进化生物学界多把该理论应用于动物，较少把应用于植物和微生物。总之，广义适合度理论并非仅仅用来解释某些具体问题（例如利他主义），而是一个可用来解释生物社会行为进化的一般性理论。

（3）理论评估

汉密尔顿理论拓展了达尔文经典理论的直接适合度思想，又容纳于达尔文理论基本框架之内，因此被很多生物学家看作自然选择理论的现代版本或现代诠释（Grafen，2009；West et al.，2011）。美国生物学家特里弗斯（Trivers，2000）把汉密尔顿理论称为“自达尔文以来我们在对自然选择的理解上的唯一的真正的进展”。美国生物学家威尔逊（Wilson，2012：167）虽然在人生末年不再赞成广义适合度理论，在其近著中仍然把汉密尔顿不等式称作社会生物学的 $E=mc^2$。$E=mc^2$ 是爱因斯坦的狭义相对论方程式，因此威尔逊把汉密尔顿及其理论在生物社会行为研究（社会生物学或行为生态学）上的地位比之为爱因斯坦及其理论在物理学界的地位。进化生物学界几乎普遍认为，汉密尔顿理论是进化论史上的重大思想突破，主要表现在它开辟了“基因之眼看世界”（gen's eye-view）的风气，把基因看作促进自身传播的“战略家”，认为基因要经历自然选择的过程，仿佛基因在最大化自己的广义适合度（Grafen，2006）。换句话说，如果一个基因能最大化自己的广义适合度，它就能被选择而传播开来。

多种多样的广泛证据都支持汉密尔顿理论；关于汉密尔顿理论的生物学经验研究绝大多数都强烈支持这个理论，有些研究甚至还能定量地支持汉密尔顿法则（Bourke，2014）。这个理论已经成为多数生物学家进行有机体社会行为研究的核心理论工具，开辟或拓展了亲属识别、冲突解决、合作行为、利他行为、寄生虫毒性、亲子冲突、基因组内部冲突、同类相食等16个研究领域（Abbot et al.，2011）。他的理论不仅对生物学尤其是进化生物学，也对医学和人文社会科学等学科产生了重大影响。20世纪70年代以来涌现出了进化医学、进化心理学、进化经济学、进化人类学、进化社会学、进化伦理学等新兴学科或研究领域，它们都直接或间接倚重于广义适合度理论。汉密尔顿理论是在自然选择理论基础上的一次重大革新，是说明有机体社会行为进化的一般理论，也是约50年来行为生态学或社会生物学研究的理论基石，以及几十年来人类社会行为演化研究的重要理论工具。

除了汉密尔顿，20世纪六七十年代也涌现出威廉斯（George C. Williams）、特里弗斯（Robert Trivers）、普莱斯（George Price）、梅纳德—史密斯（John Maynard-Smith）、威尔逊（Edward O. Wilson）、道金斯（Richard Dawkins）和亚历山大（Richard Alexander）等优秀的进化生物学家，他们的研究工作为行为生态学和社会生物学奠定了理论基础，推动了这个新的研究领域的形成。在这些人里，特里弗斯提出了互惠利他行为理论、亲代投资理论、特里弗斯—威拉德假说或理论、亲子冲突理论、自我欺骗的进化理论等理论（罗力群，2018），对进化社会科学的影响显得尤为广泛和深刻。

第二节　进化社会学的探索

1. 进化社会科学和进化社会学

在19世纪后期和20世纪初，社会学、人类学、心理学、经济学等社会科学学科都有一些学者把达尔文进化思想或拉马克进化思想等生物进化论应用于解释人类社会和文化。但是，这股潮流到了20世纪初以后就趋于衰微了。这主要有以下几个原因：第一，生物进化论很少用到数学，而使用定性不定量的文字容易造成误会，不利于在非生物学学科内普及进化论，自然就不利于在人文社会科学内全面、持久地应用进化论思想。第二，想大规模地根本改变人们内心的成见特别是人类中心主义的成见往往是很困难的，不仅把达尔文进化论应用于动物、植物和微生物，也应用于人类，就仿佛把人类和其他有机体等同起来了，从而与人类中心主义的流行观念相冲突。第三，19 世纪后期以后人类遭受的重重苦难，特别是两次世界大战、纳粹的种族清洗暴行以及社会下层被剥削和奴役的悲惨命运，也影响人们对达尔文进化论的看法。人类的这些苦难表面上是能与达尔文思想和谐共存的。达尔文多多少少持有进化也是进步的观点，而他讲的进化是主要通过生存竞争和自然选择开辟道路的，容易把战争等人类苦难看作一种导向进步的类似于自然选择的过程。（战争和社会下层的苦难不是在消灭不适者，促进文明进步吗?）这自然为很多人的道德观念和道德情感所不容，就容易把进化思想应用于人类看作洪水猛兽。

如前所述，汉密尔顿、威廉斯、特里弗斯、梅纳德—史密斯、普莱斯、亚历山大等西方进化生物学家提出了一系列新的进化思想。他们本人也像他们的先辈达尔文和费雪等人那样，积极地用进化思想来解释人类社会。他们的进化思想不仅导致了进化生物学的重大变革，也在人文社会科学等领域有着广泛而深刻的影响，促成了 20 世纪 70 年代以后进化医学及进化社会科学各学科的涌现。在经过 20 世纪前几十年的寂寞之后，达尔文又回来了。特别是进入 21 世纪以来，认同生物进化论的解释逻辑的学者在西方人文社会科学的各个学科里都急剧增加。

进化心理学、进化人类学、进化经济学、进化社会学、进化伦理学等新兴学科正是一般所谓进化社会科学。进化社会科学主要指基于进化论研究人类行为和文化的研究工作。此外，在社会学和文化人类学里，跟生物进化论关系较小的所谓阶段进化进路（stage evolutionary approach）也常常被看作进化取向的研究工作。阶段进化进路侧重于探讨人类社会变迁的一般规律，把社会变迁划分为几个一般阶段。阶段进化进路的研究工作跟达尔文主义的关系较小，也没有统一的理论框架，不同的学者可能给社会的演化或发展划分不同的阶段，用不同的理论解释社会演化。阶段进化进路是进化社会科学里影响较小的分支，主要表现在一些社会学家和社会文化人类学家那里。本章将不介绍阶段进化进路方面的研究工作。

一些西方学者（Brown，2013；Winterhalder and Smith，2000）有时也把表现于某些生物学及人文社科各学科学者那里的以进化论研究人类行为和文化的这一大研究领域分为文化演化（基因-文化二重演化理论）、进化心理学和人类行为生态学三个部分。文化演化指以达尔文主义的概念和思想来研究人类文化的研究领域，它重视文化对人类行为和社会生活的影响。人类行为生态学与主流进化心理学都主张以达尔文理论和广义适合度理论为基础理论来研究人类行为，但在具体理论观点、研究方法等方面存在一些微妙的差别。其中一个关键的区别在于，人类行为生态学倾向于把现有人类行为看作适应良好的，有利于个体的生存和繁衍；进化心理学则认为，人类的心理和行为是在漫长的进化史上形成的，以前形成的时候是适应良好的，现在则未必。典型的例子是当代人普遍喜欢吃糖。进化心理学认为，这种行为倾向就是在进化史上形成的，虽然现在常常对个人有害而无益。随着进化社会科学近些年来的发展，人类行为生态学和主流进化心理学的上述差别似乎在趋于消失。但不管如何，人类行为生态学学者以人类学家居多，受人类学学科传统影响，他们通常比进化心理学家更重视文化因素的作用。

文化演化、进化心理学和人类行为生态学这三个研究领域与进化社会科学各学科的主体部分的基本特征都在于以进化论为基础理论，相互之间也往往是重叠、交叉的关系。例如，一个人类学家采纳进化的视角，可视为进化人类学家，但如果他在具体理论主张等方面跟进化心理学家更一致，那么他也可能同时被看作进化心理学家；同理，一个演化经济学家也可能被视为在做文化演化研究。在最近这些年里，主要由心理学家从事的进化心理学研究，大概最为活跃，发展势头最好，也最为著名。

2. 进化社会学的早期探索

在1970—1990年期间活跃的以进化视角考察人类的社会学者可视为第一代进化社会学家。美国社会学家和人类学家范登伯格（Van den Berghe，1974）的论文《重新考虑动物：走向关于攻击行为的生物社会理论》是已知最早的以进化论考察人类行为的进化社会学文献。他认为，人类的攻击性是在进化史上由于资源竞争而引起的，因此从根本上说是一种生物性倾向。次年范登伯格（Van den Berghe，1975）又出版了《人在社会中：生物社会视角》一书。在范登伯格看来，人类具有一些由自然选择的进化过程而得到的一些生物倾向，包括攻击行为、组织等级制度、男性统治、母婴纽带、领土性①（territoriality）和乱伦退避（incest avoidance）。范登博格的早期作品的基本论点用达尔文的进化理论来解释就可以了，尚未受到20世纪六七十年代的新的进化思想的影响。此外，这些作品都与E. O. 威尔逊著名的《社会生物学》一书大致同时或稍早出版，由此可见，把现代进化社会科学的起源完全归功到威尔逊头上是不妥当的，尽管威尔逊的著作影响很大，客观上促进了以进化论研究人类社会的潮流兴起。

后来范登伯格（Van den Berghe，1981）又出版了《民族现象》一书。从这本书可以看到，范登伯格开始自觉地使用20世纪六七十年代涌现的包括广义适合度理论在内的新进化思想来解释人类社会。他正确地看到，汉密尔顿的亲缘选择理论（Hamilton，1964）是“社会生物学早期理论发展”中最重要的工作，说明他对进化论的发展具有基本的把握能力，而今天却仍有一些中外学者仍然把所谓社会生物学看作E. O. 威尔逊的专利。

20世纪70年代以来，范登伯格多次撰文，呼吁社会学界治愈生物学恐惧症，拥抱生物学特别是进化论，以进化论作为社会学的基础理论。他1990年发表的这方面论文是进化取向的社会学家经常引用的名文。在这篇论文里，范登伯格（Van den Berghe，1990）指出，多数社会学家不理解更不接受研究人类行为的进化视角，除了由于知识上的欠缺和意识形态偏见，还由于两个原因：其一，社会学家通常具有人类中心主义观念，而以进化论解释人类社会，就把人类跟其他物种并列起来，似乎就贬抑了人类的地位，所以他们不愿意接受进化思维。其二，社会学家受到的训练使得他们无法接受建构科学理论的基本原则，即还原论、个体主义、唯物主义和简洁性。范登伯格对未来是悲观的，认为多数社会学家以后也不会接纳进化思维。

美国社会学家郎普里克（Joseph Lopreato）也属于第一代进化社会

---

① 领土性指人类保护自己的活动空间的行为。例如，一个班级的学生各自通常在某一教室的固定位置自习。如果某天学生A突然占用了另一学生B的位置，B很可能就会感到心里不舒服，这就可看作人类领土性倾向的体现。

学家，他与其弟子克里平 1984 年出版的《人性与生物文化进化》(Lopreato and Crippen，1984）一书是这一领域早期的重要著作。这部书区分先天行为倾向（behaviroal predispositions）、文化普遍物(cultural universals）和文化变种（cultural variants）。先天行为倾向指的是在长期进化史上形成的一些倾向，例如追求财富和地位，与他人进行互惠合作、避免乱伦，等等。郎普里克认为，人类的这些先天行为倾向都符合汉密尔顿（Hamilton，1964）的最大化原则，即人们按这些倾向行事，仿佛在促进自己的基因在最大程度上传播。换句话说，人类行为倾向的进化遵循汉密尔顿理论。对于今天具有进化思维的人来说，这已经成为常识。文化普遍物自然指各个文化里都普遍存在的东西，例如刀和绳子等工具、乱伦禁忌。文化变种则指较为具体的文化习俗、项目。例如，虽然各地都有刀和绳子，但制作方式和样式却不一定一样；再如，虽然乱伦禁忌普遍存在，各个民族都禁止某些亲属之间发生性关系和婚姻关系，但具体形式却不一样，例如有的民族（例如现代西方人）仅仅禁止直系亲属之间和核心家庭成员之间性关系，而有的民族(例如我国汉族及许多少数民族）也把堂兄弟姐妹之间的性和婚姻视为乱伦。

在郎普里克看来，先天行为倾向是文化普遍物的基础或原因，而文化普遍物与环境中的偶然因素相互作用，就产生了具体的文化变种。例如，人类都有避免乱伦的先天倾向，在此基础上就普遍形成了乱伦禁忌，但由于各民族或族群长期以来生活的环境不一样，所以乱伦禁忌的形式也不一样。上面所述即该书提出的主要理论原则，或者说如何得到关于人类行为和文化的假说的方法。笔者认为此原则或方法是正确的。

郎普里克与克里平 1999 年出版的《社会学的危机：需要达尔文》一书也产生了较大的反响。可用一句话概括这本书的主要论点：社会学没能提供一套真正指导经验研究的普遍理论原则，而进化论正好能填补这一空缺。

美国社会学家埃利斯（Lee Ellis，1977；1996）也多次发文，感慨社会学家不够重视应用生物学。在长期的学术生涯里，他曾使用神经生物学、分子遗传学和进化论分别考察社会分层、犯罪和性取向问题。

就美国社会学界而言，自 20 世纪 90 年代以来，《社会学年鉴》（*Annual Review of Sociology*）等诸多专业刊物都多次发表跟进化社会学有关的论文。有进化社会学倾向的学者广泛分布在加州大学河边校区、北卡罗来纳大学（教堂山校区）、西北大学和加州大学伯克利校区等高校，其中前两者大概是进化社会学发展最红火的学校。总的说来，自 20 世纪 70 年代以来，西方进化社会学的专业化和学院化已经取得重要进展，影响也呈扩大之势。但是，相对于其他借鉴生物学知识来研究人类的做法，行为演化研究的思路是传统社会科学和社会学学者最难接受的。这可能有两个原因：第一，人们通常更易于接受或理解跟自己已有的知识结构有某种联系的事物。我们的学校教育和大众传媒通常会传递神经系统影响行为的信息，有时也会承认遗传影响行为，但很少包容行为也可付诸进化论来理解的信息。第二，变异（个体之间的差别）、遗传和选择等概念是自然选择理论的基本成分，进化过程中必然涉及行为等特征的遗传，没有遗传就谈不上选择和演化。而传统社会科学更为强调后天环境因素对行为的影响，往往认识不到行为通常都受到遗传影响（这意味着各种行为特征在过去和现在都经历着自然选择和演化的过程），这就大大加大了理解或接受人类行为演化研究的进化逻辑的难度。

3. 20 世纪 90 年代以来进化社会学的探索

以下分别介绍大致自 20 世纪 90 年代以来朗西曼、布鲁特、特纳、玛丽安斯基等人的进化社会学方面的研究工作。此外，美国社会学家霍普克罗特和安德森等人在人口学和两性不平等等方面也做了一些很有意思的基于进化论的研究，我们将在第四章后的有关章节里审视他们的工作。

（1）朗西曼的文化和社会选择理论

在近些年的英国学界，吉登斯（Anthony Giddens）、阿切尔（Margaret Archer）和朗西曼（Walter G. Runciman）可说是几位最著名的社会学理论家。朗西曼受生物学进化论的影响较大，长期以来致力于发展出一套进化取向的社会学理论，这是他区别于其他两位的一大特点。

朗西曼（Runciman，1989）1983年至1997年间出版了《论社会理论》三卷本，试图构建一个关于社会关系、社会结构和社会演化的一般理论。第一卷阐述研究人类社会的方法论问题，1989年出版的第二卷是其理论的主体部分，第三卷有关其理论的应用。他关于人类社会演化的早期思想主要包含在第二卷里。朗西曼着眼于权力的分配来看待社会。权力就是人们影响他人行为的能力，分为三种，即经济权力、意识形态权力和强制性权力。他提出了社会选择（social selection）的概念，意指人类社会里发生的选择，以区别于自然选择的概念。在社会选择里，选择的单位即选择作用的对象是习俗（practice），即人们之间的社会行动。在生物演化中，基因是主要的选择单位，有的基因能促进个体及其亲属的繁衍，因而能传播开来。在社会演化里，习俗是基本的选择单位，能够促进个体、组织和社会更有效地争夺权力的习俗，也能传播开来。

2009年，朗西曼又出版了《文化和社会选择理论》一书，修正、扩展了其早年的人类社会演化思想。他区分了三种选择，即自然选择、文化选择和社会选择，认为人类社会行为是这三种选择过程的产物。朗西曼承认，人类具有很多由自然选择所塑造的先天行为倾向和能力。例如，在人类进化史上，吃含有较多糖分的食物（例如成熟的水果）有助于满足营养需要，喜欢吃这些食物并确实吃了很多的人会留下较多的后代，所以对糖的嗜好一直保留到今天，以至于能发现很多因为摄取糖分过多而致胖的人。但是朗西曼反对他所谓激进达尔文派（ultra-Darwinians）的观点，即人类社会行为大体上都必须还原到生物演化上去的观点（人类社会生物学的观点），而是认为文化选择和社会选择像自然选择那样也发挥着重要作用。

朗西曼借鉴了英国进化生物学家道金斯（2012）的思想，认为迷因（meme）是文化选择的基本单位，在道金斯那里，被当作文化基本单位的迷因缺乏很清楚的定义，泛指思想观念、社会规范、社会行为等。朗西曼把迷因定义为通过模仿和学习而从一个人传到另一个人那里的信息，表现为种种信仰、信念和态度。例如很多人都有饭前洗手的习惯，这就可看作是迷因的作用。这个迷因就是：人们相信，如果饭前不洗手，食物就会受到污染，吃下不干净的食物就会生病。而什么样的迷因能在文化选择中胜出呢？朗西曼没有就此提供一个简洁而一般的说法，而是在列举一个个有关事例时表达了关于文化选择动力机制的零散看法，例如，由领袖人物先习得然后传播给追随者的迷因容易扩散开来；能够增强经济、意识形态和强制性权力的迷因，有助于满足普遍的心理需要的迷因……都易于传播开来。

社会选择的单位则是习俗（practice）。习俗规定了个人应承担的制度性角色，表现为强加的行为（imposed behavior）。有助于增强习俗载体的经济、意识形态和强制性权力的习俗易于扩散开来。笔者在这里私自举个例子说明朗西曼所谓的社会选择：如果一个国家的各种制度合理、有力，官员较为廉洁，经济较有活力，军队纪律严明且战斗力较强，这个国家就更可能获得经济上、意识形态上和强制性上的影响力，与该国制度相联系的习俗就较为可能扩散到其他国家。

社会学家很可能会对朗西曼单独列出社会选择感到欣慰，因为社会学家重视“社会”二字，并强调人类社会与自然的根本区别。而不太熟悉社会学的人可能会认为，所谓习俗也可看作文化，社会选择可归结到文化选择里去，或者把二者统称为社会文化选择。确实，在很多情况下，是很难区分朗西曼所谓的文化和习俗的。例如，我国居民传统上有着春节期间走亲戚的习惯。这种习惯是后天通过模仿和学习得到的，因而可看作文化；但同时，非正式的制度又强求、期待人们春节期间这么做，因此又可看作习俗。此外，从进化生物学的观点看，对于非人类的物种，如果个体之间常常发生相互影响的行为，这就意味着存在着社会和社会行为，在社会内发生的选择过程都可看作社会选择。实际上，进化生物学文献里确实有时也使用社会选择的措辞。关键的问题不在于争论纯粹名词的使用，而是在于，人类社会与自然之间是否有不可逾越的鸿沟，人类文化和社会能否还原到自然选择上去？如果不能，就至少值得暂时专门保留关于文化选择和社会选择的理论。如果能，那么，即使存在着文化选择和社会选择现象，即有的迷因和习俗扩散开来，别的一些则趋于消亡，是否值得保留文化选择和社会选择理论就令人怀疑了。

（2）布鲁特对社会文化演化的理论思考

美国进化社会学家布鲁特（Marion Blute）从20世纪70年代起就持续探讨生物进化论与人类行为和社会文化进化之间的关系，她2010年出版的著作《社会文化演化：文化和社会理论困境的解决之道》大概算得上她迄今最重要的作品。这部著作的主旨在于论证，何以可以在达尔文主义理论框架内研究人类社会文化现象，并从进化的视角考察了社会科学各学科关注的行动、结构、主观性、客观性和复杂性等问题。

布鲁特引用文献说明，很多动物和人类一样有着习得的文化，都存在文化的演化。动物文化最著名的例子大概是蜜蜂的摇摆舞（waggle dance）。德国昆虫学家、诺贝尔奖获得者弗里希（Karl von Frisch）20世纪40年代发现，蜜蜂会根据花蜜所处方向和距离而跳不同的摇摆舞，以此向同伴传递信息。西非的黑猩猩会用锤子和平石敲击干果，黑猩猩习得的行为在传播过程中会发生变化，表现出种群之间的差别；苍头燕雀（在欧洲比较常见的一种燕雀科鸣禽）在生命的第一年里通过听别的鸟鸣唱自己也学会鸣唱，鸣唱方式在传播过程中也会有变化；位于日本某个岛屿上的日本猕猴会吃焦糖、洗红薯、漂洗小麦等食物并对之进行收集和处理，也会传播这些行为；等等。

布鲁特不主张严格区分社会和文化、社会演化和文化演化，而是把两者统称为社会文化演化。她认为，正如基因是自然选择的基本单位，人类社会文化选择的基本单位是道金斯（2012）提出的迷因。迷因通常被理解为文化观念和行为的基本单位，因此她所谓社会文化演化实际上就是人们更熟悉的文化演化。布鲁特认为，在人类中，多数文化传播都是借助于以姿势、声音、印刷品和电子产品为媒介的语言来实现的。换句话说，多数文化传播都借助于语言迷因。她认为基因和基因系统与迷因和语言系统在十个方面具有一致之处。例如，基因组和语言都有着基本的结构和功能单位，各个较小的单位又能组合成各种较大的单位，如三个核苷酸碱基组合成一个密码子（codon），音位（phoneme）组合成词素（morpheme），最终各个较小单位分别组合成基因组（生物个体的全部基因）和能清楚表达想法的一句话。但是迷因到底是什么呢？布鲁特也无法给出一个很清楚的定义，而只是用几个实例来表明，可以使用这个概念研究文化演化。其中一个例子是关于人们在互联网发的帖子。用跟帖数量定义一个帖子的繁殖成功程度，能够发现，具有某些特征的帖子能获得较大的繁殖成功。在这里，布鲁特似乎把一个个帖子当作一个个迷因。在另一个例子里，布鲁特似乎又把一句话及其各构成成分都看作迷因。当然，争论一个概念的清晰定义也许不是很有意义，关键是文化现象是否可分解成各成分，文化现象是否发生演化，是否存在文化现象的保持（相当于生物演化中的遗传）、变异和选择。

布鲁特指出，正如研究生物进化有两种方法，即历史的方法和适应主义的方法（adaptationist programme）或称选择主义的方法（selectionist approach），研究人类社会文化演化也相应有这两种基本方法。确实，进化生物学家基本上分为两类，一类侧重于重建生物演化史，另一类则注重考查有机体性状的由于自然选择而引起的适应问题（Alcock，2001：28）。前者如某些古生物学家，而所谓社会生物学家和行为生态学家则属于第二类，进化社会科学里以社会生物学理论原则研究人类的学者也属于第二类。

历史的方法体现了达尔文万物同源的思想，正如达尔文生命之树所展示的那样，实质上是要通过对不同生物现象和社会文化现象的比较，探究如何从“一”中生出“多”来。布鲁特列出了在达尔文主义框架下研究人类社会文化演化的一些实例，这些研究基本上都属于考古学、语言学和文化人类学研究。布鲁特主张把历史方法和适应主义方法结合起来，考察人类社会文化演化。

布鲁特主要依靠二手研究文献，对发展社会文化演化研究做了一些理论思考，表现出扎实的学术功底。而按照通行的学术评价方法，提出了新概念和新理论的工作才更为重要。确实，诚如迈尔（Mayr，2004：165-166）所言，新概念和新思想的出现对科学进步的影响最为深远。在人文社会科学领域内也应如是。但我们见到的那些新概念和新理论，恐怕大多数实质上都承袭自前人，换汤不换药吧？而在这种情况下，不能意识到或明确承认前人于己的恩惠的人，恐怕也不在少数。这简直有学术欺诈的意味了。如此观之，某些所谓新概念和新理论远远不能同布鲁特的工作相提并论。

（3）特纳的人类制度进化理论

美国社会学理论家和进化社会学家特纳（Jonathan H. Turner，2003b）也提出了一种社会制度进化的一般理论，桑德森（Sanderson，2007：206）称之为制度选择主义（Institutional selectionism）。特纳采纳了西方社会科学里的常见看法，即认为人类社会要经历狩猎采集社会、园艺社会、农业社会、工业社会和后工业社会等几个一般发展阶段。而他的制度进化理论就旨在解释人类社会的六项核心制度的演化，即经济、亲属、宗教、政治、法律和教育制度的演化。

特纳把社会制度的演化等同于制度的分化，即各项制度从一个社会单位分离出去的现象和过程。例如在狩猎采集社会里，各项制度都集中在亲属制度里，家庭和由若干家庭组成的游群（Band）集中发挥着各项制度的功能，后来亲属制度之外的制度就逐步从亲属关系中分离出去，例如出现了由非亲属组成的经济单位和市场，承担着经济上的功能。特纳用五种宏观社会力量来解释社会制度的演化：

人口：绝对数量、增长率、构成和分布。

生产：从环境获取资源并加工成食物、技术和其他有用或必需的物品。

分配：在一定空间内移动或分配资源、信息和人以及交换资源、信息和人的基础设施。

调控：权力的巩固和集中化。

再生产：社会获取新成员并向这些新成员传输文化；社会文化制度的创造和维持。

这五种社会力量之间及其与社会制度分化之间的因果机制又如何呢？特纳认为，人口增长是首要的变革力量，能增加其他四种力量的价值。例如，人口增长意味着更多劳动力投入生产，因而产值就增加了。随着人口的增长和其他四种力量的增长，就会产生导致制度分化的选择压力。特纳也承认，这些因果关系不是简单的线性关系，而是也存在反馈作用，主要表现在，生产、分配、调控和再生产力量的增长会反过来导致人口增长（例如，经济生产的扩张能提供更多食物，从而支撑更多人口），制度的分化也会反过来导致五种社会力量的增长（例如，专门的经济单位从家庭中分离出去，导致效率提高，从而经济生产扩张，又进一步刺激人口增长）。

在特纳看来，制度分化的直接原因是选择性压力。他也使用了社会选择的概念，并把社会选择分为两种，即涂尔干式选择和斯宾塞式选择。涂尔干式选择即涂尔干在《社会分工论》（Durkheim，1984）里表达的观点：由于人口增长，资源竞争加剧，就会有新的职业产生，以新的方式开发、利用资源，这些新的职业就能留存下来（选择现象发生），最后导致劳动分工趋于复杂。正如我们在第一章所述，所谓涂尔干式选择至少在形式上与达尔文的性状趋异原理是一致的。

特纳认为，在人类社会里，斯宾塞式选择要比涂尔干式选择更为常见，所以他偏重于用斯宾塞式选择解释社会演化。所谓斯宾塞式选择指的是斯宾塞（Spencer，1898）在其 1876—1896 年间初版的三卷本《社会学原理》里的思想。像涂尔干式选择那样，斯宾塞式选择同样根源于人口压力，人口压力导致环境适应问题出现，于是人们寻求解决之道，就创造了新的社会结构或曰社会制度。注意特纳使用了“适应”一词。“适应”在进化生物学里有着明确的含义，一般指由自然选择引起的有助于促进繁衍后代的性状（West et al.，2011），有时进化生物学文献也用这个词指称有机体变得较有繁殖能力的一般过程。特纳没有明确说明“适应”的含义，大概把它当作日常词汇使用，简单意指个人或社会与环境之间的关系。特纳也区分了所谓一阶选择压力（first order selection pressures）和二阶选择压力（second order selection pressures），前者来自相对外部环境即生物物理环境和地缘政治环境的适应问题，后者来自相对内部环境即自身社会文化环境的适应问题。

特纳和玛丽安斯基（Turner and Maryanski，2008：122-123）后来明确把涂尔干式选择归入所谓达尔文式选择（Darwinian selection）的范畴，把所谓斯宾塞式选择称为功能选择，认为达尔文式选择和斯宾塞式选择都属于自然选择。他们认为，人类在产生了文化并因而具有了改变自身行为和社会结构的能力以后，就出现了斯宾塞式选择这样一种新的选择类型。他们似乎把斯宾塞式选择看作人类社会演化中的独特力量。而我们在本章关于布鲁特的那一部分讲到，很多生物学文献表明，很多动物也具有文化以及改变自身行为的能力。特纳和玛丽安斯基（同上：110）也意识到，如果给文化下一个狭窄的定义——“在代与代之间传播的习得的行为和习俗”，猴子和类人猿也有文化，但唯独人类具有符号文化，懂得把一些符号组织起来，以指导行为，调整社会关系。关键是，动物习得的文化也可看作一个符号系统，例如蜜蜂跳某种特定的摇摆舞指示蜜源的具体方位和距离，就像符号那样传达着种种意义，调整着动物个体的行为。如果斯宾塞式选择是解释人类社会演化的必不可少的概念工具，那么对于动物研究也应如此。但迄今为止，据我所知，斯宾塞式选择尚未对生物学文献有什么影响。从思维经济原则考虑，也许根本没有必要提出这么一个新概念，而应仅保留自然选择概念或者自然选择概念在人类社会里的变种社会选择或社会文化选择。

用社会学家比较熟悉的语言讲，特纳的社会演化理论带有较强的功能主义色彩。事实上，特纳倚重的斯宾塞和涂尔干都被看作社会学和人类学功能主义的重要先驱。特纳在具体论述中用了很大篇幅讲述了各项制度发挥的功能，例如，他讲到，宗教的作用在于强化社会规范、把既有社会政治秩序合理化、缓解人们的精神压力等。从整个进化社会学文献来看，他的社会演化理论的基本特征可说是阶段进化进路和选择主义社会演化思想的混合体，因为他既区分了社会演化的几个阶段，也倚重于选择的思想。

（4）玛丽安斯基和特纳纵论人类社会演化

特纳和玛丽安斯基（Alexandra Maryanski）是美国加州大学河边校区社会学系的同事，也是学术研究上长期的合作者，生物社会学特别是进化社会学的重要鼓吹者。他们两度合作出版专著（Maryanski and Turner，1992；Turner and Maryanski，2008），纵论人类社会的演化史，特别是农业出现以来约一万年的演化史。两部著作的出版虽间隔十余年，但基本思想变化不明显。

特纳和玛丽安斯基认为，要理解人类社会文化，必须首先把人类当作拥有“某些先天倾向”（Maryanski and Turner，1992：4）的动物看待。他们对人性的认识是通过对猿类动物和其他灵长动物的跨物种比较分析的方法得到的，这一部分工作主要是玛丽安斯基完成的。他们比较了现存的猿类动物[①]以及猴子的社会关系。在长臂猿、猩猩、黑猩猩和大猩猩等现存的猿类动物里，社会关系的共同特征在于，只有母亲与其未成年子女之间具有亲密的关系，其他社会关系，例如雄性-雄性关系、雌性-雌性关系、非母亲-未成年儿子关系中的雄性-雌性关系，通常都比较疏远。在黑猩猩里，唯一稳定的群体是一个母亲与其未成年子女构成的群体。而在各猴子物种里，亲缘关系较近的雌性之间构成亲密的社会关系网络。另外一点，雄性猴子成年后都离开所出生的群体（成年雄性离开所出生的群体是哺乳动物中的通常情况），所有雌性则都留在原来的群体，这就有利于建立稳定的代际关系；而在长臂猿、猩猩和大猩猩中，子女成年后都离开原群体，在黑猩猩中，成年女儿而非儿子才离开原群体，不利于建立稳定的代际关系。人类与猴子的遗传关系较远，而人类与现存猿类动物的遗传关系较近，都来自共同的猿类祖先。在中新世（约 2300 万年前至约 533 万年前）早期，古猿类与猴子由共同祖先分离开来；猿类动物本来就生活在森林里，中新世早期和中期，猿类动物统治着非洲和欧亚地区的森林，猴子很少见；到了中新世后期，由于未完全明了的原因，大部分猿类物种灭绝，只有少数猿类物种生活在森林边缘，猴子成为森林之王。特纳和玛丽安斯基推断，在森林边缘，食物和生存空间较少、较小，稳定结成较大群体很容易耗尽食物和空间，这时候小群体更有利于猿类的生存和繁衍。他们进一步推断，自然选择就塑造了古猿类注重个体主义、社会性（sociality）程度较低的天性，这一天性也遗传到今天的猿类和人类这里。他们表现出的这种倾向，即人类的某些天性是在遥远的进化史上形成的，而不管在今天是否有利于个人的生存和繁衍，这跟进化心理学是完全一致的。

---

① 现存的猿类（ape）动物包括黑猩猩、大猩猩、猩猩、长臂猿、合趾猴。前三者合称大猿（greater apes），其中猩猩分布于印度尼西亚，黑猩猩和大猩猩只分布于非洲；后二者合称小猿（lesser apes），分布于亚洲。黑猩猩在遗传上与人类的关系最近。六七百万年前，古人类（hominine）与黑猩猩从共同的猿类祖先分离（Turner and Maryanski，2008：20，40；Relethford，1990：214）。现存猿类动物和人类都由共同的猿类祖先演化而来。

从思想方法上讲，特纳和玛丽安斯基除了倚重于跨物种比较分析，也借助了特纳的选择主义的制度演化理论。两部著作都有多半篇幅专门考察，人类社会在狩猎采集社会、园艺社会、农业社会、工业社会和后工业社会等几个发展阶段，六项核心制度（经济、亲属、宗教、政治、法律和教育制度）如何在人口、生产、调控、分配和再生产的选择压力下分化或演化。在他们看来，社会历史演化的一般规律是，社会结构变得愈来愈复杂，各种制度日益分化。相应地，人们之间的互动、合作的程度就趋于提高，这也体现在人们受到社会制度或社会结构的限制越来越多。在狩猎采集社会里，人们主要受到亲属制度限制，能保持较大程度上的个人自由，后来随着制度的分化就越来越受到政治、宗教、教育等制度的限制。既然人类天性不乐群，这种状况也就意味着宏观社会与人性之间的冲突越来越激烈，所以他们（Turner and Maryanski，2008：301）把人类称作生活在社会文化之笼里的演化之猿（evolved apes living in sociocultural cages）。

特纳和玛丽安斯基的人类天生不乐群的观点与社会学的主流看法相背离。社会学家通常认为，人是社会的动物，既容易受到他人及社会影响，也喜欢生活在群体里，喜欢与他人互动、合作。社会学文献通常把人处理成过度社会化的人（Wrong，1961）。虽然过度社会化的直接含义是人容易自觉按照社会和群体规范行事，容易受到社会和他人期望的影响，但它潜在的含义则是人们喜欢过群居生活。

也应当注意，很多进化生物学家的意见也与特纳和玛丽安斯基相左，他们认为人类天生就喜欢属于某个群体（Salter，1995）。我们尚缺乏系统、确凿的历史材料重构人类早年具体的社会组织形式，但正如特纳和玛丽安斯基所注意到的那样，人类社会发展的一个一般规律在于，社会组织形式越来越复杂，人们之间的合作越来越广泛。即使如他们所说，古猿类在几百万年的时间里进化出了不乐群的天性并遗传给后来的猿类和古人类，仍然没有理由排除掉这一可能：在较短时间里（例如数千年或数万年），自然选择仍然会为人类演化出乐群的天性，而排斥掉不乐群的天性。最后，他们所谓人类天性不乐群的观点似乎可由已有的生物学进化理论来解释。例如，人们往往不愿意与某些人交往过多，而希望一个人独处。按照他们的理论，这是由于人类具有不乐群的天性。互惠利他行为理论（Trivers，1971）认为，因为合作行为给行为者生存、繁衍带来的好处大于招惹的代价，非亲属之间在持续交往的情况下，容易进化出普遍的互惠合作行为。人们所以常常不愿意与某些人交往过多，正是因为人类只是进化出了在有持久交往的条件下进行互惠合作的天性，不喜欢与某些本来就生分的人打交道。

在欧洲大陆的德国、奥地利、荷兰、芬兰等国家，也有一些进化社会学家，但可能在很大程度上由于语言问题——中国学者一般不太熟悉英语以外的外国语，我们对他们的研究成果还不太了解。至于我国社会学界，进化的视角影响还比较小。但值得一提的是，二十年前，北京大学社会学系教授郑也夫（2004）和上海大学社会学系教授张敦福（2004）就已探索从进化论角度解释人类行为和社会文化。近年来我国旅美社会学者宋时歌（Song，2014）也做了检验著名的进化假说特里弗斯—威拉德假说或理论的研究工作。现在澳门大学社会学系任教的洪泽自 2022 年从哈佛大学人类进化生物学系学成归国以来，已在 *Current Anthropology* 和 *American Anthropologist*（这两种期刊在美国人类学界的地位相当于《美国社会学杂志》和《美国社会学评论》在美国社会学界的地位）等高端期刊发表多篇一作论文，是我国社会学界从事演化社会科学研究的一颗冉冉升起的新星。现在中央民族大学社会学系任教的田方萌也正在组织翻译出版“人文生物学译丛”，丛书涵盖了演化社会科学这一重要领域。

第三节　为什么对进化社会科学的批评通常都是错误的？[①]

在对人类行为和文化的演化研究中，行为演化研究受到的批评较多，而文化演化研究受到的批评较少。这是因为，文化演化学者重视后

---

① 本节部分内容来自拙文《人类行为和文化的演化研究：理论和方法评价》，《科学文化评论》2019 年第 3 期。

天因素即文化的影响，这符合社会主流的意识形态，演化研究领域之外的人应当很容易就能接受那种论调；而行为演化研究把动物行为和人类行为都放入进化论的框架内考察，自然容易与流行的成见相冲突。

对行为演化研究的主要批评有两个：第一，行为演化研究暗含的遗传决定论观点是错误的；第二，行为演化研究在方法上有缺陷，特别是其研究工作缺乏证据或不具可证伪性。在进化社会科学各学科里，进化心理学最著名，人们多少了解一点进化心理学，所以它受到的批评也最多。我下面回顾人们对行为演化研究的主要批评意见时，将着重以进化心理学的研究为例来阐明我的看法。既然进化心理学的行为研究与其他人文社科学科的行为演化研究基于同样的理论框架，我的看法也适用于后者。

1. 遗传决定论的批评

人类行为演化研究者常常令人误以为他们持有所谓遗传决定论的观点。兹以美国进化心理学家涂柏、柯斯梅及其弟子利伯曼关于人类亲属识别的研究（Lieberman et al.，2003；2007）为例来说明。在他们看来，在长期自然选择—演化的过程中，人类的亲属识别能力（例如识别他人是不是自己的兄弟姐妹）得以广泛存在，于是人类就较为普遍地在识别别人与自己的血缘关系的基础上决定是否避免与别人的性关系，是否对别人做出奉献（利他行为）。他们实际上认为，即便历史上有一部分人缺乏亲属识别能力，但由于他们更易于卷入乱伦而导致近交衰退等原因，他们留下的后代会趋于减少；相反，具有亲属识别能力的人的后代会趋于增加，并将这种能力遗传给后代。

首先，严格说来，涂柏等人的推理和论点远远不是所谓遗传决定论，他们不过是潜在地认为遗传因素对亲属识别能力具有某种程度的影响而已。固然，生物学及人文社科里的行为演化研究者要比其他很多人都更容易看到行为的遗传上的原因，但恐怕他们中从来也没有人认为，所有或多数行为都由遗传或基因完全决定或起主导作用。事实上，行为通常都受到遗传影响的观点是现代生物学里的常见看法。正如饶毅（2012）所说："所有行为都一定有基因参与……"

其次，涂柏等人的推理和论点体现了标准的进化解释的逻辑。由于遗传的观点是进化逻辑的一个基本的方面，要从进化的角度对行为做出解释，是必然要涉及遗传因素影响的。从另一方面讲，一旦认识到遗传因素普遍影响行为，认识到行为之变异（在涂柏等人的例子里，变异指的就是有些人具有亲属识别能力，而其他人缺乏这种能力或这种能力不强），就必然进一步认识到会发生选择和演化。可以设想，即便遗传因素对亲属识别能力的影响很小，但在漫长时间内也会造成具有重要进化意义的后果。

在生物学界，左派科学家古尔德和路翁亭大概是主流进化生物学和行为演化研究的最著名的批评者，他们都曾批评这些研究中的生物学决定论或遗传决定论观点（古尔德，1997：279-280；Lewontin，1991：9-25）。在宽泛的意义上，也可以说他们的批评不错。具体说来，既然主流进化生物学家认为行为通常都受遗传影响，这就意味着遗传为行为等性状设置了限制，例如基因决定了一个人不能不借助外力跳跃 10 米的高度，或某些智商低于 60 的人不能单纯通过教育使智商提升到聪明人或天才的程度。当然，如前所述，进化研究者通常都既承认基因的作用，也承认环境的作用，也不一般地承认某一方的主导作用，在这个意义上他们并非遗传决定论者。另外，相较于主流进化生物学家，很可能在路翁亭和古尔德心中，遗传因素的影响确实较小。左派科学家通常是一些对社会不平等、不公正忧心忡忡的人。如果人的行为真的受先天因素影响较大，这自然就意味着世界能被改变的程度降低了，即左派科学家自然就会对其中的某种政治、社会含义不满。笔者认为，这应该是路翁亭（Lewontin，1991）把达尔文理论、生物学乃至于整个科学都视作意识形态或超级社会建制的原因之一——他认为它们反映并强化了某一历史时期在社会占统治地位的价值观和思想。

2. 研究方法上的批评

人类行为演化研究的理论解释常常受到经验证据不足及缺乏可证伪性或可检验性的指控。现代人类演化研究的典型的理论解释方式是：1）给定某种常见行为或心理倾向 A，A 完成某种任务 α，A 受某一个或多个基因影响（遗传）；2）设想在历史上也存在其他行为或心理倾向 B 和 C 等（变异）；3）相较于 B 和 C 等，A 更能促进个体或其亲属繁衍，于是随着时间推移，这一个或多个基因就趋于成为更常见的基因，A 于是也逐渐成为更常见的行为或心理倾向（选择和演化）。这种解释方式实际上就是美国语言学家和进化心理学家平克所谓逆向工程法。正如平克（Pinker，1997：21-23）所指出的那样，这种解释方式的基本原理和依据来自达尔文。

在笔者看来，当然这种解释方式也是为研究行为演化的进化生物学家所广为采用的，尽管他们在著述里不一定将这种理论解释明确或完整地呈现出来。试举一例说明。美国著名进化生物学家特里弗斯曾经跟威拉德（Trivers and Willard，1973）曾提出特里弗斯—威拉德理论。这个理论的基本预测是：在有性繁殖的物种里，若某些假定条件成立，则条件较好的母亲更可能生儿子。根据特里弗斯的回忆，这个理论的酝酿和发展始自威拉德提出的一个粗糙的思想——如果条件较好的母亲生儿子，则她更可能留下较多后代。而他们在论文里讲到，若某种群满足某些假定条件，则“自然选择必定会有利于……调整性别比的一个或多个基因”，即促使条件较好的母亲更可能生儿子的基因会“脱颖而出”，在种群中的频率会趋于增加。我们稍加琢磨就可看到，他们实际上也是基于逆向工程法而提出了理论解释，尽管这一解释在论文里没有完整地呈现出来。在我国进化生物学者季婷等人（2016）关于摩梭人走婚习俗的研究中，既然他们根据植根于达尔文理论的广义适合度原理进行推理，他们的论文里实质上也暗含着曾经存在基因选择过程的解释。

所谓进化研究的理论解释证据不足，指的就是缺乏证据来证明存在上述那一类自然选择过程。其实，放眼进化生物学史，我们可以看到，这也是达尔文的自然选择理论在问世后的几十年内遭到的最严厉指控之一。达尔文认为，生命演化的主要原因是自然选择。但他自然无法像放电影那样把这一过程展示给别人看，堵住别人的嘴。有“达尔文的斗犬”之称的赫胥黎（T. H. Huxley）乐于接受达尔文进化思想中的其他成分，却一直很难接受自然选择理论。赫胥黎认为，如果能用人工实验经选择而培育出一个新的物种，这也相当于为自然选择理论提供了证据，但从没有这样成功的实验（迈尔，2010：345-387；鲍勒，1999：245）。概而言之，以缺乏证据为基本理由来拒斥现代人类行为演化研究的那些人，有些相似于达尔文时代不愿接受自然选择理论的那些人。

至于这种批评，即进化研究的理论解释不具有可证伪性或可检验性，因而是非科学的，其中关于可证伪性的观点渊源于波普尔。确实，这样的进化解释实际上是一个历史过程，我们似乎想象不出什么经验上的例子来驳倒这样的解释。但是，我们应注意：其一，在波普尔的思想体系里，一个理论或理论解释不具有可证伪性固然就意味着它是非科学的，但这不一定也意味着它没有科学地位或科学意义。波普尔（2000：177）曾经认为自然选择理论不可证伪，因而属于形而上学而非科学，但可以以之为基础发展出各种可证伪的科学理论。显然波普尔并不主张生物学家丢掉自然选择理论。同理，如果我们完整地接受波普尔的思想，即便进化解释没有可证伪性，这也不构成要求进化研究者拒斥这类解释的充足理由。其二，波普尔（2008：17；2005：367）强调理论系统或科学系统而非单个理论本身的可证伪性——“经验的科学的系统必须有可能被经验反驳”；“应当把理论系统的可反驳性或可证伪性作为分界标准”。按照波普尔的论述，即便进化研究的理论解释本身是不可证伪的，如果进化解释的推论是可证伪的，即其理论解释系统是可证伪的，仍然可以说进化研究是科学的研究。

前已述及，自然选择理论在其提出后的几十年里都受到证据不足的指控，而这一理论本身似乎也是不可证伪的。首先，这种情况很可能在其他现代自然科学学科里也存在。例如，依牛顿第一定律，若不受外力作用，任何物体都将保持静止或匀速直线运动状态。既然世上不可能存在不受外力作用的物体，那么可以说牛顿第一定律本身既缺乏证据支持，也没有可证伪性。因此，如果我们不采用双重标准的话，我们就只能说，如果单纯因为现代人类演化研究的理论解释本身证据不足或缺乏可证伪性而斥其不是科学或不是好的科学，那么牛顿和达尔文的工作理应受到同样的指控。其次，现代科学的一大特征在于假说演绎法的应用，这不仅适用于牛顿及其之后的力学研究（李醒民，2012），也适用于达尔文及其之后的进化研究（迈尔，2010：269-270；鲍勒，1999：20）。而在采用了假说演绎式的论证结构之后，是可以得出可检验或证伪的推论的，这就使得它们符合波普尔的方法论原则。例如，可以以牛顿三定律和万有引力定律等为前提条件进行演绎推理，推论出某小行星的运行轨道。这样的推论原则上是可证伪的，尽管如拉卡托斯等人所指出的那样，在科学实践中，即便这样的推论不符合观察，也常常很难导致科学家真的把作为演绎推理的前提条件的科学理论拒斥掉（拉卡托斯，2012：13-14）。在现代人类演化研究中同样如此。例如，季婷等人（2016）在广义适合度理论等条件下进行演绎推理，得出了摩梭男性更倾向向姐妹的子女投入这一可检验或可证伪的推论。在上述涂柏等人的亲属识别研究中，涂柏等人（Lieberman et al.，2003；2007）也在广义适合度理论等条件下进行演绎推理，得出了几条可证伪的推论，例如，若其他条件一样，与兄弟姐妹共同生活时间较长的人更倾向于为兄弟姐妹做出利他行为。

总之，我们可以看到，对人类行为演化研究的一些流行的批评或保留意见是对这类研究、进化生物学及其历史以及有关的科学哲学思想缺乏足够了解的结果。首先，尽管演化研究者有时受到遗传决定论的批评，但他们通常既承认遗传也承认环境因素对人类行为的影响，也承认遗传和环境的交互作用，而不一般地假定某一方的决定或主导作用，因而可以说他们并非遗传决定论者；而我们一旦像很多生物学家那样意识到遗传因素通常都会影响行为，意识到行为变异的广泛存在，并且也熟悉达尔文主义演化论的话，有可能很容易就意识到可以以演化论为基础来探讨行为演化。其次，达尔文提出其理论之后的几十年内，同样面临着今天人类演化研究面临的证据不足的批评；人类演化研究采用了现代科学里盛行的假说演绎法，是可以得到可证伪或检验的推论的，因而这类研究是符合波普尔的科学划界理论的。

但是，有一点要注意——对遗传因素的认识是我们是否愿意接受人类行为研究的进化逻辑的一个枢纽。如果我们坚持认为，遗传对人类行为的影响较小（路翁亭、古尔德等左派生物学家很可能这么看）甚至可以忽略不计，既然演化的发生是以行为等性状的可遗传性为前提的，我们也可合理地怀疑，生物演化论到底在多大范围、多大程度上才适用于对人类行为的研究。

本 章 小 结

达尔文的进化思想仍然构成现代进化论的基本框架。达尔文进化思想的核心是自然选择理论，自然选择学说的核心概念是变异、遗传、(自然)选择。可简单地把自然选择定义为有差别的繁衍成功。从进化论的观点看，自然选择是有机体演化的主要原因。20世纪六七十年代又涌现出以英国学者汉密尔顿为首的一批优秀的进化生物学家，他们提出了一系列新的进化思想。在这些新思想中，首要的又是汉密尔顿的广义适合度理论。

以进化论来研究人类行为和文化，既是进化生物学也是人文社会科学诸学科里的一个绵延不绝的传统。但是，在20世纪60年代以前人文社科各学科的历史里，都只是有一些零零散散的个人对进化论兴趣盎然或热衷于把进化论拿来研究人类行为和文化。伴随着20世纪六七十年代生物进化论的重大进展，以进化论研究人类行为和文化才在包括社会学在内的人文社科各学科里逐渐变成由很多学者共同参与并研究本学科传统上关心的诸多主题的系统的努力，逐渐导致进化社会科学出现。进化心理学、进化人类学、进化经济学、进化社会学、进化伦理学等新兴学科正是一般所谓的进化社会科学。

在1970—1990年期间活跃的以进化视角考察人类的社会学者可视为第一代进化社会学家。美国社会学家和人类学家范登伯格1974年发表于《美国社会学评论》的论文《重新考虑动物：走向关于攻击行为的生物社会理论》是已知最早的以进化论考察人类行为的进化社会学文献。自20世纪90年代以来，朗西曼、布鲁特、特纳、玛丽安斯基、霍普克罗特和安德森等美英社会学家都做了一些很有意思的基于进化论的研究。在欧洲大陆的德国、奥地利、荷兰、芬兰等国家，也有一些进化社会学家，但可能由于我们一般不太熟悉英语以外的外国语，我们对他们的研究成果还不太了解。总的说来，自20世纪70年代以来，西方进化社会学的专业化和学院化已经取得重要进展，影响也呈扩大之势。但是，与人类学、心理学和经济学等其他社会科学学科比起来，进化的思想在社会学界的影响要小一些。

人们有时批评人类行为演化研究的所谓遗传决定论倾向，指摘其经验证据不足或缺乏可证伪性。这些批评意见是对人类行为演化研究、进化生物学及其历史以及有关的科学哲学思想缺乏足够了解的结果。

第三章　行为遗传学和社会学

在过去的几十年里，西方学术界兴起了一个名为行为遗传学的研究领域，聚焦于人类行为与先天遗传因素以及后天环境因素之间的关系。严格说来，这里所谓行为遗传学应该称为人类行为遗传学，因为生物学界里的遗传学家也研究遗传和环境因素对动物行为的影响，他们也把自己的研究领域称为行为遗传学。本章后面出现的“行为遗传学”一词原则上都指人类行为遗传学。狭义上的行为遗传学的研究工作主要由心理学家来做。但是，在西方政治学界、经济学界和社会学界，也分别形成了常常称为遗传政治学/基因政治学（genopolitics）、遗传经济学/基因经济学（genoeconomic）和遗传社会学/基因社会学（genosociology）或国光等人（胡雯等，2012）所谓遗传信息社会学。这些“遗传××学”都可看作主要由心理学者从事的行为遗传学的变种或姊妹学科，尽管受本学科传统影响，但它们可能在关心的主题以及某些理论观点上跟心理学不一致。

人类行为通常都受到遗传影响的观点是现代生物学里的常见看法。著名美籍俄裔进化生物学家和遗传学家杜布赞斯基（Theodosius G. Dobzhansky）在其经典名著《遗传学和物种起源》（1985：285）里讲道：“人类的遗传仍是人类的基本，它能使人表现出各种所谓社交和文化的行为。”依我国著名生物学家饶毅的说法（2012），“可以说，所有行为都一定有基因参与……”人生百年，如白驹过隙，很难想象人类行为只受到后天环境因素影响，而先天或遗传因素完全不起作用。

第一节　社会学传统和行为遗传学的作用

1. 传统的环境决定论观点

行为通常都多多少少受到遗传影响。一些人听到这个说法，总是想当然地误以为，这意味着行为被遗传所决定，或遗传对行为起到主导性的影响。这就是大众对遗传学研究成果的常见的过分简单化的理解。很多社会科学学者可能愿意承认遗传对生理条件的影响，但在行为问题上，社会科学和社会学传统上持环境决定论或近似于此的观点，社会科学学者通常长期受到环境决定论的熏陶，就更难接受遗传影响行为的看法了，甚至感受到某种危险。图 3-1 对比了传统社会科学和生物学对行为的看法。

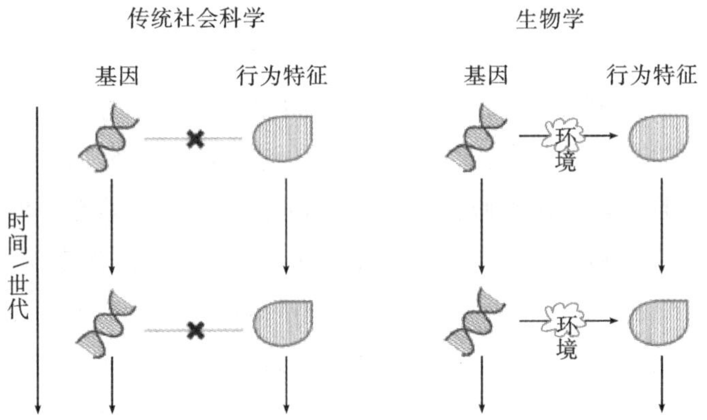

图 3-1 传统社会科学和生物学对行为的看法［改编自 Sear（2015）］

虽然也有少数西方社会学家（例如 Urdy，1995；Freese，2008）认同人类行为基本上都受到遗传或基因影响的观点，但他们只是一些例外。社会学传统上是极为强调后天环境和社会化的影响的，即在个人成长、生活过程中，他人及社会对个人行为方式和思想观念的影响，极不愿意认可先天遗传因素的影响。甚至不少社会学者持极端的环境决定论立场，完全抹杀掉了遗传因素对后天行为的影响。很多社会学家也强调方法论上的整体主义，强调某种外在于个人的整个社会环境或社会力量（而这也正是美国著名社会学专业刊物 *Social Forces* 的名称）的影响，这是跟心理学和经济学等领域的方法论个体主义倾向截然有别的，因而这也是不少社会学者多多少少排斥心理学和经济学传统的原因之一。虽然如此，但就重视后天环境影响这一点而言，很多社会学家却相当于心理学史上曾有过的一些著名的行为主义者。

行为主义是曾经在心理学史上声名赫赫的一个流派。在 1940 年到

1970年间，（新）行为主义在美国心理学界可谓一统天下。这就使得它有些近似于社会学史上的结构功能主义，因为结构功能主义也曾在大致相同的时代里是美国社会学界的主流理论。美国心理学家华生（John B. Watson）是行为主义的创始人，华生和另一位美国心理学家斯金纳（Burrhus F. Skinner）算得上行为主义最著名的代表人物。斯金纳讲："给我一个小孩子，我能把他塑造成任何人。"华生同样也有着经常被引用的名言：

> 给我一打健全的婴儿，加上足以培养他们的特定环境，那么我担保，随便挑选其中一个婴儿，我可以把他训练成我选定的任何一种专家——医生、律师、艺术家、商人、领导，甚至于乞丐和小偷，而不管他的才能、嗜好、倾向、能力、秉性和他祖先的种族。（霍瑟萨尔、郭本禹，2011：425）

以上两位行为主义巨头的极端环境决定论思想在社会学界内不乏知音。社会学者在政治、社会问题上往往属于根深蒂固的左派，尤为不喜欢社会不平等，也希望借助国家和社会力量的干预积极促进社会平等。而如果人的行为受先天遗传因素影响很大，世界在多大程度上能被改变就成疑问了。很多社会学家的左翼立场跟其环境决定论一类的倾向可谓相得益彰，于是他们的这种强调后天环境影响的倾向就变得更加坚定了。

传统的整体主义取向的社会学研究是能带来不少有趣的洞见的。按照有社会学经典三大家之一之称的法国社会学家涂尔干（2004）在其经典之作《社会学方法的准则》一书里提出的方法论主张，"社会事实只能由社会事实来解释"，不能把社会现象还原到个体的心理等较微观层次。所谓社会事实或曰社会现象，例如社会团结或整合的程度，就是一个社会里普遍存在于各个成员那里的现象，这种现象独立于个体而存在，却又对个体有强制作用。涂尔干的方法论原则倡导以整体层面的现象解释整体层面的现象，这是很强的整体主义主张，因为它要求，无论原因变量和结果变量都应落在整体层面，而不能分解或还原到微观层面。涂尔干（1996）在初版于1897年的《自杀论》里专门剖析了自杀问题。他的基本论点是：社会整合和社会规范影响自杀率的高低。例如，天主教强调集体主义，天主教徒之间的联系紧密，社会整合程度高，因此自杀率低；反之，新教提倡个人主义，新教徒之间的联系较为松散，社会整合程度低，因此自杀率高。再如，城市里的社会规范较为松弛，对城市居民的约束较少，因此城市自杀率高于农村。社会整合、社会规范和自杀率都是整体层面的现象，意即涂尔干所说的社会事实。用社会整合和社会规范解释自杀率的高低就鲜明体现了涂尔干社会学方法思想的基本精神。

我们可以看到，遵循涂尔干的方法论原则是能带来诸如社会整合程度影响自杀率高低这一类有点意思的结论的。从亲多元主义的观点看，我们也需要诸如社会整合等带有社会学特色的词汇来丰富我们的话语。另外，既然行为遗传学主要关注微观上的遗传因素或基因对个体层面行为的影响，那么除非从传统的整体论撤退，否则研究者就很难接受行为遗传学的研究路径。要想改变人们的既有想法或成见通常是很困难的，无论是在科学界还是在其他领域都是如此。例如，量子力学奠基人、德国物理学家普朗克（Max Plack）曾言："一个新的科学真理取得胜利并不是通过让它的反对者们信服并看到真理的光明，而是通过这些反对者们最终死去，熟悉它的新一代成长起来。"后世称之为普朗克科学定律。也许它过于悲观了，但并非捕风捉影。笔者无意就整体论的学理在这里如布道一般啰哩啰嗦。笔者想要指出的是，尽管整体主义方法论或许从某种角度讲有其优点，但一味坚持这一立场，完全无视或排斥其他研究路径，无助于社会科学和社会学的繁荣，也会带来使社会学进一步边缘化的危险。

2. 行为遗传学的作用

美国著名社会学家、美国社会学会 2005 年度主席达斯特（Duster, 2006）的就职演说的主题是社会学面临的还原主义的挑战，他提到了几个饶有趣味的例子。20 世纪 70 年代中期，美国国家科学院曾召集一批社会科学家（达斯特是其中一位）和自然科学家探讨关于改变精神的物质（例如毒品、酒精等）的知识状态。其中一个话题是，为何美国、加拿大和澳大利亚的原住民的酗酒率特别高。在场的社会科学家认为原因是显然的：在两个世纪内，原住民不断被驱离家乡到陌生的地方生活

(dispalcement)，他们的饮食习惯被急剧改变，他们的社会组织和经济生活也被摧毁等，诸如此类外部条件发生了变化，再加上他们能买到便宜的酒，于是他们的酗酒率就变得特别高了。由此我们可以看到，可以提出社会替代（social displacement）这样的概念充作自变量，确立社会替代与酗酒率之间的因果关系。无论社会替代还是酗酒率讲的都是涂尔干式的整体层次现象，因而这个解释或命题是涂尔干式的。很难说这样的解释本身是错的。但是，它近于常识，似乎不需要很多专门训练就能在实质上提出这一类解释，尽管解释者不一定懂得使用“社会替代”这样带有社会学特色的词汇。这样一类常识性的解释在社会科学及社会学里是很常见的。这也应是社会科学和社会学相较于自然科学的声望不太高的原因之一。

现在回到达斯特讲的事例——当时在场的神经科学家讲，他们正在北美印第安人和澳洲原住民中寻找跟酗酒有关的神经传递模式和遗传标记，后来一些遗传学家确实发现了原住民中盛行酗酒的遗传上的原因。达斯特也提到 20 世纪 90 年代初的另一个事例。当时美国国家卫生研究院（National Institute of Health，NIH）任命了一个由 20 余人组成的专门小组，达斯特是小组成员。这个小组负责考察受 NIH 资助的研究者就暴力行为所做的研究工作，并进一步推荐哪些工作应该继续受到资助。社会科学家依然惯于寻找暴力行为与各种文化、政治、经济条件之间的关联。自然科学家虽然承认这样的解释有其价值，但是他们认为，应该把主攻方向放在基本过程，即从个体或更微观的层面（细胞、基因、神经递质）来解释人们的暴力倾向。我们容易想象，在上述事例中，哪些人容易获得研究资助。千百年来，我们一直习惯于以外部条件等因素为原因变量对人类行为做常识性解释，而现在我们似乎找不到很好的理由来拒斥生物学路径的新的解释。在过去的几十年里，这一类新的解释正在西方国家的公共话语里占据着越来越重要的位置。概而言之，社会学等社会科学学科忽视社会行为研究的生物学进路，一方面不利于寻求外部研究资助，因而不利于学科的发展和繁荣；另一方面，这也是自绝于公共话语体系，不利于提高在学科之外的学术声望。首先，我国的社会学者往往看不到这样的前景，因为生物学一类的解释在我国的公共话语里还不甚流行；其次，在我国学术界的研究资助系统里，似乎学科间竞争的成分较小。我国的社会科学研究资助通常分为两大类，即来自上级国家机构的纵向资助以及来自其他单位或个人的横向资助。主要的纵向资助包括国家社会科学基金和教育部社科基金等，这些研究基金通常都固定向各个学科划拨一部分，由各个学科内部人员决定是否给予申请者资助。采取新的生物学研究路径的申请者通常难以与采取传统研究路径的人竞争研究资助。即便如此，如果我们也应未雨绸缪——西方国家过去几十年里发生的事也可能将来在我国重演，那么现在就了解一下生物学和遗传学如何解释人类行为并非坏事。

并非仅仅因为争取研究资助和大众关注等较为实用的目的才需要把行为遗传学路径下的研究纳入我们的视野。行为遗传学一类的研究能给我们带来重要的洞见。在过去的几十年里，西方学者发现，人们在认知能力、个性、性取向、生儿育女、受教育年限、离婚、职业兴趣等诸多方面都受到遗传因素影响。行为遗传学研究也发现，兄弟姐妹之间和父母-子女之间行为上的相似性，几乎都不能由共同的家庭环境因素来解释，也几乎都是由于遗传上的原因（Plomin et al.，1994；Freese et al.，2003）。这意味着，人类行为通常受到遗传影响并非生物学等学科的一些学者的一般性信念或进行推理和解释而需要的预备性假设，而是表现为实实在在的经验研究发现。而在行为遗传学一类的研究打入社会学家传统上较为关注的研究领域的时候，它们带来的洞见给人留下的印象也更为深刻。例如，所谓邻里效应是社会科学尤其是社会学极为关心的研究领域（Sampson，2008；Wodtke et al.，2016）。邻里效应指居住区特征对居民产生的效应，这本质上是外部环境影响。社会科学家通常认为，邻里效应是一股强大的力量，即居住区对居民个人成就的取得、行为和价值观念等方面都有着重要影响。例如，可以发现，与其他居住区比起来，从小在贫民窟生活的小孩长大后更可能有反社会行为甚至是犯罪。而传统的社会科学学者往往不把遗传因素带入邻里效应研究，而是单方面强调贫民窟孩子的居住环境等方面造成的影响——当地具有不重视教育甚至鼓励偷盗的文化，青年人中越轨、犯罪的较多，等等。小孩子在这样的环境里长大自然受到影响。卡普希等（Capsi，Taylor and Moffitt）精神病学家研究了英国两岁幼儿的行为问题（有些幼儿容易哭闹，安静不下来，不服从父母，等等）。他们发现，在控制了遗传等因素影响后，可以发现，社区条件对幼儿行为的影响是很小的。具体说来，遗传因素可以解释幼儿行为55％的变异，家庭环境因素能解释20％的行为变异。家庭环境包括家庭收入等等，也包括社区条件。而社区条件只能解释5％的家庭环境影响，即社区条件只能解释1％的幼儿行为变异。

行为遗传学研究不仅能帮助我们认识到遗传因素的重要性，这类研究还常常在遗传因素之外区分共享的环境因素和非共享的环境因素，这对传统的社会科学研究也有很大的启发意义。社会学传统上虽重视环境因素对人类行为的影响，但往往潜在地假定环境因素就是共享的环境因素，例如兄弟姐妹共同的家庭条件和背景、居住区的各方面特征、所处某一阶层的社会经济条件。即便有些社会学家明确意识到了非共享的环境因素（例如各个个人上了不同的学校，结交了不同朋友，碰到了不同的老师，等等。这些都构成了他们生活、成长的非共享的环境因素），也很少有人把两类环境因素影响整合进经验研究。而在把遗传因素、共享环境因素、非共享环境因素都带入经验研究之后，行为遗传学研究的一个有趣的发现是：非共享环境因素对个人行为和个人成就的影响远远超过共享环境因素的影响。这是不难理解的。例如，按照遗传学知识，同卵双胞胎之间在遗传上基本上是一样的，他们通常也具有共同的家庭背景，但是个人行为和成就却可能不太一样，这自然应在某种程度上归之于非共享的环境因素影响。

按照美国社会学家伦斯基（Gerhard Lenski）的看法，相对于传统农业社会，在现代社会里，基因或遗传因素对个人行为和个人发展起的作用更大（胡雯等，2012），这似乎是容易理解的。在传统社会里，个人的行为、社会地位和个人成就都严重受到社会结构和社会制度束缚。例如在印度的种姓制度下，一个人的职业、婚姻和个人发展前景在出生时就基本确定了。即便基因因素使得某些个人具有特别的天赋才能，社会也在很大程度上限制了个人才能的发挥。既然在现代社会里遗传因素对社会行为的影响较为明显，而社会学主要研究现代社会，这就进一步凸显了借鉴遗传学来研究社会的重要性。

第二节　行为遗传学的由来

1. 高尔顿和行为遗传学的创生

世界许多民族在历史上都有着动植物和人类的生理、行为等性状可由亲代遗传给子代的思想，甚至可以说，其中某些思想很不符合今天“政治正确”的标准。例如，古希腊哲学家柏拉图（前 427—前 347）在其经典之作《理想国》里倡导，酗酒、淫乱、道德低下、体质衰弱甚至有不治之症的低等公民，绝对不能与优秀公民结婚，应该把他们送到各个孤岛上去，以防他们的坏习性遗传给后代。成书于公元前 2 世纪至公元 2 世纪的著名古印度法典《摩奴法典》讲道：“一位妇女生下的儿子，总是赋有他的生身父亲的特性，以及嫡亲儿子继承了他的父亲、母亲或父母双方的坏的特性，他永远也不可能避开他的血统。”再如，我国古代典籍《左传》里记载着公元前七世纪时郑国某大臣“男女同姓，其生不蕃”的说法，即同姓氏通婚者的后代不会繁荣昌盛，这意味着，当时有人认为，父母可能通过生育的方式对后代造成某些影响。我们不仅可以看到，世界许多民族都认识到遗传现象的存在，也可以看到，在西方和我国的历史上，古人就遗传机理提出了一些朴素的假说或理论（赵功民，1996：1-32）。但是，学界通常认为，只是到了 20 世纪，在一批早年遗传学家的努力下，现代遗传学才得以建立起来。

从某种意义上讲，现代遗传学的早期历史可以追溯到 19 世纪 50 年代和 60 年代，因为有“现代遗传学之父”之称的奥地利神父、生物学家孟德尔（Gregor Mendel，1822—1884）在那个时候借助于其后来著名的豌豆杂交实验发现了遗传学的两个基本规律，尽管他的成就直到 20 世纪才获得认可。相似地，现代行为遗传学的早期历史也可以追溯到 19 世纪中后期。

在 19 世纪中后期，英国生物学家达尔文提出了自然选择的进化学说，掀起了一场科学革命，对生物学等学科以及人类思想产生了重大而深远的影响。达尔文（2005；2009a；2009b）用其理论统一解释植物、动物和微生物这些看似根本不同的东西的演化，他既用其理论解释人类和动物身体、生理，也解释人类和动物的行为、心理以及人类的道德。受达尔文激励，达尔文的表弟高尔顿（Francis Galton，1822—1911）也致力于人类行为研究，并取得了重大成就。

高尔顿是一个博学的学者，在多个方面都做出了重要科学贡献。他是英国著名科学期刊《自然》的创办人之一。他也促进了司法事务中指纹学的发展。他与其弟子、著名数学家和统计学家皮尔逊（Karl Pearson）一道开启了生物统计学的先河。尽管从今天的观点看，高尔顿的统计学知识还很初步，但正是他为遗传学的定量分析和数量遗传学打下了基础。他 1869 年出版的著作《遗传的天才》（*Hereditary Genius*）是对行为特征在家庭、家族内部转移的最早的严格的科学研究。他的另两部著作《英国的科学人：先天和后天》（*English Men of Science: Their Nature and Nurture*，1874）和《对人类才能及其发展的研究》（*Inquiry into Human Faculty and its Development*，1883）也被看作行为遗传学历史上的里程碑式著作。高尔顿认识到遗传因素对个体行为差异的实质性影响——“如果后天因素上的差别没有超过我们通常在同一国家具有相同社会地位的人们中间见到的那种差别，先天因素就压倒后天因素”，即如果两个人在后天环境条件上的差别并不太大，先天遗传因素对他们的影响就会很明显。当然，他并没有天真地无视后天环境因素，他也重视贫困对行为的影响。他是世上第一个认识到双生子（双胞胎）研究（twin studies）的重要意义的人，认为双生子研究有助于评估先天因素和后天因素对人类行为的相对效应大小，推动了一波双胞胎研究潮流的涌现。他也倡导收养研究（adoption studies），即对从小被其他家庭收养的人的行为、心理的研究（Gottesman，2008；McGue，2010；Anholt and Mackay，2012：10-11）。总之，在今天的西方行为遗传学界，高尔顿通常被看作行为遗传学早期发展中的中心人物（Kim，2009：5），被看作“行为遗传学之父”（Knopik et al.，2018：30）。

高尔顿虽然是现代行为遗传学早期发展中的最重要人物，促成了这一新的研究领域的问世，但是从今天的观点看，他的遗传学知识是有些薄弱的。现代遗传学的基本规律要到 20 世纪才被人们认识到。孟德尔的著名的豌豆杂交实验论文发表于 1866 年，直至 1900 年其重要思想才被遗传学界重新发现。甚至到了 1909 年，美国著名遗传学家摩尔根（Thomas H. Morgan）还认识不到孟德尔的工作的价值，称之为“高级杂耍”，而摩尔根被看作遗传学史上仅次于孟德尔的第二重要的人物（饶毅，2010）。双胞胎的生物学基础直至 20 世纪初期才被遗传学界澄清（Kim，2009：81）。高尔顿主要是一个 19 世纪的学者，他自然不掌握现代遗传学的基本原理，他也是在不知区分同卵双胞胎和异卵双胞胎的情况下倡导双胞胎研究的①。高尔顿也创造了“优生学”（eugenetics）一词，是优生学在早期的最重要倡导者，所以他也被称作“优生学之父”。纳粹德国曾经于 20 世纪 30 年代和 40 年代援引优生学来支持其种族清洗的意识形态和政策。行为遗传学和优生学在早期历史上的联系以及纳粹的恶名，应是 20 世纪上半期行为遗传学为西方知识界所忽视，发展得不够兴旺的一个重要原因。即便如此，仍有一部分以心理学家为主的西方学者积极进行双生子研究和收养研究，这类研究也构成了人类行为遗传学的一项延续至今的重要传统。

从行为遗传学的学院化和制度化的角度讲，行为遗传学作为一个广受认可的现代学科的出现可以以 1960 年美国行为遗传学家富勒（John L. Fuller）和汤普森（William R. Thompson）出版行为遗传学史

---

① 从实践上看，这既会导致无法做精确的定量分析，也可能导致错误的研究结论。例如，如果发现异卵双胞胎长大成人后的行为有差别，如果假定他们携带的先天遗传信息是一样的，就会把行为差异归于后天环境的作用；但其实他们的先天遗传信息往往差别较大，即推理的前提就错了。这是有点意思的。19 世纪中期，达尔文提出自然选择的进化学说时，也不了解一些与进化论密切相关的知识。这大概突出表现在两个方面：第一，遗传的观点是自然选择理论的核心成分之一，但达尔文并不掌握为 20 世纪的遗传学家所接受的那些基本知识。第二，达尔文认为进化是很缓慢的过程，要经过几亿年甚至几十亿年才能产生出今天我们所看到的生命多样性；但到了 20 世纪初叶，物理学的发展才为达尔文对地球年龄的估计提供了科学依据（鲍勒，1999：258-260）。因循守旧者反对新思想和新领域的常用借口就是：相关领域的知识还不成熟，因而这新思想、新领域是不成熟的、不好的科学。我们在过去几十年里反对进化社会科学特别是进化心理学的声浪中似乎很容易识别出这种遁词。而从达尔文和高尔顿的例子可以看到，这种因循守旧的论调只会阻碍科学的发展。

上的第一部教科书为标志（Gottesman，2008；Kim，2009：3）。1972年，行为遗传学会（Behavior Genetics Association）正式在美国成立，大名鼎鼎的进化生物学家和遗传学家杜布赞斯基是其首任主席（由此也可见，行为遗传学远非“野鸡学科”）。1970年，《行为遗传学》（*Behavior Genetics*）杂志正式出版，该杂志随后成为行为遗传学会的机关刊物。

由于种种原因，关于种族、智力、暴力和性取向的行为遗传学研究大概是最为敏感，最容易引起非议的。而我们如果要快速把握行为遗传学传达的基本道理，可以铭记著名行为遗传学家特克海默从众多行为遗传学研究中总结出来的“行为遗传学的三条法则”：所有人类行为特征都受遗传影响；在同一家庭内长大的效应小于基因的效应；在很大程度上，复杂的人类行为特征应该也由基因和家庭以外的因素来解释（Turkheimer，2000）。

2. 双生子研究和收养研究

在20世纪90年代之前，行为遗传学经验研究的主要形式都是双生子研究和收养研究，直至其后分子遗传学的发展带来了新的冲击。

在孟德尔的经典研究里，豌豆的各个性状都是定性的性状（例如植株高/矮），各个性状也分别由单个基因决定。而后来的生物学家认识到，生物的性状可能也受多个基因影响，于是在遗传学里就逐渐形成了一个名为数量遗传学（quantitative genetics）的分支，它采用统计方法研究多基因如何影响数量性状。例如，人的身高就是一个数量化的性状，由几十个基因和后天环境因素决定。在行为遗传学里，对多个基因和环境因素如何影响行为的研究也被称作数量遗传学，集中体现在双生子研究和收养研究中（Knopik et al.，2018）。

对于包括人类在内的绝大多数生命来说，DNA（脱氧核糖核酸）都是遗传物质。我们人类细胞核里包含23对染色体。精子和卵子各含有23条染色体，它们在受精卵中融合到一起。随着受精卵细胞的分裂，最后胎儿就发育成熟。总之，在人类细胞里的23对染色体中，23条来自父亲，另外23条来自母亲。每条染色体都主要由一个DNA分子和蛋白质构成。而基因正是DNA分子的一个片段，一个染色体包含成百上千个基因，人类细胞总共含有 20000—25000 个基因（Fletcher et al.，2010：5-6；Durham，1991：525）。

现代遗传学通常认为，同卵（monozygotic，MZ）双胞胎由同一卵子和精子结合而形成的受精卵分裂为两个胚胎发育、诞生而来，因而他们的基因是完全一样的；而非同卵（dizygotic，DZ）双胞胎或其他兄弟姐妹平均而言只有 50%的基因是一样的。西方心理学、精神病学等领域的学者所从事的双生子研究和收养研究在遗传因素对智力、精神分裂症、情感障碍、酗酒、犯罪行为、离婚、社会态度等方面的影响上都有着广泛而有趣的发现。对于事先就没戴着反对这些研究的意识形态眼镜的人而言，收养研究和双生子研究的基本原理都简单明了而容易接受。就收养研究来说，既然养子、养女与其亲生父母在不同家庭长期生活，往往生活环境不一样，考察他们之间在行为、心理上的相似性就能甄别出遗传影响。就同卵双生子研究来说，如果跟其他人比起来，同卵双生子之间的行为、心理特征更为相似，并且如果能在研究中控制住环境因素影响，也能坐实遗传的影响。异卵双生子研究的道理与此类似。而且，由于异卵双生子之间的遗传关系等同于一般的兄弟姐妹，并且异卵双生子由于年龄相同的缘故，要比一般的兄弟姐妹更可能共享相同的环境条件（家庭社会经济地位、父母教养方式等），因而，通过比较异卵双生子之间的相似性和一般的兄弟姐妹之间的相似性，也能帮助我们更清楚地分别甄别出遗传和环境的影响。

可根据双生子的生物学特征把双生子研究分为同卵双生子研究和异卵双生子研究。根据操作方法上的不同，又可把双生子研究分为在同一家庭内共同抚养的双生子研究和在不同家庭分开抚养的双生子研究。分开抚养的同卵双生子一方面遗传上是完全一样的，另一方面由于他们的成长环境通常不一样，因而对他们的行为、心理的研究似乎特别容易帮助我们分别看清遗传和环境的影响。最为著名的双生子研究，特别是分开抚养的双生子研究，大概算得上由美国明尼苏达大学学者（以心理学家为主）进行的明尼苏达双生子研究（Minnesota Twin Study）。明尼苏达双生子研究肇始于 20 世纪 70 年代并延续至今，有关学者于 1989 年成立的明尼苏达双生子和家庭研究中心已经成为一个举世闻名的双生子和家庭研究机构。

明尼苏达学者研究了超过 100 个分开抚养的双生子，得出了三条一般性结论。第一，分开抚养的同卵双生子在一系列心理特征上都具有相似性，说明了遗传因素的作用；这些同卵双生子在社会态度上的相关性较弱（相关关系仍达到了大约 0.35），在兴趣和个性上的相关性较强（相关关系分别大约为 0.4 和 0.5），而在智力上的相关性最强（相关关系大约在 0.7）。第二，虽然分开抚养的同卵双生子具有完全一样的基因，但是他们在诸多心理特征上都没有达到完全的相关关系，这就说明环境因素在起作用。第三，除了智商①（共同抚养的同卵双生子之间的相关关系值接近 0.9）之外，分开抚养的同卵双生子在个性、兴趣、社会态度上的相关关系与共同抚养的同卵双生子之间的同类相关关系强度都是很相似的，这就说明，共同抚养这一环境条件并没起到很重要的作用（McGue，2010）。

对上述同卵双生子研究的一个貌似合理的批评是，分开抚养的同卵双生子之所以在行为、心理上相似，乃是由于，收养机构倾向于让条件相似的家庭分别抚养同卵双胞胎，即同卵双生子之间的相似性是由于他们在相似的家庭内长大。但研究发现，分别抚养同卵双生子的家庭的社会经济地位之间的相关系数仅为 0.30，这并不是一个大数字。这就意味着，分开抚养的同卵双生子长大后的相似性很可能主要不是由于在条件相似的家庭内长大。再者，在同一家庭内长大的异卵双胞胎（或非双胞胎兄弟姐妹），他们的家庭社会经济地位之间的相关系数可视为 1.0，但是仍能发现，同卵双胞胎之间在行为、心理上的相似性要强于异卵双胞胎（或非双胞胎兄弟姐妹）之间的相似性（Walsh，2014：32）。在控制了家庭条件之后仍能发现同卵双胞胎之间

---

① 在 20 世纪初叶，美国、法国等国家的多位心理学家经过一系列研究，发展出了比较成熟的智力测试方法，即斯坦福-比奈测试（Stanford-Binet test），之后智力测试方法不断发展。斯坦福-比奈测试和韦克斯勒（Wechsler）测试现在是心理学界最著名的两种智力测量方法，智力测试包含若干道题目，完成测试的人会得到一个分数，称之为智力商数（Intelligence Quotient），简称智商，用来衡量智力或认知能力高低。西方心理学等学科的智力研究者认为，智商测试是最可靠、最有效的心理学测试之一（Gottfredson，1997）。

具有较强的相似性，这就说明，这种相似性应该由于家庭条件以外的因素。

跟下面要讲到的分子遗传学方法比起来，数量行为遗传学研究的一大优势在于，在不知道到底哪些基因影响某种行为的情况下就可估计出可遗传性或遗传因素对个体间差别的效应（heritability）大小以及环境因素起的作用大小。按照行为遗传学方法（Knopik et al.，2018：95），可遗传性（或译为遗传力）可用2乘以同卵双胞胎之间的相关系数值与异卵双胞胎之间相关系数值的差所得到的数值来估计，即可遗传性 $h^2=2(r_{mz}-r_{dz})$①。可遗传性的统计学含义是：遗传因素能解释的个体之间在某项性状（如某项行为）上的方差的比例。例如，身高的可遗传性大约是0.9。这并不意味着一个人90%的身高都是遗传决定的，而是意味着遗传因素能解释个体之间身高差别的90%，或者说个体间的身高差别主要是由于遗传因素造成的。

元分析/荟萃分析（meta-analysis）指的是对已有研究的重新统计分析。几位澳大利亚学者（Malouff et al.，2008）考察了西方学术刊物上发表过的八篇关于双生子和收养研究的元分析类文章。这些元分析是对以往的四百多项双生子研究和收养研究的重新分析，分别涉及智商测试分数、反应速度测试表现、语言能力、过度焦虑、抑郁、反社会行为②、酗酒、抽烟等八类行为，算得的可遗传性值分别为0.48、0.41、0.48、0.35、0.37、0.41、0.26、0.52。可以算得，八项行为的可遗传性均值

① 可遗传性的计算原理在于：同卵双胞胎（MZ）在遗传上是完全一样的，异卵双胞胎（DZ）平均而言共享一半的遗传信息，同时可假定这些人具有同样的共享环境条件。那么，$r_{mz}=h^2+c^2$，$r_{dz}=h^2/2+c^2$。经简单变换可得到 $h^2=2(r_{mz}-r_{dz})$。进一步可知，$c^2=r_{mz}-h^2$，$e^2=1-r_{mz}$。其中 r 指皮尔逊积矩相关系数，h^2 表示遗传性（heritability）即遗传因素能解释的个体间方差的比例，c^2 表示共享环境因素能解释的个体间方差的比例，e^2 表示非共享环境因素能解释的比例，$h^2+c^2+e^2=1$。由于行为遗传学的经验研究通常是抽样研究，即对研究总体中包含的部分个体的研究，研究结果很可能是有误差的，因此，只能把单个研究所计算出来的遗传效应和环境效应大小当作大致的估计，而对同一问题采用相似方法进行的多次研究可帮助我们更精确地估计遗传和环境效应的大小。参阅克诺皮克等人（Knopik et al.，2017：351-352）的相关著作。

② 关于反社会行为的行为遗传学研究，详见本书第八章。

为 0.41①。作为对比，几位美国生物学家（Dochtermann et al.，2019）对 2000 至 2018 年间发表的 101 篇研究文献的元分析算得的动物各物种的各类行为（攻击性行为、求偶、觅食、对后代投入，等等）的可遗传性均值为 0.235。他们也指出，以往也有多项研究对动物行为的可遗传性做出估计，这些估计的均值为 0.29。0.41、0.235 和 0.29 这几个数值之间固然是有差异的，这些数字可能受到各项研究的测量误差等因素影响。但很难想象，如果测量误差为 0 或接近于 0，这些数字本来也应接近于 0。无论是对于人还是对于动物，遗传都应是影响行为的一个实质性因素。

3. 分子遗传学和表观遗传学的冲击

20 世纪 40 年代到 60 年代的一系列科学发现促成了分子生物学和分子遗传学的问世和成熟。在这些科学发现中，大概最重要的是美国生物学家埃弗里（Oswald Avery）、克劳埃德（Colin MacLeod）、麦卡蒂（Maclyn McCarty）于 1944 年发现了 DNA 是遗传的物质基础，其次则是美国生物学家沃森和英国物理学家克里克（Francis Crick）于 1953 年发现了 DNA 的双螺旋结构（当然克里克后来因其卓越成就也被承认为

---

① 双生子研究和收养研究的一个假设是平均而言一对异卵双胞胎有 50%的基因是一样的，再加上通常存在正向婚姻匹配（positive assortative mating）的现象，这些研究往往会低估而非高估某种心理、行为、生理等特征的可遗传性（康利、弗莱彻，2018：30）。正向婚姻匹配指的是，社会经济地位、生理、心理、行为等方面较为相似的异性之间通婚的现象，在这些方面较为相似的夫妻之间的基因相似度要高于从人口中随机抽出的一对异性。这就导致异卵双胞胎之间的基因相似度高于 50%。如果双生子研究和收养研究中的异卵双胞胎之间的基因相似度高于 50%，这些研究将会低估遗传效应的大小。读者试想，若一对身材都较高的异性通婚，则他们的子女通常身材也较高。有可能这对夫妻都在某些染色体的某些位点上具有促进身材长高的基因。按照遗传学规律，其中的某些基因将会 100%传给子女。这就导致异卵双胞胎之间的基因相似度高于 50%。而研究者在评估身材较高的夫妻生育的异卵双胞胎为何身材也较高时，假定的是异卵双胞胎之间有 50%的基因是一样的，而事实上是 50%以上的共同基因发挥了作用，因此研究者稍微低估了基因对身高的效应。当然，如果被试的父母在各方面的差别较大，即负向婚姻匹配，则研究者可能稍微高估了可遗传性，但正向婚姻匹配是更常见的现象。

生物学家)[①]。我们在前面可看到，在双生子研究和收养研究中，研究者不需要知道影响行为的具体的遗传机制就能甄别出遗传和环境的影响。而分子遗传学对于行为遗传学研究的主要影响在于，它使得研究者也可以借助分子遗传学的理论和技术，甄别出到底是什么基因即 DNA 分子上的片段会影响特定行为（现在通常认为，多数性状都分别受多个基因而非单个基因影响）。在甄别出影响某项行为的基因后，又可进一步探索这些基因影响行为的具体路径。

我们在阅读跟遗传学有关的材料时，经常会碰到几个基本概念，这里稍做说明。表现型或表型（phototype）指的是诸如肤色、身高、行为等可遗传的性状，基因型（genotype）则指的是与某表现型有关的基因构成。等位基因（allele）指某基因的不同形式。我们知道，人类有 23 对染色体，分别来自父亲和母亲。那么，对每个人而言，在染色体上的某基因座（genetic locus）上，就存在两个等位基因。基因负责指导蛋白质的合成，由于蛋白质在人体内发挥着非常广泛而重要的作用，基因就影响着我们的形态、生理和行为上的各种性状或特征。

经过几十年的发展，分子遗传学路径的行为研究已经和前述数量遗传学研究并驾齐驱，一起成为行为遗传学的两大分支。分子遗传学研究者在个性/性格、认知能力、精神障碍或疾病、抽烟/酗酒等成瘾行为、犯罪行为等诸多方面的研究上都硕果累累，令人印象深刻。本章第一节提到，美国社会学会 2005 年度主席达斯特在就职演说里讲到社会学面临的“还原主义的挑战”。他讲的一个事例是，美国社会科学家和自然科学家对于如何研究、解释酗酒问题意见不一。这里就着重介绍一下有关酗酒问题的（数量遗传学和）分子遗传学研究。

跟一般人口比起来，酗酒者更容易罹患诸多疾病，例如肝炎、脑血管疾病、肝癌等各种癌症，也更容易形成反社会人格以及抑郁/焦虑等精神障碍。可见研究为何有些人更容易酗酒意义重大。在不同人口里进

---

① 我国生物学家饶毅把这两项成就分别称为 20 世纪第一重要和第二重要的生物学成就（https：//mp. weixin. qq. com/s/5o50wtMHz5rGcmJhDG0q5w）。饶毅的工作偏向分子生物学方向，他似乎不太看重进化生物学在 20 世纪取得的一些进展，而更重视分子生物学。

行的一些双生子研究表明，遗传因素能解释大约 40％至 70％人们之间在是否容易形成酒精依赖上的差别（Rietschel and Treutlein，2013）；简单地讲，一个人染上酗酒的恶习，一般来说遗传因素起到了大约 40％至 60％的作用。我们知道，行为遗传学研究除了考察遗传因素的影响，也考察共享的环境因素（例如居住在容易买到酒的社区）和非共享的环境因素（主要指个人独特的人生经历）影响。过去的研究表明，青少年的酗酒行为更容易受到共享环境因素影响，而成年人受到的影响则很小。

分子遗传学研究则进一步试图甄别出到底哪些基因与酗酒有关。多项研究都发现，位于第 12 条染色体上的 ALDH2 基因和位于第 4 条染色体上的 ADH 基因簇（多个基因）与酗酒行为有关系，因为这些基因负责指导在体内代谢酒精的酶（多数酶为某种蛋白质分子）的合成。其中一个有意思的研究发现是，25％的中国人和 40％的日本人携带发生了突变的 ALDH2 基因（记为 ALDH2×2），导致本来负责代谢酒精的酶失去活性，这些人喝酒后就容易脸红、呕吐，自然就不会染上酗酒的恶习。而白人中基本上没有人携带 ALDH2×2。这个研究可以解释，为何东亚人口中的酗酒率要远远低于白人人口。我们知道，尽管喝酒容易上脸、呕吐的人只占少数，但酗酒成瘾的人也是少数，即只有一小部分喝酒后不易上脸的人才酗酒。这说明，应该有其他跟酒精代谢无关的基因与酗酒行为有关系。尽管也有一些研究声称找到了其他基因，它们与酗酒行为也有关系，但是，ALDH2 基因和 ADH 基因簇与酒精依赖之间的关系是最能经受住不同研究的相互验证的（Knopik et al.，2017：281-283）。

20 世纪中期以来发展起来的表观遗传学（epigenetics）也对人类行为遗传学研究产生了一定影响。表观遗传学研究的是，在 DNA 序列未改变的情况下，基因表达（基因发挥其功能）上的可遗传变化，即基因型未变情况下的表现型的变化。一些研究表明，出生前和婴幼儿期的环境因素（营养、行为等）会影响长大成人后罹患癌症、糖尿病和肥胖症等各种慢性疾病和精神分裂症等行为障碍的可能性，而表观遗传学机制都可能在其中发挥作用（Jirtle and Skinner，2007）。表观遗传学研究实际上强调基因之外的环境因素的影响。既然在人文社科里，社会学大概是传统上最为强调环境因素重要性的学科，社会学家似乎理应对表观遗传学最感兴趣，尽管事实上却是心理学、经济学、科学哲学等人文社科分支对它更感兴趣。而关于表观遗传学的一个争议是，即便可以发现表观遗传效应即环境因素影响基因表达的效应，表观遗传效应到底在多大程度上可以遗传即在代与代之间转移却是不清楚的（Heard and Martienssen，2014）。此外，表观遗传现象到底在多大范围和多大程度上影响着人类的生理和行为等性状似乎也有待更多研究来揭示。

第三节　西方社会学界的行为遗传学研究

美国社会学家贝尔曼（Bearman，2008）曾经讲："（社会学）这个学科的流行的看法似乎是，强调以遗传因素来解释社会行为和社会后果，往好了讲是在损害社会学视角，往坏了讲是向20世纪上半叶的优生学项目回归。"20世纪上半叶德国、美国等西方国家都曾热衷于优生学研究，并在某种范围内推行强制给某些人群绝育的政策。优生学运动在西方国家的恶名，恰如日本731部队在侵华战争期间因对活体中国人和朝鲜人进行生物武器和化学武器的效果实验而为我国人所深恶痛绝。我们由此可见西方社会学界可能存在的对遗传学的排斥程度。但我们还是可以发现，自20世纪中叶以来，热衷于探讨遗传对人类行为影响的美国社会学家还是要比有着相似癖好的中国社会学家多了不少。

在现代行为遗传学的学院化正在美国稳步推进的20世纪60年代，美国社会学家艾克兰（Eckland，1967）就曾在《美国社会学评论》上发文，专门鼓吹在社会学研究中纳入遗传学考量。下面将主要考虑社会学界发表的关于行为遗传学的经验研究工作，而将忽略掉某些尽管跟行为遗传学有关但属坐而论道的作品，除非这些作品跟经验研究具有较密切关系。既然行为遗传学研究存在两个方向，即数量遗传学和分子遗传学，下面将主要介绍这两方面的工作。

1. 数量遗传学研究

在美国社会学专业期刊上发表的最早的（数量遗传学方向的）行为遗传学研究论文似乎是美国心理学家斯卡尔和温伯格1978年发表在

《美国社会学评论》上的探讨家庭背景对智力发展影响的论文（Scarr and Weinberg，1978）。斯卡尔和温伯格研究了224个美国白人家庭里的845位16岁至22岁的青少年。在其中104个有收养子女的家庭里，共有194个被收养子女，15个亲生子女。另外636个青少年则生活在120个无收养子女的家庭内。这两类家庭的社会经济地位相似，都在美国社会处于中等至中上等。

他们主要使用了相关分析和线性回归分析的统计方法，受过本科教育的社会科学学生应该都能轻易看明白这些方法。例如，他们发现，母亲-子女、父亲-子女及亲生子女之间在智商上的相关系数分别为0.41、0.40、0.35[①]，而养母-养子女、养父-养子女、有收养子女的家庭内的子女之间在智商上的相关系数则较为微弱，分别为0.09、0.16、−0.03。再如，他们在回归分析中发现，养子女的智商都受到亲生母亲教育程度（缺失亲生父亲教育程度等其他数据）的较大影响，而养父的教育程度、养母的教育程度、父亲职业、家庭收入等变量对养子女智商的影响都在统计上不显著；而在无收养子女的家庭内，子女的智商都受到父亲和母亲智商的较大影响。

斯卡尔和温伯格的主要结论是，对于社会经济地位处于中等至中上等的美国家庭而言，家庭背景因素对青少年智商的差别的影响很小，智商差别主要应由遗传因素来说明。这里需要注意的是，他们只是认为，在家境中等至中上等的家庭内，家庭背景因素对青少年智商差别的影响很小，他们并不否认，在更大范围内考量，家庭背景因素也会影响青少年智力发展。例如，如果这些养子女被较为贫穷的家庭收养，他们的智商将低于这次研究实际测出的智商。笔者认为，他们的研究结论是可信的。智商及人类行为受到遗传和环境两方面因素影响，而家庭背景是环

---

① 这说明，几十年前就有人认识到母子和父子之间智商的相似程度是很接近的。因此不太可能智力主要遗传自母亲。近些年来互联网上流传着智力主要遗传自母亲的说法，但此看法与几十年来有关研究工作的结论并不一致。如果智力主要遗传自母亲，这意味着影响智力的基因主要分布于X染色体（男孩和女孩都必定有一条X染色体来自母亲）。事实上，近年来的一些研究发现了成百上千影响智力的基因，这些基因并非主要分布于X染色体。

境因素的一个重要方面。既然被研究者的家庭背景相似，那么自然智商差别就主要可由遗传因素来解释了。对于本来就相信智商很大程度上受遗传影响的人来说，这篇论文的吸引力不大。但是，或许它可以给那些本来就没意识到遗传之重要性的人以启发。

跟心理学和经济学等社会科学比起来，从事行为遗传学研究的社会学家数量较少。但北卡罗来纳大学教堂山校区的社会学教授尼尔森（Nielson，2006）的工作值得一提。尼尔森研究了三千多名美国非拉丁裔白人和黑人中学生，包括的对象：170 对同卵双胞胎、290 对异卵双胞胎、702 对同父同母兄弟姐妹、242 对同父异母或同母异父的兄弟姐妹、105 对堂/表兄弟姐妹、174 对相互之间没有亲缘关系但在同样家庭生活的个人。结果变量包括语言能力、学业成绩、上大学的计划（能反映一个人的抱负）。他使用的主要统计分析方法是相关分析和结构方程模型。

相关分析是结构方程模型的基础，从他给出的相关关系系数上，我们能看出他为何得到特定的结论。在上述六类研究对象里，同卵双胞胎之间在语言能力、学业成绩、上大学的计划上的相关关系最强，分别为 0.724、0.660、0.663。其次是异卵双胞胎，他们的相关系数分别为 0.356、0.332、0.264。这些数据反映了遗传因素的重要性。从同卵双胞胎到无亲缘关系的个人，相关系数依次下降。对无亲缘关系的个人而言，相关系数分别为语言能力（0.063）、学业成绩（0.08）、上大学的计划（0.19）。由于这些个人之间无亲缘关系，但是却生活在相同家庭内，受相同家庭背景影响，可以根据这些数据衡量共享环境因素对个人的影响。他的结论是，遗传因素对语言能力、学业成绩、上大学的计划影响最大，其次是非共享的环境因素（个人的特殊经历、在家庭内的境遇等），影响最小的是共享的环境因素（主要指家庭条件）。这个结论跟心理学家和遗传学家所做的行为遗传学研究的结论是一致的。

正如尼尔森所认识到的那样，传统的社会分层研究者在建立地位获得（status attainment）模型时，也把心理学家关心的个人智商当作自变量之一。例如，按照著名社会学家布劳（Peter M. Blau）和邓肯（Otis D. Duncan）的地位获得模型，个人智商受父亲受教育程度和父亲职业等因素影响，个人受教育程度受个人智商、父亲受教育程度和父亲职业等因素影响，个人职业则受个人受教育程度、个人智商、父亲受教育程度和父亲职业等因素影响。但是，这样的地位获得研究存在着未能区分遗传因素和环境因素等缺陷。而尼尔森（2006）的研究不仅区分了遗传和环境，也区分了共享环境和非共享环境的影响。这个研究本应给传统的社会分层研究以很大启发，可惜关注者似乎不算太多。

2008 年年底，著名的《美国社会学杂志》出版了名为《探讨遗传学和社会结构》的增刊，专门刊载主要由社会学家撰稿的跟遗传学有关的论文。在这些论文里，既有理论探讨性论文，也分别有三篇和两篇数量遗传学和分子遗传学方向的经验研究论文。心理学家和行为遗传学家罗格斯领衔的七位作者探讨了女性的受教育程度和认知能力与其第一次分娩时的年龄之间的关系（Rodgers et al.，2008）。罗格斯等人分析的数据涵盖 330 对女性同卵双胞胎、291 对异卵双胞胎，共 1242 个丹麦人。我们知道，按照行为遗传学方法，原因变量分为三种，即遗传因素、共享环境因素、非共享环境因素。而他们的主要结论是：首先，受教育程度和认知能力都受到遗传因素较大影响，遗传力 h^2 分别高达 0.52 和 0.48，初次分娩年龄则没受到遗传因素影响，而仅仅反映了环境因素影响。其次，如果不考虑行为遗传学框架而做回归分析，可以发现，受教育程度会影响初次分娩年龄，而认知能力则没有影响。最后，如果在行为遗传学框架下分析数据，可以看到，无论受教育程度还是认知能力都不影响初次分娩年龄；初次分娩年龄受到共享的环境条件和非共享的环境条件差别的影响，前者能解释 69％的个人之间在初次分娩年龄上的方差，后者能解释 31％。

后两条结论是很有意思的。一些传统的社会科学研究使用回归分析等统计方法，能够确证女性的受教育程度影响初次分娩年龄，这在技术上是不算错的。但是从行为遗传学的观点看，这些研究实际上是在肯定不同家庭的条件（例如父母教养子女的方式）不同，而忽略了家庭内部的过程。每个妇女的初级分娩年龄都既受到乱七八糟的未与兄弟姐妹共享的家庭环境因素（例如避孕失败、患病）影响，也受到共享的环境条件（例如父母的教养方式）影响。进一步说，我们是很难找到两姐妹的初级分娩年龄差别与受教育程度上的差别的关系的，因为各种非共享环境因素和共享环境因素影响着她们的初次分娩年龄。罗杰斯等人（Rodgers et al.，2008）的结论跟另一项行为遗传学研究（Neiss et al.，2002）的结论是很相似的。主要的区别在于，前者发现，遗传因素对妇女初次分娩年龄没有影响，而后者发现，遗传因素具有很小的影响。

社会学家施尼特克尔（Schnittker，2008）使用的数据涵盖 3023 个相互之间无亲缘关系的个人、1366 个兄弟姐妹、634 个同卵双胞胎、954 个异卵双胞胎。这些样本都是美国人。他也采用了行为遗传学的研究方法，把原因变量分为三种，即遗传因素、共享环境因素、非共享环境因素。结果表明，非共享环境因素对幸福感、社会经济地位、个人获得的社会支持的影响最大，其次是遗传因素，影响最小的是共享的环境因素。这个研究跟主要由心理学家所做的行为遗传学研究的结论最为一致之处在于，都发现非共享环境因素的效应强于共享的环境因素。

前面多次讲到，行为遗传学研究传统上把原因变量分为遗传、共享环境和非共享环境。社会学家马丁（Martin，2008）认为，这种研究方法的一个局限性在于，通过分析数据只能给出共享环境的总效应，却无法衡量各个具体的共享环境因素的效应。因此，她侧重于应用几位美国学者近些年来发展出来的一种新方法（结构方程兄弟姐妹模型）来考察父母和子女在体重上的相关性。她使用的原始数据涵盖来自 1704 个美国家庭的 1704 对兄弟姐妹。他的主要结论是：遗传因素对青少年体重具有重要影响，表现在父母是否肥胖与青少年体重具有一定相关关系；属于共享环境因素的家庭生活方式对青少年体重也有一定影响，特别是每日吃饭的频率和平时是否经常活动对青少年体重的影响基本与拥有一位肥胖的父亲和母亲的效应等同。

马丁发现，父母双方都肥胖的青少年也最可能肥胖，这意味着遗传因素比她考察的共享环境因素的影响更大，这是她的研究结论与通常的行为遗传学研究一致的地方。通常的行为遗传学研究认为，遗传因素对体重的影响远远大于共享环境因素，甚至一些研究中没有发现共享环境因素的作用。马丁发现，家庭生活方式具有明显的影响，因此，她认为自己挑战了通常的行为遗传学的体重研究。但是，马丁有可能高估了共享环境因素的效应，而低估了遗传和非共享环境因素的影响。具体说来，她所谓共享环境因素中可能包含着遗传和非共享环境因素的成分，例如，家庭里每日吃饭频率可能在一定程度上受遗传因素影响，日常活动量大小也可能受遗传和非共享环境因素影响（例如，在一个要求严格的学校读书的青少年，可能很少有睡懒觉的机会）。在通常的行为遗传学研究中，通过计算同卵双胞胎之间和异卵双胞胎之间的相关系数，就能比较可靠地估计出遗传、共享环境、非共享环境这三种因素的效应到底有多大（Knopik et al.，2017：351-352）。而在把诸如家庭生活方式方面的一个个具体的因素代入数据分析的时候，由于这些具体因素本身就混杂着这三种因素的影响，反而不容易清楚地揭示出三种因素各自的总效应。

最后，戈登和戈特弗里德森是两位致力于研究智力问题的美国学者。他们都具有社会学教育背景并且也曾长期在社会学系任教。他们都肯定智商及智商的群体差别具有遗传和环境上的原因，至少自 20 世纪 80 年代起他们就在一些著述里表达了这一类看法（例如 Gordon，1985 和 Gottfredson，1987）。但他们的看法主要依据二手文献，即行为遗传学家所做的双生子研究和收养研究等工作。

2. 分子遗传学研究

前面述及，2008 年年底《美国社会学杂志》的增刊发表了两篇分子遗传学方面的论文。社会学家萨内汉等人（Shanahan et al.，2008）探讨了社会资本、教育获得和基因 DRD2 之间的关系。他们对社会资本概念的定义基本等同于社会学界流行的定义，即个人的关系网络及其中蕴含的可能对个人有所助益的资源。在实际操作中，他们又用父母的社会经济地位、学校的质量和父母参与个人学习情况来指示个人的社会资本的多寡。他们使用的数据是基于抽样调查得到的关于 26666 名全美中学生的数据。DRD2 基因位于第 11 条染色体上，对大脑的很多神经活动具有重要影响。萨内汉等人的主要发现是：（1）无论是对于白人还是对于黑人男童，具有 DRD2 基因都会显著降低升入大学读书的可能性，但 DRD2 基因对女性中学生升学率的影响在统计上不显著；（2）如果个人具有较多的社会资本，即表现为父母具有较高的社会经济地位等，则

DRD2 基因的效应会被削弱（例如，不具有 DRD2 基因的白人男性中学生升入大学的比例为 59.3%，而具有 DRD2 基因但又拥有较多社会资本的白人男性中学生的升学率为 66.9%）；（3）对于黑人男性中学生来说，具有 DRD2 基因者也较不可能拥有较多社会资本，但这一模式不适用于白人男性中学生。

在笔者看来，首先，萨内汉等人（Shanahan et al.，2008）关于 DRD2 基因的效应具有男女之别的发现可能是一个虚假的发现。他们文章中呈现的数据清楚地表明，无论是白人女中学生还是黑人女中学生，相对于没有携带 DRD2 基因者，具有 DRD2 基因者的升学率都较低。只是对于女性群体而言，DRD2 基因的效应在统计上不显著而已。如果进一步扩大样本量，应该也能发现 DRD2 基因对于女性中学生的效应。

后来萨内汉还和道等社会学家（Daw et al.，2013）合作，研究了青少年抽烟、喝酒行为与基因和环境之间的关系（萨内汉是第二作者）。他们的数据涵盖大约 15000 名美国青少年。研究发现，基因和环境对青少年抽烟、喝酒行为都具有重要影响。首先，环境具有重要影响，表现在青少年到学生抽烟率和喝酒率较高的学校里读书，会抽更多烟，喝更多酒。其次，基因也具有影响。在基因位 5HTTLPR 上，存在三种基因型或三对等位基因，即 L'/L'、S'/L'、S'/S'，三者在数据中的频率分别为 0.23%、49%、28%。基因型为 S'/S' 的青少年的抽烟、喝酒行为对环境最为敏感，最不敏感的则是基因型为 L'/L' 的青少年，即基因型为 S'/S' 的青少年在学生抽烟率、喝酒率较低的学校里，其抽烟率和喝酒率都是最低的，但是在抽烟率、喝酒率较高的学校里，其抽烟率和喝酒率却都是最高的。

我国旅美社会学家国光等人（Guo et al.，2008）研究了美国中学生的性行为与基因和环境之间的关系。他们的数据涵盖 674 名白人男性中学生。在某基因位上的基因型主要为 9R/9R、9R/10R、10R/10R，其中基因型为 9R/9R 的人所占比例为 5.8%。国光等人发现，基因型为 9R/9R 的白人男性中学生通常要比拥有 10R 基因的白人男性中学生性伙伴更少；但是社会环境和个人心理特质对于性行为也有影响，表现在基因型为 9R/9R 的人如果在很多学生都较早发生性行为的中学就读或个人认知能力较弱，也会拥有较多性伙伴。国光教授是结合分子遗传学和社会学研究人类行为的研究取向的积极鼓吹者和实践者。除了青少年性行为问题，他及其合作者还借助于分子遗传学方法广泛研究了犯罪和越轨、种族差别、体重和肥胖症、抑郁症等问题（Guo et al.，2008；Liu and Guo，2015）。

赛特等几位政治学家、社会学家和遗传学家（Settle et al.，2010）发现，是否接受自由主义的政治意识形态也与基因有关联。具体说来，对于具有 DRD4-7R 基因的人来说，青少年期的朋友越多，越可能接受自由主义的意识形态；而在不具有这个基因的人那里，则发现不了这种关系。

本章小结

行为遗传学是一个研究动物和人类行为与遗传和环境因素之间关系的学科，其起源可追溯至达尔文的表弟高尔顿 19 世纪后期的工作。作为一个现代意义上的学科，行为遗传学到了 20 世纪 60 年代才在美国完成了学院化和制度化的历程，在高校和学术界里扎下根来。

行为遗传学研究分为两大类，即主要表现在双胞胎研究和收养研究那里的数量遗传学研究和致力于找到影响行为的具体基因的分子遗传学研究。按照著名行为遗传学家特克海默（Turkheimer，2000）从众多行为遗传学研究中总结出来的规律，行为遗传学的第一条“法则”就是：所有人类行为都受遗传因素影响。虽说从事行为遗传学研究的学者以心理学家居多，这条法则却也是现代生物学里的常见看法。很多社会学家受到传统的环境决定论思想影响，是很难接受行为通常都受遗传影响这一类观念的。但是，考虑到行为遗传学研究可以为传统的社会学研究带来一些重要的洞见，有必要把这类研究更多地引入社会学界。事实上，在现代行为遗传学刚刚开始形成的 20 世纪 60 年代，美国社会学家艾克兰（Eckland，1967）就在著名的《美国社会学评论》上发文，鼓吹把遗传学理论和方法引入社会学研究。此后也有一批社会学家在数量遗传学和分子遗传学两个方向上都有研究成果问世。我国旅美社会学家国光更是分子遗传学的社会学研究的积极鼓吹者和实践者。

本章讲到的行为遗传学研究的例子主要涉及心理学家和社会学家。读者千万不要误以为，行为遗传学一类的研究对其他社会科学学科没有影响或影响极小。西方人类学包括生物人类学这样的主要分支，因此，遗传学在人类学那里似乎要比在除了心理学以外的社会科学学科那里都具有更深厚的根基。要想了解遗传学在人类学界里的拓展，可参阅 Marks（2012）的相关著作。现代遗传学和行为遗传学对经济学和政治学传统研究主题的涉入，都可追溯至 20 世纪 70 年代。要想更多了解这方面情况，可分别参阅 Beauchamp et al.（2011）、Benjamin et al.（2012）和 Hatemi and McDermott（2012）的相关著作。事实上，在行为遗传学和分子遗传学影响下，西方政治学界和经济学界已经分别形成了常常被称为遗传政治学/基因政治学（genopolitics）和遗传经济学/基因经济学（genoeconomic）的新的研究领域，它们分别对应于社会学界所谓遗传社会学/基因社会学（genosociology）或国光等人（胡雯等，2012）所谓遗传信息社会学。这些“遗传××学”都可看作主要由心理学者从事的行为遗传学的变种或姊妹学科。

第四章　神经科学和社会学

我们在上一章里着重讲到，人类的行为通常既受到基因影响，也受到后天环境因素影响。关于外部环境刺激的信息首先要传达给我们的脑，然后脑再指令我们做出某种反应，使我们表现出某种心理、行为，即神经系统和脑是我们的行为的更直接的原因。而基因和外部环境影响着神经系统和脑的结构与功能。就基因的影响而言，在我们人类的大约 20000 个基因中，有的基因处于缄默状态，不能发挥其功能，而别的基因则处于表达状态，正常发挥着指导蛋白质合成的功能。一般而言，我们身体里每一个细胞里的基因都是完全一样的。而在我们的脑里，大约三分之一的基因处于表达状态，这一比例超过了我们身体的其他任一部位。正是某些基因影响着我们的脑的发育和功能，从而进一步影响着我们的心理和行为①。当然，这不是要完全否认后天环境因素对脑的发育和功能的影响，事实上，神经科学家也承认环境因素的作用。遗传因素构成了先天的基础，后天环境因素是在先天基础上发挥作用的。

本章将主要考察关于神经系统和脑的研究即神经科学研究以及它们对社会科学和社会学研究的启示。在依托生物学知识研究人类的诸多工作中，依托神经科学考察人类的工作是传统的社会科学和社会学学者最易于接受的。主要原因可能在于：我们更易于接受跟我们已有的知识具有某种联系的东西，学校教育和大众传媒通常都会传递神经系统影响行为的观点，而较少表达行为受演化和遗传影响的信息。

---

① National Institute of Neurological Disorders and Stroke：*Brain Basics：Genes At Work In The Brain*（https://www. ninds. nih. gov/sites/default/files/10-5475_508C. pdf）.

第一节　神经科学与脑

神经科学即研究神经系统特别是脑的结构和功能的诸学科。按照一些神经科学家的看法，20 世纪下半叶生物学发展的重点是分子遗传学，而在 21 世纪，神经科学包括对心理的生物学研究将成为生物学中最活跃的学科。可以根据研究内容上的区别，将神经科学分为基础神经科学和临床神经科学。基础神经科学的主干是神经生物学，神经生物学又包括神经生物化学、神经生理学、分子神经生物学等分支（丁斐，2016：1-2）。临床神经科学则侧重于临床应用，主要指对于与神经系统疾病的诊断和治疗有关的研究。神经系统不仅仅包括脑，还包括脊髓和外周神经系统。虽然如此，由于脑在神经系统中的重要地位，通常情况下，神经科学界还是把我们常见的“脑科学”一词当作“神经科学”一词的同义词来处理，把二者替换使用。

从人类的整个文明史来看，在 14 世纪至 16 世纪欧洲发生的文艺复兴运动之前，人类对神经系统或脑的功能的认识主要是粗线条的直觉、推测。在四五千年前的古埃及时期，埃及人相信心脏而非脑主管着心智活动。到了大约公元前 5 世纪，被后世视为现代医学之父的古希腊人希波克拉底开始认识到，脑掌控着人的心智。但是，稍晚于希波克拉底的亚里士多德仍然认为，心智从属于心脏的功能。到了文艺复兴时期，意大利的达·芬奇等一些学者的工作推动了对神经和脑的认识与解剖活动。现代意义上的神经科学则是直接奠基在 18 世纪至 20 世纪 60 年代之间取得的包括神经元学说等一系列重要科学发现之上。通常把 20 世纪 50 年代到 60 年代看作现代神经科学形成的时期，因为我们能在这一时期找到关于神经科学学院化和制度化的一些里程碑式的事件，包括最早的神经科学实验室、神经生物学系、神经科学专业学会纷纷在西方学术界开始成立（陈宜张，2012）。

1. 神经系统与脑

对于我们绝大多数社会科学工作者而言，没有必要对有关神经系统和脑的结构与功能的现有知识的方方面面都如专业的神经科学家那样了如指掌，除非他打算把神经科学和传统社会科学的理论和方法系统而深入地结合起来，推进对人类行为的研究。但我们需要知道有关的基本知识，如此一来，我们看到与传统社会科学相关的神经科学研究成果时，方不至于手足无措。

神经系统包括中枢神经系统（central nervous system，CNS）和周围神经系统（peripheral nervous system，PNS）两部分。中枢神经系统包括颅腔内的脑和椎管内的脊髓。周围神经系统指与脑或脊髓相连接并分布到全身各处的周围神经。周围神经系统通常分为三个部分，即主要分布于头面部而与脑连接的脑神经，主要分布于躯干和四肢而与脊髓连接的脊神经，主要分布于内脏、心血管等处而与脑和脊髓连接的内脏神经即自主神经系统或称植物性神经系统。细胞是人体的形态结构和功能的基本单位，从这方面看，又可说神经系统是由神经元（neuron）或称神经细胞（nerve cell）与神经胶质细胞这两大类细胞构成的。人类神经系统大约有 1000 亿个神经元，而神经胶质细胞的数量大约是神经元的 10 倍。神经元是神经系统结构和功能的基本单位，其主要功能是感受刺激，传导神经冲动，指令人体做出反应。神经元的细胞体上有一些突起，这些突起分为两种类型，即较短的树突和较长的轴突。树突负责接收信息，将信息传入细胞体。轴突负责将信息由细胞体向外传出。神经系统的各项功能是通过许多神经元的相互合作来实现的。通过突触联系起来而完成神经系统某种功能的很多神经元就被称作是一个神经回路/神经环路（neural circuit）。神经胶质细胞的主要功能则是隔离、保护和营养周围神经元（丁斐，2016：52；薛一雪，2018：10-13）。像人体多数细胞那样，神经元和神经胶质细胞的细胞核内有着我们的 23 对染色体及染色体上的 DNA 分子即我们的遗传物质。

中枢神经系统，尤其是脑，是神经系统的领导者或决策者。身体各个部位的信息通过周围神经系统传递给脊髓，再通过脊髓传递给脑，然后脑依次反馈信息给脊髓和周围神经系统，从而指导着身体各部位的活动。例如，手不小心碰到火炉，手部皮肤里的神经把疼痛的信息传输给脑，脑把信息反馈回来，要求手部肌肉把手退回。

脑是人体最大、最复杂的器官之一。成人的脑重量通常在 1300 克至1400克之间，约占体重的2%，但消耗的能量却占人体消耗的总能量的20%左右。脑分为六个部分，即端脑、间脑、中脑、脑桥、延髓、小脑。其中中脑、脑桥和延髓又合称为脑干。脑干专门调节心跳、呼吸、血压等人体基本生命活动。小脑是重要的运动调节中枢，负责维持身体平衡，使运动协调、准确。间脑的功能十分复杂，包括调节内脏活动、视觉/听觉、内分泌活动等。端脑（telencephalon/cerebrum）就是通常所说的大脑，是脑的最高级部位，也是人脑中最大的部位，约占人脑重量的85%。大脑由左右两个半球构成，两个半球由称为大脑纵裂的裂沟分开，位于裂沟底部的称为胼胝体（corpus callosum）的神经纤维又把两个半球连接起来。一般认为，大脑的左半球支配身体右半部分的感觉和运动，右半球则支配身体左半部分；左半球掌管语言、分析、逻辑能力，右半球则掌控空间能力、想象力、直觉、艺术能力等。大脑两半球分别履行不同功能的观点可称为大脑偏侧化理论（cerebral-lateralization theory）或左右脑分工理论（dual brain theory）。

大脑半球表面是颜色呈灰暗的部分，称之为灰质，厚度为1毫米至4毫米。这些灰质就构成了大脑皮质或称大脑皮层（cerebral cortex），这里是神经细胞集中的地方。大脑皮质表面凹凸不平，有很多皱褶，所以虽然皮质看起来不大，但如果抚平皱褶并展开之后，其面积可达2200平方厘米左右。机体的包括运动、感知、语言等各种功能活动在大脑皮质上具有定位关系，形成许多重要的中枢。此外，大脑皮质负责处理各种信息，实现情感、认知、记忆等高级功能。大脑皮层是高级神经活动的物质基础和最高中枢。灰质下面则是颜色发白发亮的部分，称之为白质，又称为大脑髓质（cerebral medulla）。大脑半球白质里面也有着称为基底核的几个灰质团块，两半球也各有一个侧脑室（丁斐，2016：64-69；薛一雪，2018：91-99）。

2. 神经科学方法和理论

现代神经科学方法可分为四种，即个案研究、筛查（screens）、描述、操纵（manipulation）。个案研究即考察某一感兴趣的事件，其主要目的在于发展出可供未来研究检验的假设，例如考察大脑某部分受损的个人，尝试认识大脑该部分对个性和行为的影响。筛查即找出哪些神经元或基因应对某一类行为或疾病等为研究者感兴趣的东西负责。描述属于初步研究，指简单观察神经系统的某些属性的研究活动，例如描述某一基因的功能在脑的某一具体部位得以表达。这里也可以看出，神经科学研究也涉及遗传学，遗传学和神经科学研究合流了。操纵指检验研究假设的研究工作（Carter and Shieh，2009：xxi -xxiv）。

神经科学旨在搞清神经系统特别是脑的结构和功能，而借助于脑成像技术可以取得脑的结构或功能图像，脑成像技术是神经科学一类研究的一项基本技术。脑成像技术分为两类，即结构性脑成像技术和功能性脑成像技术。常用的结构性脑成像技术主要包括计算机 X 线断层扫描（Computed Tomography，CT）和磁共振成像（Magnetic Resonance Imaging，MRI）。常用的功能性脑成像技术包括功能磁共振成像（functional Magnetic Resonance Imaging，fMRI）和正电子发射计算机断层扫描（Positron Emission Computed Tomography，PET）。我们借助于 CT 和 MRI 等结构性脑成像技术可以获得脑结构图像，了解脑的机能障碍和脑结构之间的关系。借助于 fMRI 和 PET 等功能性脑成像技术，则可以了解人们进行特定心理活动的时候，脑的哪些部位在活动，即弄清心理活动和脑结构之间的关系。

长期以来，关于人的心理活动与大脑特别是大脑皮层之间的关系有两种不同观点。按照其中一种观点，各个具体的心理活动都对应着大脑的某一区域，即各种心理活动与大脑各区域是一一对应的关系。按照另一种观点，大脑是一个整体，脑的不同区域都参与各项具体的心理活动，不应简单、机械地把某一区域跟某一心理活动对应起来。总的看来，人们更倾向于定位的观点，即前述第一种观点（尹文刚，2007：75）。从认识论、方法论上讲，第一种观点接近于还原论，第二种观点接近于整体论。这似乎是还原论在科学里得势的又一个例子。

一个好的理论不仅可以帮助我们把已知事实有序组织起来，从另一方面看，也能帮助我们发现新的事实，得到新的洞见。尽管脑成像等重要技术可以帮助我们了解脑的结构和功能，我们对脑如何工作仍知之甚少，如何把脑的各部位与人类的种种心理和行为一一对应起来仍然处在探索之中。我们对脑了解不够的一大原因和表现可能在于，神经科学里尚缺乏一个关于脑的宏大理论（grand theory）。按照此种看法，事实只有在被放进一个有组织的概念框架时才有意义；虽然可以通过脑成像等技术获得关于脑的结构和功能的很多具体的或曰零碎的知识，但是却没有一个大理论把这些知识串起来，因而神经科学尚处于博物学的阶段（Franks，2019：13-14）。相似地，社会科学家依托于神经科学所做的工作也可说处于博物学的阶段。

第二节　社会神经科学和文化神经科学

社会学传统上尤为重视外在的社会文化环境对人及其心理、行为的影响。尽管长期以来很多社会学者对于以生物学和神经科学解释人类心理、行为的做法一直抱有冷漠甚至敌对的态度，但 20 世纪后期以来神经科学等方面的研究进展还是使得一部分西方学者得出了跟传统社会学视角具有亲和性的观点。具体说来，人是生活于社会关系之网的社会性动物，我们在方方面面都受到他人即我们所处的社会文化环境的影响，其中就包括社会文化环境因素对脑及心理和行为的影响（另一方面，脑也影响着人的心理、行为及社会文化环境）。而这正是 20 世纪末以来西方学术界发展出来的社会神经科学（social neuroscience）和文化神经科学的基本思想（cultural neuroscience）。

关于社会文化环境对脑的影响，一个著名的例子就是社会脑假说（social brain hypothesis）。社会脑假说的基本思想是：灵长类动物（包括人类）的脑相对于自身身体的比例要大于其他动物，这是因为灵长类动物面对的社会环境要复杂得多。在较为复杂的社会环境里，个体在处理与其他个体的社会关系等诸多方面都面临着更严峻的挑战，脑较大的个体更善于对付这些挑战，生存、繁衍状况较好。因而在漫长的进化时间内，较大的脑被自然选择了下来，于是灵长类动物个体比较普遍地具有较大的脑。早在 1988 年，美国神经科学家拜恩（Richard W. Byrne）和英国动物学家、心理学家怀滕（Andrew Whiten）就提出了这一假说的基本思想。一些西方学者后来又对这一思想进一步阐发，其中最著名的一位当数英国进化心理学家和进化人类学家邓巴（Dunbar and

Shultz, 2007; Shultz and Dunbar, 2007; Dunbar, 2016)。支持社会脑假说的主要证据是：在各灵长类动物物种里，平均社会群体规模较大的物种也具有较大的脑（这里假定，个体所处的社会群体规模越大，则个体要处理的社会关系、社会活动就越复杂）。对这一假说的另一支持来自一些脑成像研究——这些研究发现，在人类等灵长类动物里，脑的核心部位特别是大脑皮层的额叶越大，则个体生活的群体规模或所处的社会网络就越大。

1. 社会神经科学

我们在进化社会学和基因社会学研究里能看到传统社会学研究和思想的成分。例如，社会学者检验特里弗斯-威拉德理论的经验研究也考虑到了社会学界的社会分层研究的支撑（例如 Luo et al., 2017），我国旅美社会学家国光等人的基因社会学研究也在基因之外重点考虑到了社会环境因素的影响并使用了社会学家熟悉的一些概念（例如 Guo et al., 2008）。不过，基因社会学和进化社会学的基本点分别在于肯定基因和自然选择（而非外部环境）的作用，这是根本不同于传统社会学的思路的。而社会神经科学和文化神经科学的基本思想虽然一方面在于肯定社会行为的生物学基础（神经基础），但另一方面也在于肯定脑与社会文化环境之间的交互作用，即它们的基本思想似乎带有比较强的社会学色彩。这本应吸引很多社会学家跑来对它们一探究竟，但实际情况却不尽如人意。

社会神经科学和社会心理学之间具有某种联系。我们知道，有两种社会心理学，即心理学取向的社会心理学和社会学取向的社会心理学（又称为心理社会学）。前者相对更重视研究个体心理和行为，相对来说偏重于使用实验方法，后者相对更关注群体心理和行为，关注宏观社会结构和文化对人们的影响，喜欢使用问卷调查、访谈等方法。总的说来，社会心理学关心社会因素对人们心理和行为的影响，不管这些社会因素是来自他人的直接刺激还是宏观结构和文化因素。

可以把社会心理学定义为“理解和解释他人在场或想象到或推测到他人在场如何影响个人的思想、情感和行为”的学问，相应也可把社会神经科学界定为“通过神经机制来理解和解释他人在场或想象到或推测到他人在场如何影响个人的思想、情感和行为”的学问。从这个定义可以看出，社会神经科学跟心理学取向的社会心理学更有亲和性。事实上，认同并转入社会神经科学的西方学者也以心理学家和神经科学家居多。就心理学而言，社会神经科学研究者多由认知心理学（而非社会心理学）转入。认知心理学是研究知觉、言语、行动、计划等心智过程的学科，倾向于把这些心智过程拆分为更具体的心理机制分别研究。社会神经科学同样具有这个倾向，但不同于传统认知心理学的地方在于，它又采纳了神经科学的思想和方法（Ward，2017：4）。我们在第一章里也可看到，进化心理学家同样有着研究各个具体的心理机制的倾向，他们也自称受到了认知心理学的还原论倾向的影响（Tooby and Cosmides，1992）。

“社会神经科学”一词的正式使用可追溯至美国心理学家卡西奥普和贝恩特松 1992 年发表的论文《社会心理学对脑研究的十年的贡献：多层次分析学说》[①]（Cacioppo and Bernston，1992）。在这篇文章里，他们也从 20 世纪后期的一些生物学和心理学研究中提炼出了脑与周围的社会过程交互作用的思想以及所谓多层次分析方法。脑与外部社会文化环境交互作用的思想已成为社会神经科学的基本思想，多层次分析方法也为很多神经科学界人士认可。因此，现在卡西奥普和贝恩特松往往被列入社会神经科学的主要奠基人之列。

20 世纪后半期西方学术界有一些零零散散的心理学和生物学研究都可归入社会神经科学的范畴，因为它们都体现了脑与外部社会环境的交互作用这一当今社会神经科学的核心思想。但是，社会神经科学界通常认为，2000 年左右社会神经科学才开始被一部分研究者认可为一个正式的研究领域或学科，而 21 世纪初社会神经科学开始完成了其制度化和学院化的进程，从而巩固了其学科地位。2001 年，学术史上第一部社会神经科学论文集《社会神经科学基础》（*Foundations in Social Neuroscience*）由麻省理工学院出版社出版。该文集的作者包括了卡西奥普和贝恩特松等

---

① 在美国学术机构和国会的倡议下，1989 年美国总统发布了一个总统宣言，把 1990—1999 年称作“脑研究的十年”（the Decade of the Brain），号召推动神经科学研究。

12位西方神经科学学者。2006年，《社会神经科学》（*Social Neuroscience*）和《社会、认知和情感神经科学》（*Social*，*Cognitive*，*and Affective Neuroscience*）杂志正式出版发行。这也是当今最为重要的两种社会神经科学的专业期刊。在2008年和2010年，国际性专业学会社会和情感神经科学学会（Social and Affective Neuroscience Society）与社会神经科学学会（Society for Social Neuroscience）分别在美国成立。它们也是世界上最早的社会神经科学专业组织。在本世纪初，世界各国也纷纷建立一些社会神经科学的专门实验室或研究中心。例如，北京大学心理学系已建立文化和社会认知神经科学实验室，深圳大学心理学系也建立了情绪与社会神经科学研究所。

可以按照社会信息处理的不同阶段把社会神经科学的研究主题分为社会知觉（social perception）、社会认知（social cognition）和社会调节（social regulation）。社会知觉指的是个体对社会信息的感知，通过视、听、触、嗅来实现。绝大多数研究者认为，在社会知觉过程中，社会信息（至少是部分社会信息）的处理方式是模块化的，即有专门的脑区负责处理社会信息。关于社会知觉方面的研究实例，有些研究表明，包括人类在内的一些灵长类动物，某一脑区即颞叶区域是面孔知觉信息处理的核心脑区（社会神经科学并非只研究人类，其对象涵盖了包括人类在内的各动物物种）。社会认知指个体基于社会知觉对自己或其他个体的情感、动机等做出推断的过程。镜像系统（mirror system）和心智化系统（mentalizing system）是社会认知研究的两项重要内容。镜像系统即由大脑内很多称为镜像神经元的神经细胞构成的系统。镜像神经元是个体做出某一动作或行为以及观察到其他个体也做出同样动作或行为时会被激活的神经细胞。由于个体观察到其他个体做出同样某一行为时也会做出反应，仿佛镜像了其他个体的行为，所以称之为镜像神经元。研究者发现，在包括人类在内的很多动物物种里，都存在镜像系统。人类的镜像系统主要包括三个脑区即顶内沟、前运动皮层和颞上沟后部。心智化又称心理理论（theory of mind，ToM），指的是个体理解自己或其他个体的心理状态（信念、意图、欲望、知识等）的能力。对于人类而言，一些研究表明，心智化系统主要包括大脑里的三个脑区即颞顶联合区、内侧前额叶皮层和楔前叶。人类以外的动物是否具有心智化系统的问题尚处于争议之中。社会调节指的是运用元认知能力（对自己的认知过程的自我认知能力）调整、控制自己的情感和行为的过程。关于社会调节方面研究的实例，有研究发现，当个人受到社会排斥时，仅在知道对方系有意为之时才会出现消极情绪，并且特定脑区才会被激活，否则个人就体会不到消极情绪。上述研究主要采用人—机互动的方式，即在研究中由机器（例如计算机）施加刺激，然后观察、记录被试的反应和神经机制。但是，有可能被试与计算机或人类互动时，会有不一样的反应和神经机制卷入。自 2002 年以来，也有一批学者采用了人—人社会交互的研究方式，即在多人互动中观察有关各方的外在的和大脑的反应（柳昀哲、张丹丹、罗跃嘉，2014；Adolphs，2010）。

社会神经科学的研究者来自分子神经生物学、动物行为研究、认知心理学、社会心理学、经济学等诸多不同学科，受到过不同的学术训练，因而他们之间往往对如何做社会神经科学研究意见不一。美国社会神经科学学者斯坦利（Stanley，2013）认为，社会神经科学发展面临的最主要挑战是概念、理论上的，而不是方法上的，即用什么概念和理论去描述分析种种社会行为及其背后的神经机制。笔者深以为然。正如笔者前面所述，这也是整个神经科学面临的一个问题。

2. 文化神经科学

不同文化里的人们在思想、行为上的差别本来是人类学等学科更关心的主题，但是自 20 世纪 90 年代初期以来，心理学家也开始关注这个主题。于是西方心理学界就兴起了文化心理学，即对文化背景如何影响人们的心理和行为倾向的研究。20 世纪 90 年代初以来，关注社会行为与神经活动之间关系的社会神经科学逐渐走向成熟。而文化神经科学（有时也称作跨文化神经科学，transcultural neuroscience）就是这个进程的一个组成部分，即可以把文化神经科学，即对文化背景、心理、行为倾向和神经活动之间关系的研究，看作社会神经科学的分支。文化神经科学是较新的研究领域，自大约 2000 年以来才逐渐趋于活跃。像其他社会神经科学学者那样，文化神经科学学者多出自心理学界和生物学界。由于文化神经科学研究关注文化背景问题，不可避免地要涉及文化心理学的理论观点，因而它也常被看作文化心理学和神经科学的结合。

文化神经科学的主要研究方法是，让来自不同文化群体的个人完成同样任务，然后借助于功能磁共振成像（fMRI）等脑成像技术，测量这些个人的神经活动；或者借鉴文化心理学里的文化启动（cultural priming）的方法[①]，不同文化背景的知识影响来自同样文化群体的一批个人，也让他们完成同样任务，测量他们的神经活动。大约 20 年以来，文化神经科学在行为、知觉、认知等方面的研究都取得了一些重要的成就（Han and Northoff，2008；Rule et al.，2013；Rule，2014；孟维杰、吕晓峰，2018）。

关于行为方面，美国文化强调个人独立自主、自信和敢于怀疑权威，日本文化则鼓励尊重别人，与别人合作，注意自己对别人的义务。有研究表明，让美国人和日本人都观看关于支配型个人和服从型个人的图像，美国人看到支配型人物的图像和日本人看到服从型人物的图像时，变得活跃的脑区是一样的，即都是中脑边缘区（mesolimibic region）。我们受到使我们快乐的东西刺激时，包括吸毒成瘾者吸食毒品时，中脑边缘区就会被激活并释放出化学物质多巴胺，于是我们就会感到快乐。总之，这类研究说明，文化确实对人的行为和脑功能具有一定影响。

关于知觉，一些研究表明，人们更容易理解与自己属于同一文化的人的情感。有研究者让在日本生活的日本人和在美国生活的白人观看表现出某些情感的日本人和白人面部。日本人在看到表现出害怕的日本人面孔时，位于大脑灰质内的杏仁体在更大程度上被激活，而美国白人在看到白人害怕的面孔时有着相似的神经反应。而我们在受到使我们害怕、恐惧的东西的刺激时，通常杏仁体都会被激活。人们更容易理解同一文化群体成员的情感表达的规律也是可以从演化的角度进行解释的。具体说来，人们通常接触到的人都是本文化群体成员，这些人通常才会影响到他们生活的方方面面；在这种情况下，擅长理解本文化群体成员

---

① 常见的文化启动法是以文字材料、图片等能够体现某种或不同文化的东西充作刺激，施加给被试，然后考察被试的行为表现，如此就能探索不同文化对某种行为的影响。关于文化启动法的更详细介绍，可参阅葛淑敏（2018）等人的相关著作。

的情感表达的人才更易于跟他人保持合作关系并避免利益受损，促进自己的生存和繁衍，这样的人是具有选择优势的。

在社会认知方面，一项关于不同文化群体成员如何推断他人心理的研究（前述心智化研究）也很有意思。研究者向一批美国人和日本人展示了一些图片，图片上主要包括某个白人或日本人的两只表露出某种心理的眼睛以及眉毛、鼻子、额头等。研究发现，美国人更容易推断出白人的心理状态，而日本人更容易推断出日本人的心理状态；而在此时，美国人推断白人的心理状态时和日本人推断日本人的心理时，两部分被试变得活跃的脑区是不一样的。

在关于语言、音乐、数学等文化现象的研究方面，文化神经科学学者也做了一些经验研究。他们的一个总的发现是：不同文化群体的人在完成性质相似的涉及语言、音乐、数学的任务时，在神经活动方面也存在差别，即能够发现不同脑区被激活，或相同脑区被激活但可由仪器录得不同的脑反应模式。例如，一项研究发现，以英语为母语的人和以汉语为母语的人在完成相同的跟数字有关的任务时，前者跟语言处理有关的脑区较为活跃，而后者跟视觉、空间处理有关的脑区较为活跃。

我们可以看到，虽然文化神经科学也常常被看成社会神经科学的成分，文化神经科学研究的整个取向似乎跟其他社会神经科学研究存在一个差别。这也就是说文化神经科学倾向于考察不同文化群体之间在文化、心理、行为和神经活动上的差别，而其他社会神经科学研究则侧重于找到社会环境和社会行为与神经活动之间交互作用的一般规律。

第三节　神经社会学的探索

1. 神经社会学的由来

我们在上面关于社会神经科学的一节里讲到，20 世纪后半叶的一些生物学和心理学研究使得一部分学者认识到社会文化环境与脑的结构和功能之间的相互作用关系，以至于到了 20 世纪 90 年代初期，开始有心理学家正式提倡建立社会神经科学，到了 2000 年左右，一部分学者把社会神经科学正式认可为一个新的学科。尽管社会学界内部长期存在着漠视甚至敌视生物学影响的势力，一些西方社会学家仍然能较早地认识到，社会学也可以以某种方式汇入基于神经科学研究人类社会行为的潮流，并为此辛勤耕耘。

最早的神经社会学（neurosociology）研究可追溯至美国神经生理学家伯根（Joseph Bogen）和坦豪顿（Warren D. TenHouten）等三位社会学家发表于 1972 年的一篇论文（Bogen et al.，1972）[①]。这篇论文基于神经科学里著名的大脑偏侧化理论展开。按照大脑偏侧化理论，大脑两半球各有分工，左半球负责语言和逻辑分析能力，右半球则负责空间、想象、直觉和艺术能力等。论文的中心论点是，在有些文化（例如西方文化）里，人们表现出较强的大脑左半球掌管的能力，在其他文化里（例如在澳大利亚原住民那里）人们则具有更强的大脑右半球掌控的能力。论文的作者推测，这种差别是由于生活于不同文化里的人们各自受到所属文化的某种影响，即文化会影响大脑功能。论文作者明确地说，他们的论文的主要目的是探讨大脑偏侧化理论的社会学含义，他们的观点反映了“神经病学和社会学观察的合流”。这说明他们重视社会学的价值和关切。他们重视社会文化环境对人的影响的观点确实也是社会学界和社会文化人类学界里极为常见的调子。再加上四位作者中社会学家占了三位，因此可以说这篇论文是最早的神经社会学论文。

美国社会学家弗兰克斯（Franks，2010）的著作《神经社会学：神经科学和社会心理学的联系》是神经社会学发展史上的开创性著作。从书名可以看出，弗兰克斯的神经社会学强调的是把社会学里的社会心理学与神经科学结合起来。在这本书里，弗兰克斯结合了社会学、社会心理学和神经科学的观点，全面阐述了人脑的演化、社会脑、无意识、镜像神经元、情感和认知、意识、模仿等一系列问题。弗兰克斯的新著（Franks，2019）是上书的进一步发展，但上书的基本结构和内容仍保留在新著里。此外，弗兰克斯还曾与著名社会学理论家特纳（Franks and Turner，2013）合作编辑出版《神经社会学手册》一书，该书收录了由

---

① 有几位论者（TenHouten，1999；Von Scheve，2011；Franks，2013）提出，伯根等人在其 1972 年发表的论文里最早使用了英文的“神经社会学”一词。但笔者在该论文里并未找到该词。

以社会学家为主的约 20 位西方学者撰写的关于神经社会学的 20 余篇论文。

弗兰克斯等人强调神经社会学与社会神经科学之间的区别，认为虽然二者研究的对象（例如情感、自我、认知等）相似，但神经社会学研究者更倾向于使用来自社会学的概念而与其他社会神经科学研究者区分开来。但是，社会神经科学和神经社会学的基本理论观点都在于肯定社会文化环境与脑的结构和功能之间的互动，我们放宽视野，也可以说神经社会学属于社会神经科学这一涉及心理学、生物学、经济学、伦理学等多学科学者的较大领域的一个组成部分，根本没有必要刻意区分社会神经科学和神经社会学。事实上，一些社会神经科学研究者（柳昀哲、张丹丹、罗跃嘉，2014；Adolphs，2010）也把神经伦理学和神经经济学这样基于神经科学探讨道德伦理和经济决策等问题的新兴领域看作社会神经科学的新边疆。

2. 社会学在神经科学研究中的作用

关于社会学可能在神经科学研究中发挥的作用，在神经社会学的倡导者及其他社会学家中，既存在偏悲观的观点，也存在偏乐观的看法。

关于偏悲观的看法，其中一种表现为很多社会学者对于自然科学包括神经科学与社会学结盟持漠视甚至是敌意态度。许多人倾向于认为，自然科学和社会学分属于两种根本不同的知识体系，研究的对象也根本不同，谈不上发挥社会学在神经科学中的作用或者相反。很多社会学家也意识到，尽管现代神经科学研究者认识到社会文化环境对脑的影响，这与社会学重视外在整体环境影响的传统观点较为融洽，但神经科学研究终究要把行为的基础还原到脑区的活动上去，这种还原论的做法不符合社会学的整体论传统，甚至潜在地威胁着社会学的安全。即便在倡导推进神经社会学发展的社会学家中，也有一些学者对于社会学可能在其中发挥的作用持偏悲观的看法。例如，著名社会学家特纳积极倡导把生物学、神经科学与社会学结合起来，但他仍然认为，当代社会学的核心术语与脑科学知识之间不相一致，甚至“潜在地存在冲突”（Franks，2010：177）。依特纳（Franks and Turner，2013：4），积极借鉴生物学不会削弱社会学，反而会让社会学变得更强大，最终才能实现 19 世纪法国哲学家和社会学家孔德（Auguste Comete）的预言，即社会学是从生物学的基础上发展起来的科学皇冠上的明珠（特纳本人意识到这么说多少显得有点虚幻）。

弗兰克斯则认为，在发展神经社会学的过程中，社会学通过使用带有本学科特色的概念仍然能保持其独立性，并为神经科学研究带来洞见。他（Franks，2013）以角色承担（role-taking）和心理理论（ToM）两个概念为例做了说明。心理理论是心理学和社会神经科学的固有概念，意指个体理解自己或其他个体的心理状态的能力。我们可以想象到，如果一个人心理理论较弱，难以理解别人的心理，势必引起社会交往上的障碍。因此，人们普遍具有一定的心理理论，这是人际合作、群体、组织乃至于整个社会的运转得以和谐、持续地进行下去的前提。角色承担则是 19 世纪后期至 20 世纪早期美国著名社会学家米德（George Mead）提出的概念。这个概念通常被理解为：个人承担别人的角色来理解别人的想法的过程和现象，或者用通俗的语言讲，基本上相当于换位思考的过程和现象。这个词暗含着人们具有理解他人心理的能力的意思，因此常常被当作心理理论一词的近义词或同义词。

但在弗兰克斯看来，角色承担一词也带有个人自觉地根据对他人观点的理解来调整自己的行为举止的意味，这就使得这个词带有独特的社会学色彩。具体说来，心理学一般从个体层次来理解人类行为，例如心理理论主要指个人理解他人心理的能力；而角色承担也意味着个人的行为通过理解他人而调整自我的过程与他人连接起来，因而不是一个心理学式的还原主义的概念。社会学传统上关注对于社会关系的研究。而弗兰克斯也注意到，社会学经验研究里存在着把角色承担和权力关系结合起来的实例。例如，有研究发现，地位越高的家庭成员理解其他家庭成员的心理的能力也越弱。但已有研究没有借助神经科学的方法。弗兰克斯认为，可借助脑成像技术，考察在更广泛的范围内存在的角色承担与权力关系相连接的现象，例如考察在高校里，系主任的角色承担能力是否比院长更强，院长的角色承担能力是否比校长更强。总之，在弗兰克斯看来，由社会学的“角色承担”一词，可生发出对于角色承担与权力之关系的独特的神经社会学研究，开拓出不同于其他神经科学研究的新的疆域。

3. 发展神经社会学对于社会学的作用

我们不主张刻意区分社会神经科学和神经社会学，而是把神经社会学看作由多学科学者共同参与的社会神经科学这一潮流的一部分。二者的要害都在于引入神经科学固有的知识和方法，研究脑与社会文化环境之间的相互作用。当然，社会学家由于受到本学科传统的影响，在使用的概念、关注的具体主题等方面可能与社会神经科学的其他研究者不太一样。

积极发展神经社会学，至少在三个方面有益于整个社会学的繁荣和发展。

第一，有助于引入新的思想和概念，丰富现有的社会学知识体系。神经科学里关于社会脑、镜像系统、心智化系统等方面的概念、思想和研究背后隐藏着脑与社会环境双向互动的核心假设，这与社会学重视社会文化环境影响的关切是很合拍的。如果社会学家认识到这一点，我们中的很多人就很难找到拒绝把神经科学研究和社会学研究整合起来的好的理由。兹以社会神经科学里的镜像神经元概念和研究为例。前面提到，镜像神经元是个体做出某一动作或行为以及观察到其他个体也做出这同样动作或行为时会被激活的神经细胞，而神经科学研究发现，在人脑的三个脑区都存在由众多镜像神经元构成的镜像系统；人脑中也存在几个脑区，当个人试图理解他人心理时就变得较为活跃。美国社会学家提出了角色承担这一与神经科学和心理学里的心理理论或心智化相似的概念，基本意思指个人理解他人心理的能力和现象。容易看出，正是由于个人普遍具有理解他人想法的能力，他们才能在更大范围内密切联系起来；个人看到他人做出跟自己相似的动作和行为时，镜像系统被激活，也会促使个人之间连接起来。社会学家往往侧重研究群体、组织、结构层面的现象。神经科学里关于镜像神经元和心智化的概念和研究不是对社会学整体层面的研究的削弱或取代，而是对其在微观层面的支撑。

第二，发展神经社会学，有助于引入新的方法，考察传统社会学知识框架下关注的问题和对象，检验有关的研究假设。神经科学研究采用诸如 fMRI 和 PET 等技术，可以借此搞清人们进行特定心理活动时处于活跃状态的脑区。前面述及，由社会学的传统知识可推出权力地位较高者的角色承担能力较低的假设。联系神经科学知识，我们可进一步得到可在经验研究中检验的工作假设，即权力地位较高者理解他人心理时，其心智化系统相对较不活跃。通过检验这个工作假设，传统的社会学知识及其推论也就得到了检验。再如，涂尔干等著名社会学家和人类学家都曾提出，参与集体仪式有助于促进群体成员之间的合作。可以采用传统的实验研究方式检验这个命题。事实上，几个西方社会科学学者（Fisher et al.，2013）和我国两位社会学者（Liu and Tao，2019）的实验研究数据在实质上支持涂尔干等人的理论命题。在他们的研究中，被试被分为三类，前两类被试分别完成同步性仪式（被试完成形式和节奏一致的动作，例如击鼓）、互补性仪式（被试完成需要相互配合的一套动作）及其他仪式。他们发现，完成同步性仪式和互补性仪式的被试在之后的合作倾向确实较高。他们是通过博弈实验的方法衡量人们的合作倾向高低的。人们之间的合作倾向较高时，应该也伴随着镜像系统较为活跃的现象（柳昀哲、张丹丹、罗跃嘉：2014）。因此，在以后的研究里，可以引入神经科学研究里的 fMRI 和 PET 等技术，测试三部分被试的镜像系统反应是否不同。如果真的存在差别，就进一步地从神经系统层面支持了涂尔干等人的理论。总之，神经科学固有方法可以帮助我们以经验研究检验社会学知识，避免出现一味坐而论道或夸夸其谈的局面。

第三，发展神经社会学，有助于以新的思想、概念和方法，开发实用型技术，更直接地服务于人类社会。这方面的一个例子是美国社会学家格里高利等人（Gregory and Kalkhoff，2013；Kalkhoff et al.，2016）开发出的语音分离技术（SplitSpec Technology）。神经科学研究发现，右耳能更有效率地把接收到的刺激传输给大脑左半球，而左耳能更有效率地把信息传给大脑右半球。格里高利等人的实验研究发现，如果低音频的语音通过左耳传入，高音频的语音通过右耳传入，即分别由大脑右半球/左半球处理低音频/高音频的语音，被试能够更准确、更快地完成需要多方协作的互动性任务。他们基于这些发现开发出的技术已经成功申请了专利，有潜力运用于实际工作场合，帮助人们提高工作效率。

本章小结

神经科学是研究神经系统特别是脑的结构和功能的诸学科。20 世纪 50 年代到 60 年代是现代神经科学形成的时期，在这一时期，最早的神经科学实验室、神经生物学系、神经科学专业学会纷纷在西方学术界开始成立。一些西方神经科学家认为，神经科学包括对心理的生物学研究将成为 21 世纪生物学中最活跃的学科。神经科学家借助于等脑成像（例如 MRI 和 fMRI）等技术了解脑的结构和功能，但我们对脑的具体工作模式仍然知道得不多。我们对脑了解不够的一大原因和表现可能在于，神经科学里尚缺乏一个关于脑的宏大理论来帮助研究者探索关于脑的未知领域。

在 20 世纪后半期西方生物学、心理学等多学科学者的努力下，一个新的研究领域即社会神经科学逐渐趋于成熟，直至 2000 年左右开始被一部分研究者认可为一个正式的研究领域或学科。社会神经科学的核心思想是：脑与外部社会文化环境存在着交互作用。例如，按照社会脑假说，灵长类动物（包括人类）的脑相对于自身身体的比例要大于其他动物，这是因为灵长类动物面对的社会环境更为复杂。西方学术界也出现了文化神经科学这个新领域。文化神经科学和社会神经科学的核心思想是一致的，可以把文化神经科学看作社会神经科学的分支，不过文化神经科学更倾向于考察不同文化群体之间在文化、心理、行为和神经活动上的差别。

神经社会学的探索可以追溯至 20 世纪 70 年代初美国社会学家关于大脑偏侧化的研究。神经社会学和社会神经科学的基本特点都在于，引入神经科学固有的知识和方法，研究脑与社会文化环境之间的相互作用。我们主张把神经社会学看作由多学科学者共同参与的社会神经科学这一潮流的一部分。当然，社会学家由于受到本学科传统的影响，在使用的概念、关注的具体主题等方面可能与社会神经科学的其他研究者不太一样。把传统的社会学知识跟神经科学研究结合起来，是可能为后者带来一些新颖、重要的洞见的。

发展神经社会学有助于引入新的思想和概念，丰富现有的社会学知识体系；有助于引入新的方法，考察传统社会学知识框架下关注的问题和对象，检验有关的研究假设；有助于以新的思想、概念和方法，开发实用型技术，更直接地服务于人类社会。总之，积极发展神经社会学，有益于整个社会学的繁荣和发展。

并非仅仅社会学家倡导把本学科传统与神经科学研究整合起来。在其他人文社科学科里，神经心理学（neuropsychology）、神经经济学（neuroeconomics）、神经政治学（neuropolitics）、神经人类学（neuroanthropology）、神经伦理学（neuroethics）、神经美学（neuroesthetics）等一系列“神经××学”近些年来都持续处于发展之中。

第五章　男女之别

第一节　传统社会科学和社会学里的性别

男女两性差别和不平等是性别社会学或社会性别研究的核心主题。两性在心理、身体上具有差别，但社会学的一大分支即性别社会学主要关注两性在社会处境和地位上的差别和不平等。几乎在所有社会里，男性在受教育程度、收入和职业发展等方面都优于女性，社会的各个领域也近乎普遍地由男性来主导，而女性处于劣势甚至服从的地位。许多研究表明，女性即使与男性各方面条件相似，在工资、晋升等方面仍不如男性，女性在职场的发展受到天花板效应的阻碍，即上升到一定位置就很难再上去，工作场所也隐隐约约有着对于女性的种种歧视。在日常互动场景，通常年轻女性要对成年男性表示遵从，而反过来成年男性不需要对年轻女性表示遵从。也有研究表明，进入青春期以后，女性的自我尊重程度要低于男性。心理学实验发现，青年男女共同参加活动时，男性的参与率较高，女性较容易受到男性影响（Hopcroft，2009）。

社会科学学者和社会学者通常应该都承认，世界各种文化里的两性之间在各个方面都广泛存在着上述种种两性差别和不平等，甚至存在着男性对女性的统治和压迫。但是他们在解释这一类现象时，通常也差不多完全忽略了对于生物学因素的考量，而基本只是考虑社会文化环境因素对于两性差别和不平等的影响。传统社会科学和社会学里的这类看法可称之为社会建构论（social constructionism）。按照这传统的看法，除了某些生理特征（例如性器官、强壮程度）上的两性差别，其他差别都应该用生物学以外的社会环境因素来解释。进一步说，长期存在的父权制（或称男权制），即男性在政治、经济、文化、家庭等社会生活的各个方面系统地占优势甚至支配女性的制度，阻抑着女性获得权力、财富和声望，是女性受歧视和两性不平等的根源。再者，依据传统社会科学的观点，由于人们不可避免地要经历社会化的过程，即在与他人的交往中学习和掌握知识、语言和社会规范的过程，社会也或直接或间接地以父权制的观念影响着男女两性，使得两性形成了根本不同的性别角色，女性在行为方式上变得被动，倾向于服从他人特别是男性和长者，而男性的行为则显得更主动，对外界更有攻击性。

传统社会科学关于两性差别的研究还是有一些很有趣的发现的，例如关于不同国家和地区男性化（masculinity）程度变异的研究。按照社会成员重视个人成就、勇敢、自信和物质报酬的程度，可以给每个国家赋以一个男性化指数（masculinity index）值。一个国家在男性化指数上得分越高，表明该国社会成员更加重视个人成就、勇敢、自信和物质报酬的价值，反之则表示较不重视。研究发现，各个国家和地区的男性化指数得分与国内生产总值（GDP）没有关系，其中瑞典、挪威、拉脱维亚等国的男性化指数得分最低，即这些国家的社会成员最偏于女性化，而斯洛文尼亚、日本和匈牙利的男性化指数得分最高。我国的男性化指数得分 66 分，跟英国、德国得分一样，在全部 76 个国家和地区里处在第 11—13 名的位置。此外，我国与爱尔兰、菲律宾、波兰、南非、美国、澳大利亚的得分也比较接近，其中美国得分为 62 分，在 76 个国家和地区里排名第 19。这个研究还发现，在瑞典和挪威这两个男性化指数值最低的国家里，男性和女性的男性化指数得分都很低，两性之间甚至没有差别；在各个国家和地区里，随着男性化指数值的增加，男性和女性的男性化指数值也趋于增加，并且男性和女性的男性化指数值的差距也趋于增大（Hofstede et al.，2010：136-148）。

首先，这里要指出一个在很多社会科学学者中流传的谬误之见。事实上，上面提及，传统社会科学往往认为古老的父权制影响着两性平等，这就潜在地意味着，很多社会科学学者认为，人类中的父权制并非亘古如此，人类社会早年本是男女平等甚至女性统治的社会，只是到了后来才出现了男权制，男性在社会生活中系统地处于统治地位，而有的女性主义学者（关注探究和反对男女不平等的一些人文社会科学学者）具体把公元前 3000 年当作男权制的起点（佟新，2011：6-7；Hrdy，

1997)。所谓人类早年曾经存在系统的女性统治或母权制的观点至少可以追溯到19世纪的著名人类学家摩尔根（Lewis H. Morgan）、巴霍芬（Johann J. Bachofen）等人。由于革命导师恩格斯（1972）接受了这种观点，我国的学校教育自然就把这类观点灌输给学生，所以它在我国学者中似乎比在西方学者那里显得流行得多。但是，“今天几乎所有人类学家都怀疑文化演化的什么时期曾经存在过母权制”；尽管有人声称有的社会（如美国纽约州易洛魁人的社会）曾实行母权制，但是否真的如此是很成疑问的（Harris，1991：246）。通常的看法是：尽管能够找到一些母系社会和性别关系较为平等的社会的实例，但并没有人真的发现过母权社会（桑德森，2013：196）。尽管能够发现某些现存的前文明社会按照母系计算血统[①]，我们也可合理地想象人类的童年时期也存在这样的社会，但这与母权制是两回事。早期学者猜测人类早期存在母权制阶段的一个重要依据是，随着15世纪后西方的扩张，西方人发现了一些母系社会和从母居的社会。但无法从母系社会和从母居习俗之存在合理地推出此现象是人类早期母权制的残留。我们的常识似乎使我们倾向于得出结论：男性比女性身体更为强壮，智力也不弱于女性，通常男性应该比女性更善于争夺权力，很难想象人类历史的什么时期曾经存在一个稳定、系统地由女性统治的社会。关于对父权制起源的较详细探讨，参阅本章第三节。

尽管传统社会科学关于男女之别的研究取得了一些有意思的重要成果，但其轻视生物学因素的社会建构论的调子是严重违反经验证据的。如果性别的社会建构论是正确的，那么，既然传统父权制社会的文化观

---

① 把母系社会和母权社会、父系社会和父权社会混为一谈，是一种流行的谬误。按照母亲计算血统（社会成员把自己的先人追溯至父母、外祖父母、外祖母的父母，等等）的社会通常称为母系社会，这与女性系统地进行统治的母权制社会是不同的概念。同理，父系社会（社会成员把自己的先人追溯至父母、祖父母、曾祖父母、高祖父母，等等）和父权制（男性系统地进行统治的社会）也是不一样的概念。15世纪地理大发现后的几个世纪内，西方旅行者和人类学家在世界各地发现过很多当时存在的母系社会，但从未发现过母权制社会。我国西南地区的摩梭人社会现在可能还有着母系社会的某些特征（季婷、何巧巧、吴佳佳等，2016），但尚未有确凿证据表明，摩梭社会历史上和现实中存在女性系统地掌握权力的情况。

念更加强调男女之别，这种文化观念在社会化过程中会慢慢改变两性的心理、行为并使之向文化观念的预期靠拢，我们理应能发现，传统父权制社会里的两性心理、行为差别应当较大。而事实上，一系列研究都能表明，在世界上的各种不同文化里，重视男女平等的现代社会里的两性心理、行为差别才较大（Walsh，2014：181）。当然，可以从另一个角度考虑现代社会和传统社会的两性不平等：仍然流行父权制文化的社会通常应当还属于农业社会，大量人口从事农业劳动，经济发展水平较低，谋生的需要会迫使女性像男性那样劳动、行事，从而缩小了男女之别。读者也许会说，既然以经济发展水平和谋生需要来解释两性之别的变异，这实际上还是以社会文化环境因素来解释，因而这种解释在大方向上与传统的社会建构论可能还是一致的。但是，我们前面提到全球 76 个国家和地区男性化（masculinity）程度变异的研究也能表明，各个国家和地区在男性化程度上的差别似乎也跟经济发展水平和文化观念差别之间的关系很小，例如，我国国民的男性化程度与英、德、美基本相当，而日本与匈牙利在经济发展水平和文化观念等方面差别巨大，也有着基本一样的男性化程度。进一步说，用经济发展阶段和文化观念解释两性差别的程度，也许适用于某些情况；但如果我们的样本包括了更多的文化区域，那样的解释就显得过于简单而失灵了。简言之，这说明应该有经济和文化以外的因素（例如生物学因素）牵涉进来了。

让我们再看一项由曾经笃信传统的社会建构论的社会科学家所做的研究。在 20 世纪中后期，美国文化人类学家斯皮罗（Melford Spiro）研究了以色列的基布兹集体农庄。建立基布兹的以色列人受到马克思主义很大影响，他们打算采取实际行动洗去农庄成员身上的资本主义文化痕迹，废掉传统的性别角色。在农庄里，男孩子和女孩子从小在一起集体抚养，很少见到父母等亲人，上同样的课程，共享同样的玩具、厕所，男女在相同房间生活、睡觉，男女一起沐浴，等等，以消除男女差别。斯皮罗本来预期会发现文化实践对人性的影响，最后却得出了人性影响文化的结论。尽管基布兹女性经历了数十年试图抹掉两性差别的社会化过程，但她们仍然积极进行抗争，以实现男女分开如厕、沐浴，与自己的子女更密切接触（Walsh，2014：182-183）。简言之，西方学者的一系列研究的结论都与那种忽视生物学因素的社会建构论不相融洽。

但是，那些主张借鉴生物学来考察人类社会的人像传统社会科学学者一样，都承认广泛存在着两性差别和不平等，也都承认社会化过程等社会文化环境因素对两性差别和不平等的影响。而基本区别在于，前者不主张一根筋似的死盯住社会文化环境因素不放，而是要在两性问题上为生物学考量留下更多位置。正如美国社会学会第74届（1982—1983年度）主席罗西（Rossi，1984）在其就职演说（这场演说内容次年发表于美国社会学会的机关刊物《美国社会学评论》）中所说的那样：

> 社会学的分析单位，例如角色、群体、网络和阶级，忽视了这一事实，即我们的研究对象是男女动物，他们有着基因、腺体、骨头和血肉，他们在某一小段时间内占据着某一特定类型的生态位①。而人类性别的二分起源于作为哺乳动物和灵长类动物的长期演化史。来自生物学和神经科学的证据越来越多，无视两性的这些特征的理论面临着最终将变得无关紧要的很大风险。

第二节　关于两性的生物学基础

显而易见，男女之间在生理、心理、行为等诸方面差别众多，这些差别具有遗传、激素、神经和进化等方面的生物学基础。

西方学者所做的行为遗传学研究表明，基因和环境因素都对两性性别发展（两性心理、行为的发展与差异）施加影响。早期研究显示，遗传因素能够解释儿童及青少年男性化和女性化程度的20%到48%。按照本世纪初的两项研究，非典型的性别行为显著受到遗传因素影响，遗传因素能解释掉个体之间非典型性别行为变异的37%到62%，但是没有发现共享环境因素的效应。依据2005年的一项大样本研究，对于部分性别非典型的男女儿童和完全性别非典型的男孩，共享环境因素的影响超过基因影响；对于完全性别非典型的女孩，遗传是最重要的因素，

① 生态位（ecological niche），生态学概念，指一个物种或种群在生态系统内所处的位置。

能够解释个体行为变异的65%到76%，但是没能发现共享环境因素的影响。此外，也有一些分子遗传学路径的研究识别出可能影响性取向的基因或染色体区域（邹吉林等，2009）。

XY型的受精卵在母体内发育时，受到位于Y染色体上的Y连锁基因SRY（Y-linked SRY gene）影响，在妊娠的第6至12周将会形成阴茎、前列腺和阴囊，然后胎儿的睾丸就会产生睾丸素（睾酮）和双氢睾酮①。反过来说，如果缺乏SRY基因，所有本应发育成男性的胚胎（由XY型的受精卵发育而来的胚胎）都将发育成女性，呈现出女性的种种特征。而女性胚胎和胎儿的发育正是主要由于XX型受精卵不包含SRY基因乃至于之后的发育过程不能产生大量雄性激素的缘故（Manning et al.，2018）。也有一些研究表明，性染色体异常会导致生殖系统发育异常（例如，性染色体模式为XXY型的个体虽有男性的生殖系统，但通常不能产生精子而不育），并进一步导致性别发展异常（邹吉林等，2009）。在神经系统方面，男性和女性胚胎、胎儿分泌雄性激素数量上的差别又会进一步导致两性在脑的结构和功能上的差别，最终导致两性在整个生命周期内行为上的不同（Hines，2011；Saraswat et al.，2015）。

有大量动物实验研究表明，孕期睾丸素的分泌对于神经系统发育和行为发展具有实质性影响。出于伦理上的考虑，我们通常很难在人类中做相似的实验研究，但是仍然有很多非实验性研究在人类中证实了这种影响，其中最令人信服的证据来自儿童玩耍研究（Hines，2011）。男孩和女孩喜欢的玩具、玩伴和活动都不一样。例如，男孩喜欢交通工具玩具，女孩则喜欢玩具娃娃；男孩和女孩都喜欢跟同性别的人玩耍；男孩比女孩更喜欢打闹一类的游戏。很多研究都表明，出生前的睾丸素水平影响儿童和青少年所喜欢的玩具、玩伴和活动。有些女孩由于遗传上的原因，出生前暴露于很高水平的睾丸素等雄性激素，她们比其他女孩更喜欢男性化的玩耍，而女性化的玩耍则要少一些。研究也发现，如果孕妇使用了雄性激素类药物，其子女出生后也比其他人更喜欢男性偏爱的

① 睾丸素和双氢睾酮是两种雄性激素。睾丸素又称睾酮，主要由男性的睾丸或女性的卵巢分泌，肾上腺也分泌少量睾丸素。双氢睾酮是睾丸素的代谢物。

玩具和活动类型；如果孕妇使用了抗雄激素药物（能减少雄激素的产生和功能的药物），其子女出生后则会偏爱女性喜欢的玩具和活动类型。

关于手指比率（digit ratio）的研究即 2D∶4D 研究也很有意思，有助于解释两性差别与生物学因素及后天社会环境因素之间的关系。手指比率指食指长度与无名指长度的比值，2D 指前者，4D 指后者。手指比率是最常用的间接测量出生前激素暴露水平的形态学指标。手指比率值较小（无名指相对于食指较长），表明出生前雄激素相对于雌激素的暴露水平较高，手指比率较值大则表明雌激素相对于雄激素的暴露水平较高。通常男性的手指比率小于女性。有研究表明，手指比率与女性的女性化程度正相关，与男性的攻击性程度负相关。我们知道，职业与性别有一定关系，例如，以工程和研发为职业的人多为男性，专门做家务者多为女性。而一项有趣的研究发现，在异性恋者中，无论男女，手指比率较小者以机械工、建筑工和木匠为业者较多。有的国家和地区民众的手指比率较大，有的国家和地区则较小。有研究发现，在两性差别较小的国家里，男性和女性的手指比率之间的差别也是最小的，但如何解释这个结果尚需进一步探索（邹吉林等，2009；Manning et al.，2018）。

上面着重讲到了影响两性差别的生物学因素，但这并不意味着否定后天社会文化环境因素的效应。从男女两性各自作为一个整体来看，男性的某些认知能力强于女性。而有数据表明，在过去的几十年里，美国人中两性认知能力的差距趋于缩小，这似乎可以解释为女性也逐渐受到更好教育从而提高了认知能力的结果。高中生可以参加美国机构举行的学术能力测试（Scholastic Assessment Test，SAT）。考试成绩是申请美国大学入学资格时的重要参考，所以该项考试有时也被称作“美国高考”。1982 年时，SAT 数学部分得分较高者绝大多数都是男生，男女比为 13∶1，而到了本世纪初，男女比大约为 3∶1。不同国家之间在数学和科学表现方面也具有很大差别，这种差别远远超过任一国家内的两性差别，这似乎也能表明社会环境因素的影响（Hines，2011）。我们也能很容易就想象到，父母和老师等经常对孩子们灌输性别角色的观念，这多多少少应该对孩子们的行为有影响。如果不承认后天社会因素的影响，岂非咄咄怪事？但问题是，在传统社会科学里，这后天因素的效应很可能被严重夸大了。后天社会因素建立在生物学因素的基础上——很多人极其容易忽略这一点。

从生物学的观点看，遗传、激素、神经和后天社会环境因素都属于影响两性差别的直接原因，而进化和自然选择上的原因则是最终原因。英国科学家达尔文的自然选择演化理论仍然是现代生物进化论的基本框架，而广义适合度理论（Hamilton，1964）是自达尔文以来这一框架最重要的发展。按照进化论，有利于个体繁衍或基因扩散的生理、行为等方面的性状倾向于保存下来并成为常见的性状。进一步说，我们看到的种种两性差别，都是因为它们分别有利于男性或女性的繁衍或者对应于某种两性差别（例如男性或女性中常见的某种行为模式）的基因因为能促进个体繁衍而容易扩散而已。在进化论的一般框架下也有着种种中间层次的理论，而在这些中间层次理论中，美国著名进化生物学家特里弗斯（Trivers，1972）提出的亲代投资理论，大概算得上人文社科界里基于进化框架研究两性差别最重要的理论工具。

所谓亲代投资（parental investment），指的是父母对子女的任何投资或曰投入。这种投资有助于特定子女的生存和繁衍，但不利于父母投资于其他子女，因为投资给某个子女会导致对其他子女的投资减少。亲代投资包括用于生殖细胞存活的投资，也指有利于子女的其他任何投资，例如怀孕、哺乳、照料和保护子女等。对于包括人类在内的所有有性繁殖的物种而言，雌（女）性的生殖细胞都大于雄（男）性的生殖细胞，因而受孕时雄（男）性的投资小于雌（女）性。对于包括人类在内的大部分物种而言，受孕后雌（女）性对子代的投资也大于雄（男）性。

亲代投资理论有两项预测。其一，对子代投入较多的性别，择偶也更为挑剔，因为这也是更有利于自身的繁衍成功（reproductive success）的。例如，若不挑剔，碰到不健康或不负责任的配偶，子代更可能夭折，自己的投入就“不划算”，自然选择过程就会偏爱择偶挑剔的行为。其二，对子代投入较少的性别，争夺配偶时则会更激烈，以此吸引择偶较为挑剔的异性。读者可以设想一下：假定在某个物种的早期，所有个体都没有上述行为特点。如果后来由于基因突变，少数个体的行为开始遵循亲代投资理论的逻辑。由于这样的行为有利于个体繁衍，经过长期演化之后，该物种绝大多数个体将具有最初因突变而来的一个或多个基因，使得它们的行为符合亲代投资理论。

这个理论是可以检验或证伪的。例如，如果能发现，在一个物种里，雄性对子代的投入较多，但雌性择偶更加挑剔，雄性之间更激烈地争夺配偶，就证伪了这个理论。当然，实际上来自经验世界的数据没有证伪这个理论。在个别物种里，雄性比雌性的投入多，结果两性差别也符合理论的预测，即雄性择偶更为挑剔，雌性争夺配偶更为激烈（Burley，1977）。在包括人类在内的大多数物种里，雌性都比雄性对子代的投资多，相应也就能发现亲代投资理论所预测的两种两性差别。

在特里弗斯的论文发表之后，“亲代投资”和“繁衍成功”这两个术语逐渐成为进化生物学文献乃至于进化社会科学文献的常见词汇。而亲代投资理论的实质理论贡献在于，它是对达尔文性选择理论的一个重要拓展。达尔文也看到了两性不同的择偶倾向与激烈的择偶竞争这样的现象，并由此解释有机体性状的演化（达尔文，2009：139-161），而特里弗斯引入了亲代投资的概念来解释这相同的现象。就我们这里关心的两性差别问题而言，特里弗斯的理论引导研究者沿着两性有差别的亲代投资的思路考虑两性差别，往往能使研究者得到超出原论文的新的预见，或者用亲代投资理论把众多已知现象以简洁的方式重新组织起来。例如，在像人类这样的物种里，父亲对子代的投资对子代的生存和繁衍影响较大，按照亲代投资理论的思路，择偶时女性将比男性更看重对方是否有抱负、勤奋、能挣钱，而对世界各地文化的研究表明确实如此（Buss，1989）。

第三节　父权制和性别不平等的起源

1. 父权制和性别不平等

究竟何谓父权制是一个有一定争议的问题。按照著名女性主义史学家勒纳（Lerner，1986：239）的定义，父权制指的是男性在家庭里及整个社会上都支配着女性的种种表现和制度，“男性在社会的所有重要制度里都拥有权力，而女性被剥夺了获得这些权力的途径”。依勒纳的观点，父权制并“不意味着女性或者完全没有权力，或者被完全剥夺了权力、影响和资源”。真正存在（过）的完美符合勒纳定义的父权制社会应当不多。

人类的历史是动态的、复杂的，而我们获得的史前（有正式历史记载之前）资料则是静态的，而且零零碎碎，因此我们很难搞清楚人类最早的社会组织形式，学术史上就此提出的种种猜测往往都是错误的（比尔基埃等，1998：109-114）。对史前期父权制在多大程度上存在这个问题，同样也缺乏很多经验材料帮助我们澄清。但我们能清楚地看到，史前期之后的很多社会或多或少带有父权制的特征。

在延续了四五千年的农业社会里，我们随处可见女性受压迫、受支配的现象。在农业社会里，男性在参政议政上发挥主导作用，女性处于可怜的附属地位。古希腊和古罗马虽然号称实行民主制度，但妇女一直没有选举权。从 19 世纪末到 20 世纪初，各个西方国家才逐渐赋予妇女跟男性平等的选举权。我国古代虽然曾经实行女官制度，但女官的活动范围只是在春秋战国时代各国的王宫内或秦及秦之后各朝代的皇宫里，仅仅负责后妃教育、衣食供给等宫中事务（周文英，1996；王云，1997），大概在整个官员队伍里也只占很小的比例。有的读者可能列出汉朝的吕后、唐朝的武则天、清朝的慈禧太后等女性成为事实上的最高统治者的例子，来说明我国历史上也曾存在女性统治或女权制。且不说这些只是历史上的罕见情况，既然整个官僚体系的构成仍然是以男性为主，那么这种情况便远远不是女性的系统性统治，因此称不上女权制或母权制。

在多数农业社会里，主要是男性才拥有财产和产权，有时妇女被禁止拥有任何财产。有财产的男性希望自己的孩子继承财产，这就会促使他们设法控制妻子的性行为。在多数农业社会里，通常有一个精英阶层，这个阶层拥有大部分土地，支配、剥削着穷苦大众。而精英阶层对本阶层女性的控制也最为明显，他们制定了种种严苛的规则约束女性的行为举止，严格要求女性婚前保持童贞，在有的社会里甚至要求女性婚前深闺独处，不得与非亲属的男性往来。

统治精英也制定了种种法律来控制女性的行为，跟确保男性繁衍上的利益有关的法律规定尤为苛刻。例如，在历史上的多数农业文明里，通奸法只惩处通奸的已婚妇女。1810 年颁布的一项法国法律把男子违背妻子意愿与情人在家里同居定为犯罪。只是到了此时，男性出轨在西方国家才成为犯罪。而在当代遵循伊斯兰教法的社会里，通奸罪仍然仅仅针对女性而言。农业社会里也有着各种各样控制女性行为特别是性行为的奇葩的社会规范。我国历史上曾经长期流行缠足的陋习，女孩子从小就被家人用布将其双脚紧紧缠裹，使之变畸变小。这种陋习严重影响着女性的健康，也使得女性不能正常行走和劳动。中世纪晚期和文艺复兴时期欧洲曾流行贞操带的习俗，男子外出时给妻子戴上金属制的贞操带，以防止妻子与他人发生性关系。贞操带将妇女的阴部紧紧护住，只留两个孔洞用作排泄，必须用特制的钥匙才能打开贞操带。世界上不少地区特别是非洲大部分地区长期流行着女性割礼习俗，这意味着要用针线将小女孩的阴道口缝闭起来，仅留一个小口，或者将阴蒂切除等。即便到了 2010 年，据估计全球仍有 1000 万到 1400 万妇女曾经受过锁阴术或阴蒂切除术。割礼不仅为女性带来痛苦，也会带来各种生殖系统疾病、感染艾滋病等疾病的健康风险。割礼被当作女孩贞洁的象征，提亲时男方家庭常常要求女孩必须做过割礼。在非洲一些地区，女孩阴道口留得越小，提亲时向男方索要的彩礼就越多（Hopcroft，2016：90-91）。

很多社会不仅有着这样那样的措施控制女性的行为，也形成了女不如男、女性理应从属于男性的意识形态。按照自汉武帝时期成为国家学说的儒家思想，君臣、父子、夫妻关系是基本的人伦关系，“君为臣纲，父为子纲，夫为妻纲”。虽然“三纲”的字面意思是君主、父母、丈夫应分别为臣子、子女和妻子做出表率，但其隐藏的含义就是，臣子应忠诚于君主，子女应孝敬父母，妻子应服从丈夫。儒家经典《礼记》明确规定：“妇人，从人者也。幼从父兄，嫁从夫，夫死从子。”按照基督教的原罪说，上帝首先创造了亚当，然后乘亚当熟睡之际用他的一根肋骨创造了夏娃。亚当和夏娃幸福地生活在伊甸园里，但有一天夏娃未经受住诱惑偷食了禁果，而与亚当共享性快乐。上帝于是大怒，就惩处他们，让亚当以及所有男性后代都永远辛苦劳动，让夏娃以及所有女性后代都永远承受生育之苦并受丈夫的控制。原罪说隐藏的一个基本含义就是：女性从属于男性。而古希腊先贤亚里士多德也有过女不如男的说法（佟新，2011：47-53）。

在现代社会里，尽管歧视、压迫女性的法律和习俗改变了，明面上支持男女平等的社会地位和权利，例如妇女也拥有了等同男子的参政议政权，拥有财产权、受教育权，但女不如男的意识形态仍然存在。一些研究表明，人们倾向于假定女性不如男性那么能干。现代社会仍然存在着很多实质性的性别不平等和歧视，在多数社会里，各机构的领导岗位都多由男性把持，男性在受教育程度、收入和职业发展等方面都优于女性。很多研究也表明，在工作场合和其他地方，仍然存在着对女性的歧视。也存在着对于男女性行为的双重标准，即较之于女性，社会给予男性的性行为自由要多得多（Hopcroft，2009；Hopcroft，2016：92）。例如，同样是婚内出轨，女性受到的指责要多得多，甚至毫无过错地被性侵或骚扰的女孩也会被无端猜疑。

首先，两性不平等的一大原因应在于父权制文化的影响（下一小节专门论述了父权制的起源与演化）。其次，女性在怀孕和照料子女上也要花费较多时间，这应当对女性的职业发展造成了不利影响，从而也是两性不平等的一个原因。在各种文化里都能发现，女性比男性更喜欢照料子女（详见下一章），这可能是由于女性对自己是子女的生物学母亲具有确定性而在演化史上演化出来的行为倾向。再次，按照我国早期社会学家潘光旦（1994）的看法，女性相对于男性，在各种“品性”即生理、行为等方面的性状（例如智力）上的内部差别较小，这就导致在某一人口中男女数量相当的情况下，很能干的女性数量要少于男性（相应地，很糟糕的女性也较少），从而也是促成性别不平等的因素。最后，从传统社会学的观点看，人们往往乐于跟他人交往，甚至形成某个社会关系网络。在各个单位内部，我们似乎都容易观察到一些主要由男性组成的社会关系网络或小圈子。由于性别差异，女性往往很难打入这样的圈子。在男性在各个单位里占据优势位置的情况下，女性的利益往往得不到保障，从而进一步加剧了性别不平等。

2. 父权制的起源和演化

在哺乳动物各物种里，近乎普遍地存在着跟人类社会里相似的雄性统治（male dominance）现象，即动物学家能在两性互动时，连贯地观察到雄性的攻击行为和雌性的服从行为。生物学家通常援用达尔文的性选择理论即跟择偶有关的选择理论①来解释动物界里这种现象的终极原因。

按照亲代投资理论（Trivers，1972），在雌性对子代的付出更多的物种里，雌性择偶更为挑剔，雄性择偶的竞争更为激烈。换句话说，雄性追求更多的配偶数量（雄性仅仅需要让某一雌性受精就可实现后代繁衍），雌性则更看重配偶的质量，即雄性的繁衍利益在于配偶数量，雌性的繁衍利益在于配偶质量。雄性和雌性具有不同的繁衍上的利益，经常发生利益冲突，雄性有时就采用强迫手段来解决冲突（Smuts，1995）。在哺乳动物里相应也能发现广泛的雄性性强迫和雌性对性强迫的反抗现象。由于雄性择偶竞争激烈，具有体型较大、搏斗能力较强等性状的雄性个体能让更多雌性受精，从而留下更多后代，并通过后代将这些性状遗传下去。长期性选择的结果就会造成两性之间在跟攻击性有关的性状上的差异，雄性具有更强的攻击能力，使得两性之间发生冲突时通常雄性能获胜，从而表现出雄性统治的现象（Kappeler，1993；Kappeler and Fichtel，2015）②。

跟其他物种相似，在人类中，女性对子代的投入也多于男性，男性的攻击能力也强于女性。进化研究者同样也用性选择理论解释父权制的起源。但是，跟多数其他灵长类动物物种比起来，人类中表现出更广泛的男性统治和男性对女性性行为的控制。美国进化生物学家和心理学家斯姆茨（Smuts，1995）结合在其他灵长类动物里发现的雄性性强迫和雌性对性强迫的反抗等现象，在性选择理论之外，提出了六个具体的假

---

① 如第二章所述，性选择理论通常被看作自然选择理论的特殊形式，性选择也被看作一种自然选择，因为它同样涉及生理、行为等性状的变异、遗传和选择等基本成分。

② 也有个别物种，例如非洲马达加斯加岛上的某些狐猴物种，盛行雌性统治。但关于此现象的原因尚无定论。

说，以解释人类父权制的起源和演化。

假说 1：在原始人类中，由于来自亲属和女性同盟的社会支持减少，女性反抗男性攻击的能力削弱了。很多哺乳动物或灵长类动物（例如很多猴子物种）遵循雄性扩散模式，即雄性个体发育成熟后离开原属群体到另一个群体生活，而留在同一群体内具有亲缘关系的雌性个体通常长期联合起来，这就对抵抗雄性的攻击或可能攻击起到很大作用。而大量民族志研究表明，在前工业社会，人类多采用从夫居的婚姻居住形式，即结婚以后女方到男方家庭所在地去生活。这意味着，人类和黑猩猩等猩猩科类人猿相似，都遵循雌性扩散（female dispersal）的模式。此外，在黑猩猩等类人猿和人类中，雌/女性之间联合的力量较弱。虽然这两种情况出现的原因尚无定论，但无疑意味着不利于女/雌性抵抗男/雄性攻击。

假说 2：在人类演化过程中，男性之间的联合变得越来越发达。这种联合往往针对女性，这就增加了男性对女性的权力。这个假说来自两项观察。其一，尽管在哺乳动物中，雄性之间联合起来针对雌性的现象很罕见，但在我们的近亲黑猩猩中却较为常见。黑猩猩也遵循雌性扩散模式，雄黑猩猩待在出生时的群体内生活。动物学家发现，在一个黑猩猩群体内部常常形成几个雄黑猩猩帮派，帮派之间争权夺利，雄黑猩猩也能联合起来共同对付群体内外的其他黑猩猩。在雄黑猩猩合作对付雌黑猩猩的时候，雌黑猩猩就更难以抵抗了。其二，很多研究表明，在大多数现代人类社会里，男性之间的联合具有核心政治重要性。这表现在部落间发生冲突时绑架和强奸其他部落的女性、群体内的轮奸事件、反映男性合作控制女性性行为的文化规范（例如在有些文化里，殴打通奸的妻子是为社会允许的）等方面。

假说 3：在人类演化过程中，特别是随着农业和动物饲养的出现，男性控制了女性需要借之生存和繁衍的资源。这就增加了男性控制和强迫女性的权力。人类早年学会狩猎之后，应当主要是男性从事狩猎，女性需要依赖男性获得肉食，这是有利于男性对女性的控制的。在人类学会定居农业和家畜饲养之前，女性的主要劳动应当是采集植物果实或从事刀耕火种式农业，需要在广大区域内活动，其劳动成果可能仍然占据着重要的份额，这可能是有利于限制男性对女性的控制的。而在人类学会定居农业和家畜饲养之后，一方面劳动成果更加依赖于男性，另一方面女性的活动范围大大受限，通常在小块土地上劳作，或在家里饲养家畜，这也有利于男性加强对女性的控制。而男性对配偶及子女的投入越多，他们就越关心他们是不是子女的真正父亲，这就强化了他们控制女性性行为的动机。

假说 4：在人类演化过程中，男性的社会政治制度安排增大了男性之间财富和权力的差别，并使得跨越代际的家庭之间差别固定化。由于男性之间的不平等，女性越来越无力反抗少数最有权势男性的意志，女性对自己性行为的控制大大削弱。在群居动物里，如果没有哪个雄性能统治、控制其他任何雄性，那么雄性强迫雌性的行为就很难成功。这是因为，其他雄性会干涉进来，试图减少对手的繁衍机会，增大自己的繁衍机会。反过来看，如果某些雄性能够统治、控制其他雄性，那么这些雄性控制雌性时就能较少地遇到干预。人类早年出现了男性之间财富、权力的分化，有利于少数精英男性对女性的控制，导致了极端的一夫多妻制的出现和社会下层的男性缺少配偶。事实上，有些研究发现，在人类社会里，男性内部的不平等程度越强，男性对女性的控制和支配程度也就越强。

假说 5：女性在追逐物质和繁衍利益的时候，常常卷入促进男性资源控制和对女性性行为的控制的行为中。因此，女性和男性都促进了父权制的固定化。例如，女性偏好以社会经济地位高的男性为配偶，这就促进了男性之间的资源竞争，而竞争的结果则是强化了男性特别是少数男性对资源的控制。再如，女性遵从旨在控制女性性行为的习俗，例如割礼、深闺独处，有助于她们嫁给社会经济地位较高的男性。某些女性自觉遵从这些习俗的行为自然也促进了父权制的固定化。

即使在现代社会里，我们也能发现，通常年轻女性要对成年男性表示遵从，而成年男性却不需对年轻女性表示遵从。这是父权制和性别不平等的一个具体表现。某些年轻女性自觉遵从成年男性的行为也是在促进父权制和性别不平等的固定化。另外，两性的这种择偶倾向似乎也是能用进化的视角加以解释的（Hopcroft，2009）。年轻女性倾向于向男性表示遵从，就传达出“年轻”及“可控制性”（controllability）的信号。

本来男性就喜欢年轻的配偶，但并不能完全确定孩子是不是自己亲生[①]，因此，年轻女性对成年男性遵从的行为倾向有利于女性吸引配偶与自己长期生活并投资子代，从而有利于女性留下更多后代。这样的行为倾向就能逐渐演化出来。反过来说，男性不对青年女性表示遵从的行为倾向，能够传达出自己具有较高地位的信号，有助于吸引配偶并留下更多后代，从而也能演化出来。

假说 6：语言的演化使得男性得以强化对女性的控制，因为语言使得创造和传播鼓吹男性统治、女性服从和男优于女的意识形态成为可能。使用语言和意识形态来控制异性是人类中的独特现象。

总之，斯姆茨（Smuts，1995）主张借助于进化论在以万年甚至百万年计的进化时间框架内来解释父权制和性别不平等的起源和变迁，这就意味着实际上把人类的父权制现象也看作一种生命现象，而不是像某些人文社会科学学者那样仅仅在以万年甚至千年计的逼仄的时间框架内考虑，并且在人类和其他生命之间武断地指定出一个并不存在的鸿沟。这篇论文自发表以来，被引用次数已达约五百次。笔者尚未见到比这篇论文更全面、更合理地对父权制的演化的论述。此文或可成为我们思考和探索跟父权制有关问题的一个重要出发点。

第四节 男女择偶倾向之别

配偶选择涉及两个方面：一是主要为了性的满足而选择短期配偶，例如所谓“一夜情”；二是选择长期在一起生活的配偶，并以生儿育女为主要目的之一，主要表现在选择婚姻伴侣上。男性和女性分别具有不同的长期和短期择偶倾向，都能从进化的观点加以解释。也可能存在这种情况，即富有或有权势之人包养较年轻异性而长期同居。此种情况下，如果包养之人主要为了性的满足，则其择偶倾向更可能反映出其性别的短期择偶倾向；反之，如果包养者也以生儿育女为主要目的，则其择偶倾向较为可能体现出其性别的长期择偶倾向。

---

① 关于对两性的择偶倾向的解释，详见下一节。

1. 两性的长期择偶倾向

著名进化心理学家巴斯等人（Buss et al.，1990）曾经做过一个关于择偶倾向的大型研究，收集了来自五大洲 33 个国家 37 种文化里的约 9500 人的数据。被调查者在 18 个项目上给潜在配偶打分的情况如表 5-1 所示（某一项目分数越高，表明被调查者越重视这一项目）。粗看起来，首先能发现，男性和女性都最为重视编号 1—4 的四个项目，最重视编号 1 的项目即相互吸引或爱情，重视程度随编号增大而趋于下降。

表 5-1 两性给潜在配偶的个人特征打分

	男性打分		女性打分	
编号	变量名	均值	变量名	均值
1	相互吸引或爱情	2.81	相互吸引或爱情	2.87
2	可靠	2.5	可靠	2.69
3	情感稳定、成熟	2.47	情感稳定、成熟	2.58
4	性情令人愉快	2.44	性情令人愉快	2.52
5	健康	2.31	教育和智力	2.45
6	教育和智力	2.27	容易相处	2.3
7	容易相处	2.15	健康	2.28
8	渴望有个家和孩子	2.09	渴望有个家和孩子	2.21
9	干净、整洁	2.03	有雄心、勤奋	2.16
10	相貌好	1.91	干净、整洁	1.88
11	有雄心、勤奋	1.85	教育背景相似	1.84
12	厨艺好，会做家务	1.8	将来有财力	1.76
13	将来有财力	1.51	相貌好	1.46
14	教育背景相似	1.5	社会地位高	1.46
15	社会地位高	1.16	厨艺好，会做家务	1.28
16	贞洁（以前无性经验）	1.06	宗教背景相似	1.21
17	宗教背景相似	0.98	政治背景相似	1.03
18	政治背景相似	0.92	贞洁（以前无性经验）	0.75
	均值	1.87	均值	1.94

资料来源：Buss et al.（1990）

择偶倾向既可能受到各民族或族群长期以来在复杂多变的种种环境条件下形成的文化因素影响，也可能发现各民族或族群内部普遍存在类似的男女择偶倾向差别，而这种普遍的人性可以由进化的视角来解释。依据巴斯等人（Buss et al.，1990）的统计分析，在表 5-1 所列出的那些择偶倾向中，“贞洁”“渴望有个家和孩子”“性情令人愉快”“容易相处”都受到文化因素影响，其中文化对“贞洁”的影响最大。中国、印度、印度尼西亚、伊朗、巴基斯坦的被调查者最重视潜在配偶是否曾有过性经验，瑞典、芬兰、挪威、荷兰、西德（联邦德国）的被调查者则往往认为贞洁不重要。

控制了文化等因素对择偶倾向的影响之后，巴斯等人发现了性别因素的影响或者说各文化里普遍存在的男女长期择偶倾向的差别。在“有雄心、勤奋”“将来有财力”这两个项目上，男女之间的差别较大，女性比男性更看重这两个项目。两性在“相貌好”这个项目上的差别也较大，男性比女性更加希望潜在配偶相貌好。男性也比女性更看重潜在配偶厨艺好，会做家务。两性在“情感稳定、成熟”“社会地位高”“教育和智力”这几个项目上也有一定的差别，女性择偶时比男性更看重这些。

（1）女性的长期择偶倾向

两性普遍存在的一些择偶倾向可以从进化的角度加以解释。这就意味着，我们之所以能频繁观察到这些择偶倾向，恰恰是由于它们有利于个体繁衍从而在漫长的时间内扩散到差不多所有的人那里。你可以设想，即使某人口中起初只有个别女性（或男性）有着某种择偶倾向，例如看重对方养家糊口的能力，由于这样的人能留下更多后代，能通过繁衍活动将这种倾向传下去，久而久之，这个人口中就普遍具有这种倾向了。

由于在人类中，父亲对子女的投入对子女的成长和繁衍影响很大，从进化的观点看，女性应当尤为重视潜在配偶是否愿意并有能力为子女投入。所以我们能看到，巴斯等人的调查显示，女性择偶时看重“相互吸引或爱情”“可靠”“情感稳定、成熟”等因素，而这些都能指示潜在配偶将来是否愿意为后代付出。也有别的研究能够较为直接地表明，女性比男性更愿意选择乐意为子女付出的配偶。在某个研究中，研究者向女性被试出示了不同的照片，其中一张照片显示某男子在与一个18个月大的幼儿一起玩耍；在另两张照片里同样有着这两个人，在其中一张照片里男子仅仅站在那里，在另一张照片里，幼儿在哭泣而男子根本不管。研究者发现，女性认为第一张照片里的男子最有吸引力，其次是第二张照片里的男子，第三张照片里的男子最没吸引力。要考察男子的择偶倾向时，只要把上述照片里的某男子换成某女子就可以了。而研究发现，在男性看来，照片里独自站着的女性跟照片里与幼儿一起玩耍的女性具有同样的吸引力（Hopcroft，2016：35-36）。

巴斯等人发现，女性比男性更看重对方是否有抱负、勤奋、能挣钱（Buss，1989），更看重对方的财力、社会地位、受教育程度和智力（Buss et al.，1990）。这实际上表明，女性注重潜在配偶对后代投资的能力；换言之，女性喜欢选择在地方社会或文化中获得了成功的男性为配偶。事实上，我们在其他一些物种里也能发现这相似的择偶策略。在其他动物物种里，雄性和雌性也在长期演化过程中形成了各自的择偶策略。在灵长类动物中，在其他条件一样的情况下，雌性更喜欢与在群体中占优势地位的雄性发生性关系，甚至保持长期性关系。这些雄性能够保护雌性及其子代，也更有能力提供高质量的食物。而在我们人类的各种文化里，我们也能发现，女性喜欢选择那些当地的成功男士为配偶，这些男性能够在当地施加某种影响，常常比其他男人拥有更多有助于后代繁衍或成长的资源（Geary，2009：182-183）。

由于年龄是衡量地位的一个重要指标，一般地位较高的人年龄也较大，所以在进化史上女性就形成了对年长男性的偏好；根据对全球37种文化的调查，平均而言，女性偏爱年长约3.5岁的男性为配偶（巴斯，1989）。当然，有人会说，既然女性具有选择地位较高男性的偏好，中老年人往往地位较高，为何多数青年女性不以他们为配偶？从进化的观点看，原因可能在于，中老年人离死亡也更近，可用于生养子女的时间也较短，等等，选择他们做配偶也不易于留下较多后代，所以女性没普遍进化出选择他们为配偶的偏好。正是由于两性不同的择偶偏好，我们就看到，多数婚姻都是男性年龄稍长、地位较高。

很多社会学家以及阅历较多的人也都注意到了这一类现象，即女性往往喜欢找年龄比自己稍大、社会经济地位高于自己的男性为配偶，男性则相反。这种现象被称为婚姻梯度或择偶梯度（石人炳，2005），而描述这一现象的观点被称作择偶梯度理论（邓伟志、徐新，2006：67）。择偶梯度现象与我们这里谈论的两性演化出来的择偶倾向是一致的，但遗憾的是，很少有社会学家把择偶梯度跟进化推理联系起来。另外，择偶梯度理论也可以看作亲代投资理论（Trivers，1972）的一个具体的推论。亲代投资理论预言，在包括人类在内的雌性/女性比雄性/男性对子代投资更多的物种里，雌性/女性择偶更加挑剔。而择偶梯度现象可以看作亲代投资理论上述预测的一个具体表现。

从进化的观点推理也可预期，女性喜欢找能为下一代提供良好基因从而帮助下一代成长的男性为配偶。西方社会的很多研究都发现，无论是选择长期还是选择短期配偶，女性都偏爱身材较高（而不太高）、健壮、匀称（腰臀比即腰围和臀围的比值在 0.8 到 0.9 之间，腰胸比即腰围和胸围的比值为 0.7）、眼睛较大、笑区（smile area，即大致从鼻头两侧到嘴唇两侧的区域）较大、颧骨较高、下巴较大、五官端正的男性。具有这些特征的男性抵御疾病、保持健康的能力可能更强（Geary，2009：193）。

（2）男性的长期择偶倾向

按照亲代投资理论（Trivers，1972）的推理，可以从进化的角度来理解为何女性比男性择偶更加挑剔。但是，在人类中，父亲对后代的投入尽管不如母亲那么多，但仍然超过差不多所有其他哺乳动物物种里的雄性（Clutton-Brock，1989）。因此，同样按照亲代投资理论的思路，在人类中，男性择偶也是比较挑剔的。

按照巴斯（Buss et al.，1990）对全球 37 种文化的研究，男性和女性择偶时都同样重视对方的贞洁，在要求配偶之前没有性经验方面没有差别。即便巴斯的发现是正确的，但很多研究仍能发现，跟女性比起来，男性在长期同居或婚姻持续期间仍然比女性更关心配偶在性上是否忠诚。这从进化的角度是容易理解的。女性而非男性怀孕，因此女性可百分之百确定子女是否自己亲生，男性则不具有确定性。不重视配偶贞洁的男性更可能被戴上“绿帽子”，从而白白为他人抚养后代。而更重视配偶贞洁的男性则更可能留下更多后代，并通过后代将自己的重视配偶贞洁的行为倾向遗传下去。事实上，一项借助于脑成像技术的研究（Takahashi et al.，2006）表明，男性想象到自己的配偶与他人发生性关系的时候，与性和攻击有关的脑区就被激活了，而女性则没有这种反应。按照一项研究，想到配偶与他人发生性关系会让男性远远比女性更烦心。这个研究请求被试想象配偶与他人发生性关系，然后就能发现，男性的心跳加快、掌心出汗，而女性的反应则没这么强烈；配偶感情出轨给女性带来的痛苦则强于给男性带来的痛苦，即女性相对于男性而言更讨厌配偶感情出轨（Buss et al.，1992）。

按照巴斯等人的研究（Buss et al.，1990），跟女性比起来，男性择偶时更看重对方的相貌。事实上，大量研究能一致地表明，男性比女性更看重潜在配偶的身体是否有吸引力。男性通常认为具有如下身体特征的女性有吸引力：腰臀比在 0.7 左右、面部特征显得发育成熟并较为年轻、身体匀称、五官端正、双乳较大并匀称、肚子小、腰细、年轻。男性重视的女性的关键面部特征是：大眼睛、颧骨较高、笑区大。这种结论似乎也为脑科学研究所支持。依据一项脑成像研究，看到异性的漂亮脸蛋时，无论男女，大脑里的核心报酬中心（伏隔核，nucleus accumben）都会被激活，而只有男性的眶前额皮层（orbital frontal cortex）同时被激活，眶前额皮层跟报酬驱动的社会行为和动机有关（Geary，2009：208）。正如女性看重潜在配偶的身体条件那样，男性看重女性的身体条件也能从进化上加以解释，即这些身体条件有助于繁衍和后代成长。也许有的读者会抱怨，进化解释过分着重后代繁衍了，跟日常经验格格不入。事实上，有个研究表明，青春期的十几岁的男孩子的理想配偶是年龄比他们约大五岁的女孩，而 20 余岁的女孩正处于生育力的巅峰（Kenrick et al.，1996）。不管我们主观上是否认为自己择偶时是否重视后代繁衍，我们的行为倾向通常都与进化解释相一致。

2. 两性的短期择偶倾向

关于两性选择“一夜情”等情况下的短期配偶的倾向，基本事实是：男性比女性更热衷于与异性发生短期性关系。这一点可以看作亲代投资理论（Trivers，1972）的推论——女性择偶更加挑剔——的成分。

男性通常比女性想要更多的性伙伴。一项研究使用问卷询问美国大学生，在下个月、六个月内、一年内、二年内、三年内、四年内、五年内、十年内、二十年内、三十年内、一生中，他们各自分别想要有多少性伙伴。男性在每一时间间隔上回答的数量都明显超过女性。例如，男性在两年内平均想要有大约八个性伙伴，而女性的对应数字仅仅是一个；男性在一生中平均想要有大约 18 个性伙伴，而女性的对应数字只是四五个（Buss and Schmitt，1993）。也许有的读者认为，既然这项研究采用的样本是美国人，可能研究结论也仅仅适用于美国人或某些西方国家居民。而事实上，后来的一项研究（Schmitt et al.，2003）调查了世界各地诸文化中的 16288 名男女，使用了跟前述研究相似的研究方法，得出了一致的结论。

男性选择短期配偶的标准要低于选择长期配偶，更低于女性选择长短期配偶的标准。一项研究（Kenrick et al.，1990）调查了美国大学生，要求这些学生回答自己中意的长期或短期配偶在 24 个特征（例如友善、聪明、富有、健康、身体好/漂亮、社会地位高）上应该有何种表现打分，结果发现，女性择偶更加挑剔，这是与亲代投资理论（Trivers，1972）的预测相一致的。这项研究还发现，女性的长期择偶标准跟短期择偶标准基本上是一样的，而男性的短期择偶标准则大大低于长期择偶标准。这也是可以用亲代投资理论的思路解释的。女性对后代的投资多（要怀孕、照顾孩子等），短期的两性关系也可能导致怀孕和生育，女性可能为孩子付出较多，如果配偶不能为孩子付出，是不利于后代成长的。因此，女性对选择短期配偶时也比较挑剔，是有助于后代繁衍的，从而能演化出来而普遍存在。

男性也比女性更急切地想要早早与相中的配偶或异性朋友发生性关系。在前述的那项对美国大学生的研究（Buss and Schmitt，1993）中，研究者要求被试分别回答，是否想要与相中的配偶在双方认识后的五年后、两年后、一年后、六个月后、一个月后、一周后、一天后、一小时后发生性关系。男生和女生都认为，双方相识五年后很可能要发生性关系。但是，在短于五年的任何一个时间段上，男生都比女性更想要与相中的配偶发生性关系。例如，在女生看来，双方相识仅仅一周就发生关系是几乎不可能的事，而男生此时仍在某种程度上想与意中人发生关系。

诸如上面的很多研究揭示了男性更热衷与异性发生短期性行为的倾向或偏好。而此种倾向也确实表现于实际行为。无论是在婚姻维系期还是在婚前同居期间，男性都比女性更容易出轨。1992 年美国的一项调查表明，根据被调查者的自我报告，在各个年龄层次上，男性都比女性更容易发生婚外性行为（Lopreato and Crippen，1999：173）。娼妓业里以女性娼妓为主，自然顾客主要是男性；即便也有一些男妓，但按照西方学者的研究，主要也是男性同性恋者到男妓那里寻求性满足（Hopcroft，2016：79）。

虽说总体而言女性不如男性那么花心，但是终究有一些女性也卷入了短期性关系。性关系可能导致怀孕，而女性是有可能碰到不愿或没能力为后代付出的短期配偶的，女性通常也对后代的投资较多。读者可以自行设想，此种情况似乎是不利于这类女性的繁衍的。但是，我们依然能观察到，一些女性似乎在性行为上较为放纵。进化过程为什么没有消灭或基本消灭喜欢卷入短期性关系的女性呢？进化研究者提出了不少假说来解释为什么仍然有一些女性喜欢卷入短期性关系，其中资源获得假说、基因利益假说和变换配偶假说得到了较多的经验支持（Hopcroft，2016：80；Greiling and Buss，2000）。

所谓资源获得假说，指的是一些女性用性跟男性交换金钱等物质性回报，这个假说也可用于解释长期存在的女性娼妓。事实上，有不少研究都表明，以性来换取物质性回报是有利于女性繁衍的。例如，按照一项在加勒比海岛国多米尼加共和国所做的研究，与一夫一妻制家庭内的低收入女性比起来，那些没有丈夫却同时跟几个男人私通的女性子女更多，子女也更健康，营养状况更好（Geary，2009：200）。基因利益假说又称好基因假说，讲的是一些女性喜欢找身材、外貌有吸引力的男性做短期配偶，由于身材、外貌能在某种程度上指示为孩子带来的遗传上的好处，这样的女性也是有可能因而促进自己的繁衍的。确实也有研究表明，这样的女性的子女也较为健康（Geary，2009：200）。变换配偶假说主要指某些女性对现有配偶不满意，一旦遇上了意中人，就可能与对方发生短期性关系，此时女性的择偶标准是选择长期配偶的标准。

第五节　男女脑、认知与情感之别

我们在第三节里讲到，可以由性选择理论来解释两性生理上的差别，例如男性体型更大，搏斗能力更强。但相对于两性常见的生理差别，我们通常似乎对两性行为、心理上的差别更感兴趣，而这些都是与两性神经系统上的差别密切联系的。

1. 两性脑之别

男性和女性在脑的大小、结构和功能上存在种种差别。总的说来，这些差别也可解释成性选择即性别内的择偶竞争和性别间的配偶选择的结果，尽管在一些细节问题上可能存在争议（Geary，2009：346）。从直接解释的角度看，两性脑差异可理解成遗传、内分泌和后天社会文化因素共同作用的结果。不少研究都表明，在各个年龄层次上，男性的脑容量都大于女性的脑容量，平均而言，要大 9％至 13％（Ruigrok et al.，2014；Cosgrove et al.，2007）。男性的身高、体重都超过女性，但是控制了体型后，仍然能发现男性的脑容量比女性稍大。19 世纪的科学家以此作为男性比女性思考能力更强的证据，但今天这是一个争议很大的问题。有些学者主张，与其基于整个脑的大小比较两性心理、行为差异，不如比较两性在脑的各个部分上的差异（Franks，2019：102）。

在第四章，我们讲到，神经科学里有个著名的大脑偏侧化理论。按照这个理论，大脑左半球掌管语言等能力，右半球履行跟视觉、空间等有关的功能。右半球控制左半身，左半球控制右半身，因此左利手的右脑可能更为活跃。较之于女性，男性在出生前受到较多的睾丸素影响。有研究认为，出生前的睾丸素暴露可能减缓大脑左半球的神经元发育，导致右脑较为活跃并变成左利手。实际上西方学者也确实发现，男性中的左利手大约占 12.8％，稍高于女性的 10％。男性能较好地完成的任务往往是与右脑的功能（视觉、空间等）相联系的，男性完成得不太好的任务则往往属于左脑的功能（语言能力等）（Hopcroft，2016：115-116）。

男性的大脑也更为偏侧化，即更倾向于使用不同的大脑半球处理不同的任务。让男性做某件事，然后借助脑成像技术扫描其大脑，可以发现其部分脑区被激活。让女性做一件事，却可以发现，其整个脑部都被激活。较之于男性，女性做事时总是有更多的大脑细胞被激活。中风之后，女性的语言能力比男性恢复得更快。其中一个原因正在于，女性做事时使用的脑区更多——中风影响了某些脑区的功能，但其他脑区可能仍会帮助女性完成某些任务。男性大脑更为偏侧化可能是由于，男性的胼胝体平均而言比女性的胼胝体小，而胼胝体连接大脑两半球并负责在其间传输信息（Hopcroft，2016：116；Ellis et al.，2008：60）。

大脑上的海马体（hippocampus）负责处理跟记忆有关的任务。男性的脑比女性约大了10%，但控制了脑的大小之后仍然可以发现，女性的海马体比男性稍大。这可能就是女性总体而言记忆能力强于男性的原因。跟男性比起来，女性更容易回忆起跟情感有关的事情，而大脑上的杏仁核（amygdala）等脑区负责处理跟情感有关的任务。有研究表明，控制了脑的大小之后，就无法发现两性在杏仁核大小上的差异了（Franks，2019：103）。人们在面临情感刺激或回忆跟情感有关的事件时，刺激越强，回忆得越清楚，杏仁核和海马体等脑区就被激活得越厉害。有研究表明，此时女性被激活的脑区更多（Canli et al.，2002）。一个合理的解释似乎是，在处理跟感情有关的事务时，两性应用了不太一样的神经机制。推而广之，男女在择偶、攻击性、同理心等行为倾向上的差别都可能跟神经机制上的差别相联系。

2. 两性认知之别

女性的语言能力比男性更强，在很小的时候就表现出来了。一般来说，女孩比男孩更早学会说话和阅读。女性在很多基本语言技能上占有优势，这些技能包括讲话的长度和质量（例如女性更可能用标准的语法结构和正确的发音讲话），以较快速度说出复杂词汇的能力，说出成串词汇的能力，区分不同读音的能力，回想起很久以前知道的某些词汇的能力（Geary，2009：363）。事实上，患上口吃的男性大概是患上口吃的女性的四五倍之多。在不同文化里也都能发现，女性在阅读方面的测验得分高于男性。在北美和欧洲所做的研究多数都能发现，女性比男性拼写单词、语言表达、写作的能力更强（Ellis et al.，2008：297-300）。在有“美国高考”之称的 ACT 考试中，女生在写作部分的得分通常高于男生。参加该项考试的学生中，女生占的比例较大。当然，有可能参加考试的男生的写作能力比未参加考试的男生更强，即一部分写作能力很差的男生没参加考试。如果果真如此，女生和男生在 ACT 写作部分实际得分上的差距就不能充分反映二者写作水平的真实差距（Hopcroft，2016：117）。

在数学能力上，数学能力较强的男性远远多于数学能力较强的女性（数学考试的难度越大，则两性之间的这种差别也越大），数学能力较差的男性同样远远多于女性。这一方面说明男性内部在数学能力上的分化较大，另一方面也说明数学能力较强者多为男性。在美国高中生参加的 ACT 中，男生在数学部分的平均分数长期以来一直高于女生，近些年来这种差距大约在 30 分。由于参加该项考试的女生比例较大，有可能一部分有资格参加考试但成绩较差的男生未参加考试，参加考试的男生的数学水平高于男生整体的平均水平，因此，男女在 ACT 数学部分上的分差可能高估了他们数学水平的真实差距（Hopcroft，2016：118）①。

在记忆能力方面，女性平均而言强于男性。女性更容易记住近来看到的人的面孔和近来听到或读到的人的名字。女性对物体的空间位置也有更好的记忆能力。在西方学者做的一项研究中，研究者向被试出示了标有椅子、树木、花盆、鞋子等物体的一张纸，然后又向被试出示了另一张纸，这张纸上新增加了几个物体。研究者要求被试在第二张纸上标出第一张纸上画出的物体，同时划掉第一张纸上没有的物体。结果表明，女性做得较好。按照一项对于 40 个国家的研究，在其中 35 个国家里，女性都表现出更好地回忆起物体位置的能力（Geary，2009：397-

---

① 也有西方学者认为，可以用数学能力衡量智力水平。跟数学能力测试相似，在智商测试中，智商得分较高者和较低者中男性的数量都远远多于女性。不过，尽管男性的 SAT 数学部分平均得分高于女性，但由于西方心理学界通常采用的智商测试方法都经过专门设计，以保证题目不仅仅对某一性别有利，男性和女性的智商测试平均得分基本一样（Halpern，2012：92）。如果我们接受西方心理学的主流观点，即智商测试是对一般智力的可靠、有效测量，我们就得承认两性平均智商没有差别。但两性智力差别仍然算得上一个长期以来容易引起争议的问题。

398；Hopcroft，2016：121）。

两性之间认知能力的最大差别是空间能力上的差别，在此方面，男性占有优势。空间能力指的是理解、回忆物体之间的空间关系的能力。西方学者的研究表明，五个月大的男婴就已表现出比同龄女婴更强的空间能力。从婴儿期到成年，随着年龄的增长，男性相对于女性的空间能力优势也在不断增长。对15岁至20岁的人做空间能力测试时，大约五分之四的男性超过了女性的一般水平。对20岁至35岁的人做空间能力测试，大约七分之六的男性超过了女性的一般水平。依据西方学者的实验，让经历了一个新的环境的人画出关于该环境的地图，男性能更准确地标出关键的环境特征和重要的方位（例如，A建筑在B建筑的西北方向）。男性和女性所画的地图也表明，他们对新环境关注的重点也有差别。女性更关注地标（例如具体的建筑）和相对方向（例如A建筑在B建筑左边），而男性更关注道路和以东西南北指示的方位（Geary，2009：395-397；Hopcroft，2016：120）。

很多研究表明，两性在种种认知能力上的不同是与大脑结构和功能上的差别相联系的（Geary，2009；Halpern et al.，2007）。从最终解释的角度看，两性在认知能力上的差别大体上都可以用达尔文式的自然选择理论来说明。跟男性比起来，女性更倾向于使用语言而不是身体来处理与他人的冲突。女性较强的语言能力可以看作由此而来的长期选择和演化的结果（Geary，2009：363）。此外，在人类历史上，通常主要由母亲来看管、照料孩子，善于跟自己的孩子以及他人沟通、交流的女性应当具有选择优势，从而也有助于女性最终演化出较好的语言能力（Hopcroft，2016：124）。按照几位西方学者所做的一项著名研究，男性在数学和自然科学上表现较好，无法从进化的角度加以解释。但男性对数学和自然科学更感兴趣，男性和女性在大脑的结构和功能上存在某些差别，这些应该是自然选择和演化的结果（Halpern et al.，2007）。女性的记忆能力较好，更善于找到物体在哪里，这可能是因为在人类早年，女性承担着植物性食物（植物果实、根茎等）采集者的角色，从而这些能力逐渐演化出来。男性的空间能力更好，可能是因为历史上狩猎、战争、防卫主要由男性来承担，这些活动对空间能力有一定要求，男性的空间能力从而得以逐渐演化出来（Hopcroft，2016：124-128）。当然，用进化论和脑的结构与功能来解释两性认知能力差别并不意味着社会文化因素不起作用。例如，正如我们前面提到的，在过去几十年里，美国人中两性认知能力趋于缩小，这应该反映了后天教育条件上的变化的影响。

3. 两性情感之别

通常说来，女性比男性更容易感知到他人的情感。在幼儿园阶段，小女孩就比小男孩更善于察觉别人的情感了。一项研究表明，从小学三年级开始，女性就变得比男性更能准确地理解手势、面部表情、语调（Hall and Matsumoto，2004）。在另一项研究中，研究者要求被试观看男女演员表现出种种情感的照片。无论男女都容易分辨出幸福、快乐的面孔，通常也能识别出男演员面部的悲伤之情，但男性感知女演员悲伤之情的能力较弱。在识别他人情感的时候，男性大脑的血流量高于女性，这说明要识别他人的情感，男性大脑工作要更卖力才行（Hopcroft，2016：180）。

大多数研究都能表明，女性更强烈而频繁地把种种情感表露出来，而男性更喜欢压抑自己的情感，使之不表现出来。大约三分之二的女性比一般男性更经常地表现出消极的情感（悲伤、焦虑等）。在各种文化里，女性都比男性更容易感受到悲伤，更容易心境低落、沮丧，更不容易将心情平静下来，也更不容易积极乐观地看待自己的成就。多数研究都能发现，女性比男性更可能哭泣，但关于女婴是否比男婴更爱哭，尚无较为一致的研究结论。很多研究也发现，即使不考虑妇产科一类的疼痛，女性也比男性更容易感受到身体的疼痛（Ellis et al.，2008：209，272）。但女性（大约占四分之三）通常也比一般男性更经常地表现出积极的情感（例如快乐感、同情）。西方学者所做的人格测试也表明，女性比男性更具有易受骗、有同情心、谦逊、诚实、温顺、乐于助人等讨人喜欢的品质，同时也发现，在各个阶层里女性都比男性更喜欢笑。在小孩子里面，就能发现女孩比男孩爱笑了。关于是男性还是女性更经常地表现出恼怒这个问题，一些研究得出了不同的结论。不过，各种研究能较为一致地发现，在小孩子和青年人中，大约三分之二的男性比一般的同龄女性更有攻击性（Geary，2009：259-260）。

善于感知他人的情感，这是有助于抚育子女的。例如，婴幼儿受到蚊虫、狗等小动物威胁的时候，表现出不安、恐惧，此时父母如果能迅速察觉，可以快速帮助子女摆脱掉危险。善于感知他人的情感也有助于与他人维持良好的交流和合作关系。从历史上看，这一点可能对女性尤为重要。我们知道，长期以来，多数文化里都流行婚后女性到男方家里生活的习俗，此时已婚女性通常都离开了家庭和亲朋，而不得不与较为陌生的人打交道。在这种环境里，善于感知他人情感就变得对于维持和谐的人际关系尤为重要了。既然善于理解他人情感有助于抚育子女和维系良好的人际关系，这就意味着能促进个人的生存和繁衍。女性近似普遍地善于理解他人情感应该是长期自然选择和演化的结果。女性更频繁而强烈地表达出种种情感，应该也是与女性长期以来主要承担照料子女的责任相联系的。一方面，受到外部环境刺激后更容易感受到并表达出焦虑、恐惧、疼痛等情感，可以使自己避免掉危险活动，不仅有助于自己的人身安全，既然女性通常是主要的子女照料者，那么这也有助于子女的安全成长（Hopcroft，2016：180-183）。另一方面，较为频繁地表达出快乐等积极的情感，似乎也有助于与子女交流、互动，从而有助于抚育子女。总之，女性更频繁而强烈地表达情感有助于子女的成长，是可以作为自然选择和演化的结果来理解的。

当然，这里也不排除社会文化环境的影响，即有些文化可能更为注重鼓励女性表达自己的情感，男性压抑自己的情感。虽然各种文化之间为何存在此种差别是与这里谈论的主题关系不太大的另外一个问题，但从达尔文理论出发，我们似乎能预期，各种文化实践可能也会经历选择的过程，有助于子女成长的文化实践最终将流传开来。这就意味着，在考察各种文化之间的变异时，达尔文理论将引导我们去考察，在种种复杂的条件下，各种流行的习俗如何发挥着促进个体繁衍的功能。

本章小结

世界各地的两性之间在受教育程度、收入和职业发展等诸多方面都广泛存在着种种差别和不平等，甚至存在着男性对女性的统治和压迫。

传统社会科学在解释这一类现象时，通常忽略了对于生物学因素的考量，而只是考虑社会文化环境因素对于两性差别和不平等的影响。这类看法可称为社会建构论。而社会建构论的调子是严重违反经验证据的。

男女之间在生理、心理、行为等诸方面的差别具有遗传、激素、神经和进化等方面的生物学基础。女性由 XX 型的受精卵发育而来，而男性由 XY 型的受精卵发育而来，性染色体上的差别会导致男性和女性胚胎、胎儿分泌雄性激素数量上的差别，进一步导致两性在脑的结构和功能上的差别，最终导致两性在整个生命周期内行为上的不同。从进化的观点看，之所以近乎普遍地存在着种种两性差别，是因为它们在长期演化史上分别有利于男性或女性的繁衍，或者说，对应于某种两性差别（例如男性或女性中常见的某种行为模式）的基因因为能促进个体繁衍而容易扩散开来。

哺乳动物几乎普遍地存在着雄性统治。在人类的历史和现实中，我们也能发现广泛的男性统治现象。长期自然选择会造成两性之间在与攻击性有关的性状上的差异，雄性或男性具有更强的攻击能力，使得两性之间发生冲突时通常雄性或男性能获胜，从而表现出雄性或男性统治的现象。跟多数灵长类动物物种比较，人类中表现出更广泛的男性统治和男性对女性性行为的控制。美国进化生物学家和心理学家斯姆茨（Smuts，1995）提出了六个具体的假说，以解释为何如此。

在长期择偶倾向上，女性比男性更看重对方是否有抱负、勤奋、能挣钱，更看重对方的财力、社会地位、受教育程度和智力。在短期择偶倾向上，男性比女性更热衷于与异性发生短期性关系。两性择偶倾向上的种种差别都可以从进化的视角来解释。社会学家、经济学家和人口学家喜欢探讨婚姻匹配问题即“谁跟谁结婚”的问题，这个问题跟择偶倾向密切相关。可惜的是，只有少数社会科学工作者意识到可以把进化的视角带入婚姻匹配研究。

两性在脑的大小、结构和功能上存在种种差别。男性的大脑也更为偏侧化，即更倾向于使用不同的大脑半球处理不同的任务，而女性做事时总是有更多的大脑细胞被激活。两性在种种行为、心理倾向上的差别都可能跟神经机制上的差别相联系。在认知能力上，女性语言和记忆能力更强，而男性的空间和数学能力更强。在情感上，女性比男性更善于感知他人的情感，也更强烈而频繁地把种种情感表露出来，而男性更倾向于压抑自己的情感。两性在认知和情感上的差别都可以从进化的观点来解释。

第六章　婚姻和家庭

婚姻家庭问题是社会科学，大概尤其是社会学和人类学长期以来关心的一个重要研究主题。按照一些中外学者的总结，现代社会科学早期即 19 世纪中后期的婚姻家庭研究受到了英国科学家达尔文的进化思想影响，这一时期可称为社会达尔文主义时期，这一时期最著名的婚姻家庭研究者是美国人类学家摩尔根（邓伟志、徐新，2006：4-7；潘允康，2018：5-8）。严格说来，称之为社会达尔文主义时期并不恰当，因为显然摩尔根等人学术思想的基本面迥异于所谓社会达尔文主义[①]。可以说，摩尔根关于婚姻家庭问题研究最著名的结论是跟人类婚姻家庭的演化有关的。依据摩尔根的研究（2012），人类在最早的时期，在同一群体内部实行共夫共妻，所有男女之间都可发生性关系，这一时期无所谓婚姻家庭；之后才禁止了长辈和晚辈之间的性关系，但还允许兄弟姐妹之间发生婚姻关系和性关系，嫡亲和旁系的兄弟姐妹都互为夫妻；在此之后人类又禁止兄弟姐妹之间的性关系，最后就逐步发展出一夫多妻制和一夫一妻制。

我国很多学者和学生都以为，人类的早年是一个乱伦的时期。摩尔根的工作曾得到革命导师恩格斯（1972）的高度肯定——“摩尔根的伟大功绩，就在于他在主要特点上发现和恢复了我们成文历史的这种史前的基础……”考虑到我国的国情，这应当是摩尔根的思想包括其关于人类婚姻家庭演化的思想在我国的影响尤其巨大的一个基本原因。而事实上，摩尔根的家庭演化理论一直是西方学术界的一个富有争议性的理论。当然，一种理论是否被西方学术界主流所认可，是否存在争议，并非我们是否选择接受它的正当的、主要的依据。而依据现有的科学知识

---

① 关于所谓社会达尔文主义，参阅拙文《“社会达尔文主义”的由来与争议》，《自然辩证法通讯》2019 年第 8 期。

来看，摩尔根的理论是很难令人接受的。关于婚姻家庭演化更具体的论述，详见本章第一节。

摩尔根确实受到了达尔文进化思想的影响。其代表作《古代社会》（Morgan，1974：48，388，484）一书在关键位置三处使用了“自然选择”一词。在摩尔根看来，人类早年一步步排除亲子、兄弟姐妹之间的性关系，然后按照亲属关系组织成氏族，都是自然选择的结果。但摩尔根的家庭演化理论归根结底是一种社会演化理论或“阶段进化进路”一类的工作，其基本方面跟达尔文主义的进化论关系极小（罗力群，2016：129）。回顾学术史，我们倒可以看到，在早期著名社会学家和社会文化人类学家中，韦斯特马克是唯一一位真正始终在其思想中贯彻了达尔文进化论的学者，是现代进化社会科学的重要先驱（罗力群，2016：60-74）。而基于进化思想对婚姻家庭问题的研究，正是韦斯特马克一生工作的一个主要方面。韦斯特马克（2002）关于婚姻家庭的工作集中体现在其成名作，也是其两部主要著作之一的《人类婚姻史》上。这部书是韦斯特马克在其博士论文的基础上写成的。

虽然韦斯特马克在世的时候影响很大，但由于种种原因，其影响逐渐趋于衰微。直至20世纪60年代之后，伴随着进化生物学等领域的科学进展，借助于进化论研究婚姻家庭问题的势头才在西方社会科学界逐渐复兴。在社会学里，这方面的早期较著名著作应当是美国社会学家和人类学家范登伯格1979年出版的《人类家庭制度：进化的观点》（Van den Berghe，Pierre：*Human Family Systems：An Evolutionary View*，New York：Elsevier）一书。在最近这些年里，西方心理学、人类学和社会学等学科里基于进化论的婚姻家庭研究蓬勃发展，分别有了进化家庭心理学（Salmon and Shackelford，2011）、进化家庭人类学（Mace，2010；Flinn，2011）和进化家庭社会学（Rotkirch，2018）的提法。

第一节　婚姻家庭的演化

1. 人类早期的婚姻家庭

从进化的观点看，婚姻家庭现象——两性结合起来长期在一起共同生活——的普遍、持续存在，乃是由于相对于其他繁衍方式，此种方式更有利于两性分工合作，繁衍后代。此种解释可称为亲代合作假说（parental collaboration hypothesis，Chapais，2008：162-163）。亲代合作假说即便不能解释婚姻家庭何以起源，也可解释婚姻家庭在产生之后何以持续下去①。但亲代合作假说本身无法回答人类早年采取具体何种婚姻家庭的问题。正如我们在上一章讲到母权制时所说的那样，我们获得的史前资料是零零碎碎的，我们很难真正搞清楚人类最早的社会组织形式，学术史上就此提出的种种猜测往往都流于谬误（比尔基埃等，1998：109-114）。人类早年的包括婚姻家庭在内的社会组织形式并没有留下很多实物证据供后人考察，所以学术界一直未能就此形成明确的、统一的看法。我们回顾学术史仍然可以发现，我们对早期人类婚姻家庭的认识在相当程度上仍然是猜测性的，而缺乏坚实的依据。

按照生物学和人类学里的常见看法，大概在500万—700万年前，由某一个物种分化出两个物种，其中一个物种即现代人的祖先，另一个物种则是黑猩猩属（包括两个物种，即黑猩猩和倭黑猩猩，这两个物种大约在两百万年前分化开来）的祖先（Chapais，2008：18-19）。前面述及，很多国人以为，最早期的人类处于一个乱伦的阶段，无所谓婚姻家庭。这一看法可追溯至早期人类学家摩尔根（2012）等人。摩尔根主要根据夏威夷等地土著的亲属称谓而推断人类早年曾存在一个乱伦阶段。他发现夏威夷土著把母亲及跟母亲同一辈分的妇女都称作母亲，把父亲及与父亲同一辈分的男子都叫作父亲，因此就推论，夏威夷土著以前盛行兄弟姐妹之间互为夫妻，他发现的亲属称谓就是以前兄弟姐妹乱伦习俗的留存或证据。而今天的人类学家认为，这样的亲属称谓与实际的婚姻关系无关，实际上表达的是土著的行为和态度——把父亲一辈的人都称作父亲，是因为对他们的行为和态度与对父亲相似。人类学家也发现，文化发展程度最低的民族里一夫一妻制占优势，这与摩尔根的家庭

---

① 亲代合作假说是解释婚姻家庭的起源和维持的经典假说。但近些年来，也有一些进化研究者认为，两性合作抚育后代的现象并非婚姻家庭起源的原因（婚姻家庭是由亲代合作抚育后代之外的原因而起源的），而是婚姻家庭起源后逐渐演化出来的结果（see Chapsis，2010）。

演化理论也是矛盾的（怀特，2008）[①]。摩尔根为了支持人类社会曾存在一个乱伦阶段的观点而提出的所有民族志案例都被人类学界明确否决了，即便所谓母系社会先于父系社会的观点也没有充分根据（Harris，2001：186-187）。

在摩尔根之前，达尔文也曾经思考过人类早年的婚姻关系和性关系。在其重要著作《人类的由来》里，达尔文（2009：393-394）表示，由于性妒忌在动物界普遍存在，而且很多动物，特别是与人类接近的动物也很少存在性乱交，以此类推，“无法相信人类达到动物界现今等级的不久之前曾经盛行过绝对的乱交”。这里要注意，当代进化研究文献通常会区分乱伦（incest，主要用于人类）/近交（inbreeding，主要用于动物）和乱交/混交（promiscuity），前者指的是近亲之间的性关系，后者指的是非近亲之间比较随意的性关系（达尔文本人和下面讲到的韦斯特马克似乎不在意此种区分）。达尔文揣测，人类早年的婚姻制度应是一夫一妻制和一夫多妻制：“……回顾远古，且由人类现今的社会性习俗来判断，最合理的观点似乎是，人类在原始时期系以小群生活在一起，每个男人只有一个妻子，如果男人是强者，就有几个妻子……”但达尔文的有关论述较为简略，只占了两三页的篇幅。

在达尔文之后，韦斯特马克在其《人类婚姻史》等著作里专门考察了人类早年是否曾存在一个盛行乱交的阶段问题及乱伦禁忌或外婚制起源等问题。韦斯特马克认为，人类和黑猩猩等类人猿一样，婴幼儿期较长，每胎生育数量少，因此子代很需要父亲来保护。愿意结婚成立家庭保护子代的人类先祖才具有选择优势，能留下更多的后代。因此，“婚姻和家庭的关系非常密切。男性和女性之持续地生活在一起，最初就是为了下一代的利益。因此我们可以说，是婚姻起源于家庭，而不是家庭起源于婚姻”（韦斯特马克，2002：72）。可以看出，韦氏自觉地采纳进化的观点解释婚姻家庭问题，其基本思路可概括为前面所说的亲代合作假说。在《人类婚姻史》中，对婚姻起源的探讨和对乱交说的批判所占

---

① 著名人类学家怀特的原文作为《古代社会》一书（1964 年哈佛大学出版社）的引论发表。

篇幅最多。韦氏像达尔文那样，认为人类早年实行一夫一妻制和一夫多妻制。韦氏详细比较了各种动物和人类的两性关系，一一驳斥了乱交说的各种依据。例如，在韦氏看来，虽然按照文献记载，历史上和现实中的某些民族处于乱交状态，但这些记载都是不可靠的，即便真的有一些民族曾处于乱交状态，也无充足理由进而推断人类早期也处于乱交状态。

虽然达尔文和韦斯特马克都曾推测，人类早年也是实行一夫一妻制和一夫多妻制的，进化生物学家和进化人类学家等现代进化研究者中的主流意见似乎是，最早期的人类处于性乱交状态（Chapsis，2011；Gavrilets，2012）。这里要注意，即便这类假说假定人类早年盛行性乱交，但很少有进化研究者相信人类早年盛行乱伦。在现存的灵长类动物各物种里，也很少观察到亲子或兄弟姐妹近交（Chapsis，2008：60-70；Wolf，1995）。考虑到近交不利于后代繁衍，一个合理的推测似乎是，在最早期的人类那里，自然选择就已基本剥去了人类个体的乱伦倾向。

20 世纪后期以来，一些进化研究者致力于探讨人类早年的社会组织形式的演化，提出了种种假说（Chapais，2008：135-156）。这些假说可分为两类，其中一类假说认为，人类早期的社会组织形式可能跟今天的大猩猩较为接近。人类与黑猩猩属的亲缘关系最近，其次就数大猩猩了。大概在 1000 万年前，人类和黑猩猩属的祖先与大猩猩的祖先从某个更古老的物种里分化为两个物种。大猩猩稳定地生活在由几个到几十个个体组成的群体内，群体成员包括一个雄性、几个雌性以及它们的后代。大猩猩的“家庭”形式近似于人类的一夫多妻制。按照这类假说，人类早期就生活在跟大猩猩群体相似的群体内，一个男性跟多个女性保持长期、稳定的性关系，相当于一夫多妻制，之后才过渡到多个家庭结合进一个较大的群体内共同生活的阶段。但是这类假说面临着几个难以解答的问题。例如，黑猩猩和倭黑猩猩通常生活在包括几个成年雄性与成年雌性的群体内，尽管亲子近交和兄弟姐妹近交较为少见，但群体内盛行性乱交，即一些成年个体之间较为随意地交配。由于人类跟黑猩猩和倭黑猩猩在 500 万—700 万年前由某一个物种分化而来，上述假说似乎在假定，黑猩猩和倭黑猩猩的早期也存在一个雄性与多个雌性之间的长期、稳定的共同生活的阶段，但是对现存黑猩猩和倭黑猩猩的研究却找不到这么一个阶段存在的证据或遗迹。

20 世纪后期以来，一些进化研究者提出了另一类假说，即最早期的人类跟今天的黑猩猩和倭黑猩猩相似，生活在包括多个成年男性和多个成年女性的群体内，群体内盛行性乱交，之后逐渐演化出一夫一妻制、一夫多妻制和一妻多夫制的婚姻家庭制度，人类又组织进由多个家庭组成的群体。

我们可以看到，第一类假说认为，在最早期的人类那里，就存在（一个）男性和（多个）女性长期稳定地在一起生活的现象，就此而言，这一类假说与达尔文和韦斯特马克的看法较为相似。在笔者看来，这两类假说以及达尔文和韦斯特马克关于人类早期婚姻家庭的看法似乎都带有较强的猜测性质，缺乏坚实的实物证据支持。

2. 乱伦禁忌的演化

几乎所有社会都存在这种或那种形式的禁止亲属之间发生性关系和婚姻关系的道德观念和习俗，亦即乱伦禁忌。从学术史来看，有两种研究乱伦问题的传统——弗洛伊德的解释及其延续以及芬兰学者韦斯特马克开辟的研究传统（Degler，1991：245-269；Ridley，2003：282-287；Wolf，1995：2-19）。按照弗洛伊德社会关系进路，人类天生就倾向乱伦，而乱伦禁忌是人类社会压抑这种倾向的产物，一旦乱伦禁忌被创造出来，就发挥着社会团结、拓展社会关系的功能（由于乱伦被禁止，外婚制通过联姻扩展了人们的社会网络）。持有这类观点的著名人物包括弗洛伊德和人类学家 E. 泰勒及 B. 马林诺夫斯基等人。我国著名社会学家和人类学家费孝通（2011：184-186）的看法也可归于这一类别。达尔文-韦斯特马克传统发端于活跃于 19 世纪末和 20 世纪早期的著名社会学家和人类学家韦斯特马克，他认为人类天性厌恶乱伦，这种现象是自然选择和进化的产物，而乱伦禁忌是人们对乱伦的厌恶感的自然表达。

依韦氏（2002：643）1891 年提出的韦斯特马克假说："从性欲要求尚未出现，至少尚不明显之时就长期亲密地生活在一起的人，彼此间缺乏发生性关系的倾向，而且一想到这种关系即有一种厌恶感。"从韦氏的论述可以看出，韦氏认为，如果双方在一起长期共同生活，只要其中一方（或双方）自幼年期就开始这种共同生活，双方在成年时通常都会对彼此的性关系产生厌恶感。按照韦氏的推理，既然近亲结合对后代的健康不利，因而是不利于繁衍后代的，那么那些能够产生上述情感的人更可能避免近亲结合从而留下更多后代。总之，在长期的自然选择和演化的过程中，人类就逐渐近乎普遍地具有了反对跟自己从小就长期共同生活的人发生性关系的道德情感。而道德观念的基础就在于经由自然选择而获得的普遍的道德情感，于是乱伦禁忌自然产生。按照韦氏的思路，既然父母和子女、兄弟姐妹之间通常都曾长期密切地生活在一起，人们很自然地就会形成反对亲子和兄弟姐妹之间的性和婚姻关系的情感，世界各地自然也就都存在着相应的乱伦禁忌。

韦氏对乱伦问题的解释起初曾被泰勒等人类学家所接受。但随着弗洛伊德的影响逐渐扩大，自 20 世纪 20 年代以来，弗雷泽、涂尔干和马林诺夫斯基等一批重量级社会科学家开始反对韦斯特马克的观点。而到了 20 世纪 50 年代后期，一批学者开始重新关注起韦斯特马克的著述，或用美国著名人类学家武雅士（1996）的说法，韦斯特马克开始“复活”了。20 世纪 50 年代后期以来，人类学家施皮罗（Sprio，1958）、福克斯（Fox，1962）、谢泼尔（Shepher，1971）等人对以色列基布兹集体农庄性行为和婚姻的研究，乃至于武雅士（Wolf，1966；1995；2004）对台湾婚俗的研究，都支持韦斯特马克假说。社会学家塔尔蒙（Talmon，1964）也调查了以色列基布兹集体农庄，虽然她不赞成韦斯特马克假说，并提出了一种功能主义的解释，但她的研究可看作对韦斯特马克进路的研究的回应，因而是韦氏的影响开始复苏的反映。

在那些检验韦斯特马克假说的田野研究中，谢泼尔（Shepher，1971）对以色列基布兹集体农庄的研究和武雅士（Wolf，1966；1995；2004）对中国台湾地区婚俗的研究最为著名。根据谢泼尔的研究，基布兹农庄托儿所的孩子们自幼在一起共同吃、睡、玩、乐、学习，但是没有证据表明他们在青少年期发生过任何性关系，而且长大成人后他们之间没有任何一对男女确立婚姻关系。武雅士 1957 年在台湾做田野调查的时候，偶然间发现了童养媳婚习俗，自此开始了他对韦斯特马克假说长达 50 多年的研究历程。武雅士总体上采用了定量研究的方式，基本研究目标是检验韦斯特马克的早年共同生活导致后来的性厌恶这一命题。数据分析表明，童养媳婚情况下妇女的生育率明显低于嫁娶婚，童养媳婚离婚率和妇女的通奸率明显高于嫁娶婚。如果假定生育率、离婚率和通奸率能反映夫妻双方性厌恶或性吸引的程度，由于只有在童养媳婚情况下夫妻双方才从小在一起长大，偏偏童养媳婚情况下生育率最低，离婚率和通奸率最高，因此可以说韦斯特马克假说得到了支持。

如第二章所述，汉密尔顿（1964）的广义适合度理论是达尔文主义进化论自诞生以来的一项重大进展。按照广义适合度理论，自然选择会有利于那些促进自己和（或）亲属的生存和繁衍的社会行为。这个理论隐藏着的一个含义是：通过自然选择和演化，在各个物种里，个体应该普遍具有亲属识别能力，会根据别的个体跟自己的亲疏远近来采取不同的行为。20 世纪 60 年代以后，进化生物学家逐渐相应形成了一个新的称为亲属识别的研究领域，一批研究者致力于研究各个物种中的个体通过何种机制识别亲属，对亲缘关系不同的个体如何区别对待①。自 20 世纪末以来，利伯曼等几位美国进化心理学家和进化人类学家（Liebverman，2007；Lieberman et al.，2003；2007）主张，韦斯特马克假说应该放入亲属识别的框架去解释人类的乱伦退避现象。确实，从进化和遗传学的观点看，人类个体应当近似普遍地反对、讨厌近亲之间的性关系。而韦斯特马克所说的“自幼年时长期共同生活”，不过是人类识别兄弟姐妹关系的机制的一个成分而已。他们没有明言人们怎么识别亲子关系。但似乎可以合理推测的是：与父母“自幼年时长期共同生活”也是子女识别亲子关系的机制的一个成分，母亲自然容易识别亲子关系，父亲可能根据其妻子怀孕前的行为（例如是否跟别的男性有较多交往）等因素识别妻子生育的孩子是否跟自己有生物学关系。利伯曼等人关于人类亲属识别的研究（Lieberman et al.，2003；2007）实际上是生物学家对动物亲属识别研究在人类中的延伸。总之，在他们看来，在经历长期自然选择和演化后，人类也应该存在亲属识别机制，依靠此种

① 关于对动物亲属识别现象的研究，可参阅美国学者霍姆斯（Holmes，2004）的综述。

机制识别亲属，并根据识别的结果决定对他人采取的利他行为和性态度。他们认为，人类反对乱伦的道德观念就建立在上述生物学基础上①。

对我国学者而言，从某种意义上说，韦斯特马克假说或利伯曼等人（Lieberman et al.，2007）关于亲属识别机制的研究的诱惑力就在于，接受了它，我国的传统婚姻习俗就能得到很好的解释。我国传统上流行表亲之间的婚姻，特别是流行舅表婚（一个男子与其舅舅的女儿成婚）、姨表婚（一个男子与其姨妈的女儿结婚），但堂兄弟姐妹之间的婚姻被当作乱伦严格禁止，尽管堂亲之间和表亲之间的遗传距离是一样的。同时我国传统上人们习惯于按父系聚居，堂兄弟姐妹长期在一个地方共同生活，根据韦斯特马克或利伯曼等人的看法，这种聚居习惯应该能导致堂兄弟姐妹之间产生排斥双方性关系的倾向，进而导致反对堂亲婚姻的文化规则（西方历史上可能通常没有这个条件，所以没能演化出相应的倾向性和文化）。但与此同时，我国传统上婆媳关系是比较常见的家庭矛盾，而在舅表婚和姨表婚的情况下，由于儿媳妇与婆婆具有血缘关系，婆媳关系就能变得良好，这应是舅表婚和姨表婚流行的重要原因。以上对我国传统婚俗的解释，其立足点就在于接纳韦斯特马克或利伯曼等人的进化观点。当然，自 20 世纪以至于现在，社会科学的主流意识形态一直是人类中心论和人类特殊论，没有多少人会承认人类社会行为和心理可以用进化论来解释，而倾向于完全或主要用文化因素来解释。其实，很多动物学研究表明，猴子和猿类中也是很少发生乱伦的；而且似乎跟人类相似，雄性主动乱伦的现象更为常见（Chapsis，2008：60-70；Wolf，1995）。

3. 婚姻制度的演化

跟人类的婚姻制度在某种程度上相似，在动物界里，婚配制度包括四种基本类型：一雄一雌制（monogamy）、一雄多雌制（polygyny）、一雌多雄制（polyandry）、混交制（posmiscuity）或快速多窝型多配制

① 牛津大学的威斯特等三位进化生物学家（West et al.，2011）把利伯曼等人关于人类亲属识别的研究当作整个亲属识别的生物学研究的组成部分，看作“自己人”的工作。这三位生物学家是国际学界极为活跃的学者，在笔者看来，他们的观点在进化生物学界应是很有代表性的。

(rapid multiple clutch polygamy)(张建军、张知彬,2003;Emlen and Oring,1977)。在一雄一雌制下,两性都无法独占多个配偶,两性常常通过共同抚育子代来促进繁衍。显然这种婚配制度跟人类里的一夫一妻制的婚姻制度[①]较为接近。在鸟类里,大约 90%的物种实行一雄一雌制。在能够找到有关数据的灵长目的 361 个物种里,有 106 个物种(约占 29%)实行一雄一雌制(Lukas and Clutton-Brock,2013)。一雄多雌制和一雌多雄制则跟人类里的一夫多妻制和一妻多夫制较为相似。在混交制或快速多窝型多配制下,两性具有大致一样的机会在短时期内分别跟多个配偶交配而繁衍后代。

上一节实际上指出,一些进化研究者推测,人类最早期的婚配制度就是混交制。美国著名人类学家默多克等人(Murdock and White,1969:329-369)于 20 世纪 60 年代收集、整理了能确定其存在的时间点和具体地点的 186 个社会的人类学材料,这些社会被称为标准跨文化样本(Standard Cross-Cultural Sample)。这些社会尚未进入工业社会阶段,即它们是前工业社会或传统社会,它们广泛分布于世界各地,存在的时间范围为公元前 18 世纪至公元 20 世纪。在这些社会里,只有大约 1%的社会实行一妻多夫制的婚姻制度;大约 17%的社会实行一夫一妻制,这类社会禁止或反对一夫多妻制,一夫多妻制婚姻家庭极为罕见;大约 82%的社会实行或允许一夫多妻制。但在这 82%的社会里,事实上一夫一妻制婚姻仍然是主要的婚姻形式(Murdock and Wilson,1972;Marlowe,2000)。如果这些社会可以代表人类社会有史以来的整体状况,那么我们可以看到,在绝大多数(约 99%)的社会里,一夫一妻制

① 进化文献常常区分婚配制度(mating system)和婚姻制度(marriage system)。Mating system 既可用于动物,也可用于人,可定义为个体为了获得配偶而普遍采取的行为策略,涉及配偶数量等方面(张建军、张知彬,2003)。Marriage system 则通常专用于人,可定义为社会通过习俗、法律等方式认可的两性结合的方式,同样涉及配偶数量等方面。一个社会的婚姻制度不能完全准确地反映个体的择偶状况。例如,一个社会要求所有个体都只能采纳一夫一妻制婚姻,但事实上少数人也可能拥有婚外伴侣。由于婚姻制度应该基本能反映人们的配偶数量等方面的情况,并且也不太容易找到关于各个社会里人们在配偶数量等方面情况的翔实的数据,因此笔者这里不对人类中的婚配制度和婚姻制度做严格区分。

婚姻家庭都占主流地位。

我们可以看到，在标准跨文化样本中，并没有内部存在广泛的性乱交的混交制社会。不难想象，如果在人类的不太遥远的过去，绝大部分社会都不存在广泛的性乱交，即使同时存在个别混交制社会，这些混交制社会也会由于自然选择和社会间冲突等原因而轻易地消逝在历史的长河里。实行一妻多夫制的社会的数量和比例是很小的，这些社会主要分布于印度、尼泊尔和中国西藏的喜马拉雅地区，也曾经存在于南太平洋上的马克萨斯群岛①。

我们对一妻多夫制的认识还不够全面、深入。现在通常把一妻多夫制看作特殊的社会和（或）生态条件下的产物，例如适婚人口中男性占的比例过大、生态环境恶劣从而要求多个男性聚在一起劳动（Fortunado，2015；Starkweather and Hames，2012）。例如喜马拉雅部分地区曾存在兄弟共妻的习俗，当地耕地稀缺，需要为耕作投入较多劳动而农业生产力仍较为低下。从进化的观点看，在特殊的社会和生态条件下的一妻多夫制应当有助于采纳这种制度的男性的繁衍，即他们的后代数量应当超过采纳了一夫一妻制和一夫多妻制的男性。但由于种种原因，研究难以取得翔实的数据来检验这个由进化论而得来的预测。此外，在喜马拉雅地区的同等生态条件下，既有实行一夫多妻制的群体，也有采纳其他婚姻制度的群体，因而一妻多夫制在某些群体内的流行可能只是历史上的某种偶然因素造成的，跟进化论扯不上直接的关系。总的看来，在多偶婚中，我们对一妻多夫制的了解不如对一夫多妻制那么透彻。

在标准跨文化样本中，多达82%的社会实行或允许一夫多妻制婚姻。当前，一夫多妻制婚姻在撒哈拉沙漠以南的非洲地区，特别是西非的农村最为常见。非洲的一夫多妻制婚姻通常不是姊妹共夫婚，即一个丈夫的几个妻子通常不是姐妹关系，她们也往往住在不同的房子里。而

① 根据韦斯特马克等人类学家（韦斯特马克，2002：1030-1070；Starkweather and Hames，2012）的研究，尽管一妻多夫制确实是一种罕见的婚姻制度，但它的分布范围可能还是被我们低估了，在喜马拉雅地区和马克萨斯群岛之外，其他各大洲的一些地方都曾存在过一妻多夫制。韦斯特马克可能是最早对一妻多夫制做系统论述的学者。

在诸如南美等其他地区，姊妹共夫婚较为常见，一个丈夫的几个妻子通常住在同一个房子里（Lawson and Uggla，2014）。

在动物界（张建军、张知彬，2003）和人类（Marlowe，2000）里，一雄多雌制或一夫多妻制是最常见的两性结合繁衍后代的制度。从进化的观点看，不难理解为何如此（Fortunado，2015；Lawson and Uggla，2014）。按照亲代投资理论（Trivers，1972）①，如果在一个物种里，两性之间对于子代的投资是不对称的，就会在自然选择和演化过程中形成两种不同的行为模式。对子代投入较多的性别（在多数物种里都是雌性或女性）择偶更为挑剔，对子代投入较少的性别（在多数物种里都是雄性或男性）内部则存在更激烈的择偶竞争并更倾向于寻求更多配偶。就我们人类而言，亲代投资理论预言，如果男性的个人条件允许，他将更倾向于寻求多个配偶，甚至通过强迫的方式；女性择偶挑剔的表现之一是更倾向于寻求有能力为子代投入的配偶，在有些情形下，女性也可能选择一夫多妻制，嫁给社会经济地位较高的男性。总之，如果一个社会内部存在社会经济地位的分化，如果没有别的力量足以对一夫多妻制形成阻碍，一夫多妻制就会成为被社会认可的婚姻家庭形式。事实上，也确实有研究发现，一个地方的财富分化程度越高，一夫多妻制婚姻也就越多（Pollet and Nettle，2009）。

我们前面提及，在大约 99%的社会里，一夫一妻制婚姻都占主流地位。固然可以以社会经济地位分化作为一项重要因素来解释为何如此，即社会经济地位较低的男性无法吸引或强迫更多女性充作自己的配偶，只能采纳一夫一妻制。但我们也可看到，依然有大约 17%的社会实行一夫一妻制，禁止或反对一夫多妻制。古希腊和古罗马是这类社会的实例，它们从法律上规定，一夫一妻制合法，多偶制不合法，即使统治阶层也不例外（Scheidel，2009）。可以合理地假定，占据统治地位的男性至少在某种程度上能影响法律等社会规范的推出和发展。那么我们就需要解释，为何在少数社会里，这些占据统治地位的男性愿意克服寻求多

① 福图纳多（Fortunado，2015）认为，基于亲代投资理论来理解一夫多妻制的演化虽然是一种主流的做法，但只能提供一个过于简化的叙事，但我认为她没有提供很好的论据来支撑自己的论点。

个配偶的冲动，而推出一夫一妻制的婚姻制度。进化生物学和进化人类学等进化研究者提出了两种著名的观点。

第一种观点可追溯至美国著名进化生物学家亚历山大（Alexander，1987)：一夫一妻制把群体内部成员生育机会均等化，有助于减少群体内部冲突，促进群体团结、整合，帮助群体在群体间竞争和冲突中获胜，从而有利于群体的生存和繁衍。人类学家亨利希等人的观点（Henrich et al.，2012）也属于这一类别。这种观点隐藏着的含义是，在群体间冲突较为激烈的情况下，一夫一妻制由于能促进群体的生存和繁衍，从而也有利于统治阶层。这是一种群体选择式的解释。有论者认为，经验证据跟这类解释的吻合程度并不很好。例如，这类解释暗含的一个意思是，在严格实行一夫一妻制的情形下，男性在后代数量上的分化程度要小于允许一夫多妻制的社会，但对两类社会的比较研究表明并非如此（Fortunado，2015；Lawson and Uggla，2014）。但是，关键的问题是，推行一夫一妻制是否比允许一夫多妻制更有利于群体内部合作，减少内耗。即使一夫一妻制对于降低男性在子女数量的差别上起到的作用很小或没有作用，一夫一妻制仍然可能通过在制度上实行配偶数量的均等化而减少群体内部冲突。迄今似乎没有可靠的证据检验一夫一妻制在减少群体内部冲突上的作用。

关于一夫一妻制演化的第二种观点是人类学家福图纳多等人（Fortunado and Archetti，2010）提出来的。这是个体选择和基因选择即广义适合度理论（Hamilton，1964）框架下的解释。福图纳多等人的推理基于一个关键性的思想：在传统社会里，财产多少对繁衍后代的影响往往超过配偶数量的影响，个体向后代转移财富应该是以有利于增大自己的广义适合度的方式进行的（例如，在有的社会里，女性频繁发生婚外性关系，男子对于自己是妻子生育的孩子的生物学父亲的主观概率较低，这些社会的男子往往致力于抚育自己的外甥而不是自己名义上的子女）。按照福图纳多等人建立的博弈论模型，如果财产状况影响繁衍后代，并且财产在代与代之间转移，那么以下两个条件或两个条件之一成立，则一夫一妻制对男女两性繁衍后代都有利，从而能演化出来：1）男性的财产在多个妻子生育的子女之间分配导致每个子女所得份额急剧下降，从而不利于男性的繁衍后代；2）女性对丈夫保持婚内忠诚，以交换丈夫把财产完全转移给自己的下一代。民族志和历史资料表明，在欧亚大陆的历史上存在一些从事精耕细作农业、土地稀缺的社会，这些社会符合第一个条件，相应也能发现这样的社会里往往盛行一夫一妻制，这与从事畜牧业和粗放农业并盛行多偶制的传统非洲社会形成鲜明对比。不过，第二个条件，即一夫一妻制下妻子更能保持婚内贞洁，尚缺乏证据支持（Lawson and Uggla，2014）。

以上两种对于一夫一妻制演化的解释都能讲得通，无法基于坚实的论据拒斥掉其中任何一种解释。第一种解释在进化研究领域之外似乎得到了较多的传播。其中的原因在一定程度上应该是似乎不需要跨越较高的专业门槛就能理解这种解释。我们也可以看到，第二种解释与对于一夫多妻制（可能还应包括一妻多夫制）的常见的进化解释都基于个体选择和基因选择的视角，而第一种解释则采纳了群体选择的视角。就此而言，第二种解释在形式上更有吸引力，因为它表明，基于少数基本原理就能解释广泛的现象。但是，从内容上讲，第二种解释隐含的假定条件是：社会内部不存在社会经济地位的严重分化，即在此假定条件下，如果上述两个条件至少成立一个，就会演化出一夫一妻制。也许福图纳多等人仍需要解释，在存在某种程度的地位分化的情况下，一夫一妻制是否也可能比一夫多妻制对繁衍后代更有利，为何统治阶层的男性仍然愿意推出禁止一夫多妻制的婚姻制度。近几个世纪以来，伴随着西方世界的兴起和扩张，世界其他国家和地区纷纷效仿西方国家的渊源于古希腊-罗马的排斥多偶制的婚姻制度。例如，日本、中国、印度和尼泊尔分别在1880年、1953年、1955年、1963年立法禁止多偶制，推行一夫一妻制（Scheidel，2009；Henrich et al.，2012）。而我们对这一重大历史变迁的进化根源——为何古希腊-罗马等社会禁止多偶制——尚未取得一个公认的合理解释。

第二节　家庭关系

1. 夫妻关系

中国社会学界广泛流传的一个观点是，西方人重视夫妻关系甚于亲子关系，而中国人传统上重视亲子关系甚于夫妻关系（潘允康，2018：129-130）。但这是一个远远没有得到大量材料和数据支撑的观点。无论如何，血缘关系割不掉，婚姻关系却可能解体。在世界各地，婚姻关系都是一种具有潜在脆弱性的关系。

近些年来，一些人惊呼，中国社会进入了低欲望社会，人们不愿意结婚了。之所以出现这种耸人听闻的说法，应该是由于有些人发现许多大龄青年迟迟不婚，日常生活中感受到的结婚事件似乎减少了。但日常感受可能多多少少是个错觉。可以以结婚率（一定时期内结婚人数占同一时期总人口数的比例）来衡量结婚事件频繁的程度。官方数据告诉我们，在 1987—2002 年期间，我国的结婚率呈现缓慢下降趋势，在 2003—2013 年间，结婚率则快速上升，2014 年以来结婚率又呈迅速下降的趋势了（宋健，2020）。那个耸人听闻的说法仿佛在暗示我国结婚率几十年来存在单边下降的趋势，而事实上结婚率的变动是一个波动，当下我国结婚率水平也并非史上最低。

近几年来，我国结婚率的下降可能由于两个因素：一是总人口年龄结构趋于老化，二是由于结婚年龄推迟而导致的结婚年龄人口结构也趋于老化。结婚率走低并不简单地意味着年轻人不愿意结婚了，而是跟年轻人推迟结婚具有更直接、强烈的关联。衡量一个地区人口的结婚水平的指标并非结婚率，而是各出生队列的结婚概率或总人口终身不婚率。从历次人口普查数据看，我国仍然是一个普婚的社会。如果按照国际惯例以 50 岁为结婚上限年龄（假定超过 50 岁仍然未婚者将终身不婚），中国终身不婚的女性比例低于 1%，男性比例则低于 4%。使用 2010 年第六次全国人口普查数据，可计算和估计各出生队列人口的终身不婚率。20 世纪 40 年代和 50 年代出生人口的终身不婚率分别为 1.81%和 1.79%，20 世纪 60 年代和 70 年代出生人口的终身不婚水平虽有提升，但仍然分别不超过 2.13%和 6.57%。而 20 世纪 70 年代出生人口在 2010 年普查时只有 30—39 岁，仍有一定比例未婚人口将陆续进入婚姻，上述 6.57% 数值明显高估。总之，普婚仍旧是中国人口婚姻状况的突出特点，真正终身不婚者的比例始终很低，甚至大幅低于日本、韩国的水平（宋健，2020；翟振武、刘雯莉，2020）。在各工业社会里，80%—95%的成年人一生中至少都结婚一次（Lopreato and Crippen，1999：172）。在前工业社会里，结婚在更大程度上被看成一种义务，终身不婚者就更少见了（韦斯特马克，2002：296-339；Westermarck，1917：399-403）。总之，虽然国家和地区间的差别有待解释，在世界各地的人口中，多数人在其一生中的某个时候都会步入婚姻的殿堂。

人的种种心理、行为倾向通常都要经受自然选择和演化的过程，这就会导致我们现有的心理、行为倾向常常是有助于而不是阻碍我们繁衍后代或扩散基因的。世界各个文化里都普遍存在婚姻这种规定两性结合而共同生活、繁衍后代的制度安排，多数人都接受文化、制度的约束而步入婚姻是再正常不过的事。当然，有人可能有异议，提出世界各文化里都普遍存在同性恋者作为进化解释的反例——同性恋者往往不生育，为什么自然选择没有消灭这种现象呢？很多同性恋者同时也是双性恋者。多数同性恋者也会步入婚姻或与异性发生性关系。并没有确凿、详实的数据表明同性恋者确实后代较少（Kirkpatrick，2000；Savolainen and Hodgson，2016）。如果同性恋者的后代并非少于异性恋者，同性恋者的广泛存在就不是一个进化悖论了。但如果我们假定同性恋者的子女数量确实较少，我们就应对此做出进化解释了。而常见的进化解释是从广义适合度理论（Hamilton，1964）出发做出的——同性恋基因之所以能流传开来而未被自然选择消灭掉，是因为同性恋者能帮助近亲繁衍后代（威尔逊，2015：145），即同性恋者的近亲的子女数量要多于异性恋者近亲的子女数量。由于同性恋者的近亲也可能携带部分同性恋基因，同性恋者帮助近亲繁衍后代也就同时促进了同性恋基因的扩散。

很多动物物种里也是存在同性恋和同性性行为现象的。同性恋的行为倾向是先天遗传和后天环境等因素共同影响下的结果。行为遗传学的双生子研究表明，同卵双胞胎中两人都是同性恋者的比例大约是异卵双胞胎的相应比例的两倍。由于同卵双胞胎具有一样的遗传物质，因此这个发现表明，同性恋行为是受到遗传影响的（Kirkpatrick，2000）。几十年来，也有一些关于同性恋的分子遗传学研究，它们试图找到使个体表现出同性恋行为的基因或 DNA 片段。但这类研究一直争议较大。美国《科学》杂志最近发表了一个有关研究成果（Ganna et al.，2019）。这项研究的参与者是将近 50 万年龄在 40 岁至 70 岁之间的英国居民。按照这些人的自我报告，大约 4.1%的男性和 2.8%的女性曾经与同性发生过性关系。按照这个研究，基因组上五个位点的变异跟同性恋行为有关，但这五个位点的解释力很有限，只能解释这近 50 万人性行为差异的不到 1%。例如，基因型为 GT 的男性中有过同性性行为的比例为 4.0%，而基因型为 TT 的男性的相应比例为 3.6%。这个研究还比较了有过同性性行为经历的所有人的基因组信息，采用不同的分析方法可以发现，这些人共同拥有的遗传变异能够解释同性性行为差异的 8%—25%①。研究者认为，同性性行为应该受到非常多的遗传变异影响，但在当前的样本容量下，无法发现多数这样的遗传变异。

一些社会科学家喜欢考察婚姻匹配问题，发现了两种婚配模式，即同质婚和异质婚（马磊、袁浩、顾大男，2019）。同质婚指夫妻双方在种族、民族、宗教、社会经济地位等背景上相似的婚姻，异质婚指双方背景不一致的婚姻。对婚姻匹配的传统解释很少植根于真正的科学理论而脱离日常常识的层面。从某种角度讲，同质婚的广泛存在可能仅仅是由于背景相似的人的居住和工作场所也临近，从而更容易结识而发展成配偶。

家庭社会学里的择偶梯度理论可以部分地解释各个社会也广泛存在异质婚。按照择偶梯度理论（邓伟志、徐新，2006：67），女性更看重配偶的社会经济地位，更喜欢沿着社会经济地位的阶梯向上寻找配偶，即寻找受教育程度、收入、职业地位比自己更好的男性，男性则倾向沿着社会经济地位阶梯向下寻找配偶。正如我们在上一章所说，择偶理论

---

① 遗传学因素之外就是后天环境因素和其他生物学因素的影响了。近年来，有人认为表观遗传学因素也会对同性性行为产生影响（Rice et al.，2012）。

可以看作亲代投资理论（Trivers，1972）这一进化理论的推论。由于广泛存在择偶梯度理论描述的现象，我们就也能看到，各个社会里都存在一部分社会经济地位较低的男性（例如偏远、贫穷地区的农村男性）和社会经济地位较高的女性（例如大城市里受过很多教育的高收入女性），难以找到配偶而步入婚姻殿堂。在各个社会里，终身未婚的男性数量超过终身未婚的女性数量是一个普遍的现象。对于社会经济地位较高的女性而言，虽然寻求较高社会经济地位的男性的择偶倾向会使得她们难以找到意中人，但她们及其父母、亲人的生儿育女的心理倾向终究会帮助她们中的一部分克服掉挑挑拣拣的倾向，勉强与某位男子成婚。而由于女性喜欢向上寻求配偶，社会经济地位较低的男性的择偶范围总是受到严格限制的，导致他们中的很多人终身未婚。考虑到前工业社会里一夫多妻制更广泛地得以实行，有条件迎娶多个妻子的男性多为地位较高的男性，地位较低的男性的择偶范围受到了更大程度上的限制，未婚男性数量超过未婚女性的现象应当更为严重（Lopreato and Crippen，1999：172）。

我们在上一章讲到，很多社会里都存在种种控制女性行为特别是性行为的奇葩的社会规范。这种现象的一个主要的直接原因就在于男性的父亲身份的不确定性（paternal uncertainty），即由于男女在对子代的生物学投资上的差别，主要指女性而非男性怀孕、分娩，导致女性可百分之百确定孩子是否自己亲生，男性则不具有确定性。在美国和世界其他一些地方所做的一些研究甚至表明，在已婚妇女的子女中，有5%到30%都不是妇女配偶的亲生子女（Hopcroft，2009a）。进化史上应该也有着相似现象。男性对于孩子是不是自己亲生的不确定性，会导致严厉控制女性性行为的男性行为倾向具有选择优势，即有此行为倾向的男性会留下更多后代，并通过后代把此倾向遗传下去。

对女性性行为的控制在婚姻内外都存在。例如，西非马里多贡人（Dogon）有个习俗：经期妇女必须到专门为她们设置的月经屋睡五个晚上，丈夫可以让自己的姐妹到月经屋检查妻子是否来了经血，也可要求月经屋的妇女相互检查。多贡男子承认，他们很关心妻子是否有婚外性关系，把处于经期的妻子隔离于月经屋有助他们及其家族监视妇女生育状态。依据美国人类学家斯特拉斯曼（Strassmann，1992；1996）的研究，月经屋习俗的功能正在于帮助多贡男性监控妻子的生育状态。例如，我们可以想象得到，如果某男子在某段时间内外出务工，虽然通过月经屋监控只能证实妻子来了月经，但至少能表明妻子没怀上别人的孩子。

一方面存在控制女性性行为的情况，另一方面，在婚姻内外，男性都比女性更容易出轨。根据 1992 年在美国做的一项调查，在各个年龄层次上，男性都比女性更容易发生婚外性行为。在 1933—1942 年间出生的被调查者中，将近 23%的男性自陈曾经在第一次婚姻期间有过婚外性行为，而女性的相应比例仅为 8%。在这一年龄段的男性中，17.6%的男性曾经在第一次婚姻期间有过多次婚外性行为，而女性的相应比例仅为 1.3%。在 1943—1952 年、1953—1962 年、1963—1974 年出生的被调查者中也存在相似的模式（Lopreato and Crippen，1999：173）。

根据世纪之交关于五大洲 36 个国家或地区的数据（Druckerman，2007：61-63），各国已婚女性在过去 12 个月内曾发生婚外性关系的比例在 0—6.6%之间变动，中位数为 0.8%，各国已婚男性的相应比例在 1.6%—37%之间变动，中位数是 13.2%①。中国、墨西哥、孟加拉国女性的数据缺失。中国男性的数据是 10.5%，低于中位数。撒哈拉沙漠以南的非洲和加勒比海地区的男性出轨率较高，多数在 20%以上，而女性的出轨率与其他地区的差距不太明显。可以看到，在所有既有男性数据也有女性数据的国家和地区，男性的出轨率都超过女性，在多数情况下都是大幅超过。例如，非洲多哥男性出轨率高达 37%，女性出轨率仅为 0.5%。根据较近的一项研究（Zhang et al.，2012），在 18—49 岁已婚或处于长期同居关系的中国男性中，在过去 12 个月内的出轨率为 13.6%。稍高于上述男性中位数水平；女性的出轨率则为 4.2%，高于上述女性中位数水平。

婚姻也可能走向解体。像结婚、性行为倾向等其他人类行为那样，

---

① 美国、法国、英国被调查者的年龄范围分别为 18 岁以上（含 18 岁）、18—54 岁、16—44 岁，作者（Druckerman，2007：61-63）未明示其他国家被调查者的年龄范围。

个体的离婚倾向也受到基因影响。行为遗传学研究表明，个体之间在离婚问题上的差别有 26%至 53%可由遗传因素来解释（Booth et al.，2000）。这里的意思不是有些人具有“离婚基因”所以选择了离婚这么简单。遗传因素是通过影响个性等因素起作用的。例如，脾气暴躁、缺乏同理心的父母可能把这种个性遗传给子女，导致子女婚后与配偶很难相处从而很快结束了婚姻。按照美国社会学家布斯等人的一项研究，睾丸素对男性的结婚和离婚倾向以及婚姻质量都有影响，表现在睾丸素分泌水平较高的男性结婚的可能较低，婚后更可能夫妻关系紧张，也更可能离婚。睾丸素分泌水平较高的男性往往具有攻击性倾向，喜欢寻求感官刺激。由于睾丸素分泌水平受遗传因素影响，因此可以说遗传因素通过影响睾丸素分泌水平和攻击性等行为倾向而进一步影响到结婚和离婚倾向以及婚姻质量。

社会科学学者喜欢列出种种因素来解释离婚现象，这些因素包括贫穷、失业、受教育水平、家庭暴力、婚内出轨等（Amato，2010）。从生物学的观点看，这些因素（以及前述遗传因素）都属于直接原因，演化和自然选择则属于最终原因。进化研究者绝不会排除直接层面的解释，换句话说，传统研究和进化研究是互补的。把进化解释带入现有研究，从形式上看，有助于丰富现有研究的层次。从实质上看，可以把传统研究植根于真正的科学理论，让传统一类的研究也跟着科学事业的发展而一同前进。进化研究也能帮助我们找到一些普遍存在于各种文化里的一般趋势或规律，或者把已发现的一般规律用进化的逻辑串起来。

按照美国进化人类学家费雪（Fisher，1989）的研究，全球 58 个民族呈现出一致的离婚模式，尽管婚俗、婚姻观念和婚姻制度各异。有两个或更少孩子的夫妻相对容易离婚，婚后的第四年最容易离婚。孩子从出生到四岁左右是最需要父母照料的时期，之后孩子就有了一定独立生活能力。从进化的观点看，让孩子有了一定独立生活能力再离开配偶是有选择优势的。

用脱胎于广义适合度理论的互惠利他行为理论（Trivers，1971）也能解释，为何孩子有稳定婚姻的效应，即相对于无子女的家庭，有子女的家庭解体的可能性较小。子女的基因一半来自父亲，一半来自母亲，按照广义适合度理论，父母会为子女无私奉献（利他行为）。夫妻双方之间通常没有亲缘关系，为了促进孩子成长，他们就需要长期、稳定地在同一家庭合作，离婚则不利于孩子成长。有研究表明，未能与亲生父母一起长大的孩子，职业成就较低（Hopcroft，2009b）。

离婚或丧偶后形成的单身家庭或单亲家庭，其主要家庭成员往往是女性，一大原因也在于男性偏爱以年轻女性为配偶，女性再婚的可能随年龄增长迅速下降，而地位高的男性比地位低的男性更可能再婚，地位对离婚女性再婚影响很小。离婚后孩子往往跟随母亲生活，也反映了男女两性不同的繁衍策略，即女性更重视养育子代，男性总体而言又多了个寻找其他配偶繁衍后代的选择（Lopreato and Crippen，1999：173）。

2. 亲子关系

根据人类学家和社会学家的研究，在所有已知的人类社会里，都是主要由母亲来承担照料子女的责任，母亲照料幼小子女所花费的时间通常远远超过父亲或其他照料者。即使在现代社会里，很多女性要求丈夫更多地照料子女，但她们往往还是认为丈夫照料子女的能力不够，甚至会小心翼翼地保护着自己照料子女的权力。按照对现代西方社会的一项研究，尽管职业妇女照料孩子感到压力大、疲劳，但她们中只有42%的人想要丈夫更多地承担照料子女的责任（Lopreato and Crippen，1999：198）。笔者在子女幼小的时候曾经趁着在小区内带孩子的时机，观察男性和女性在此事上的表现。父亲带孩子一个小时或几个小时后，似乎都倾向于感到“累死了”。女性带孩子时也会感到累，但是女性似乎更容易从中找到乐趣。

女性在照料孩子上付出较多，这是两性有差别的亲代投资的一大表现，其原因可能在于，女性对于孩子是不是自己亲生骨肉具有确定性，在进化史上容易形成在子女出生后对子女投入较多的心理、行为倾向。

父母和子女之间社会经济地位的代际转移在很大程度上是人类社会的常态。从小与亲生母亲在一起生活的子女相对于其他人更容易继承父母的职业和地位。几个美国社会学家也确实发现，“从家庭结构上说，儿子离母亲越远，代际传承过程就越容易崩溃”（Biblarz et al.，1997）。有的男孩从小与双亲一起生活，有的男孩则只跟母亲一起生活，有的跟母亲及继父一起生活，有的只跟父亲生活，有的跟其他亲属（例如姨妈、姑妈、奶奶）生活。上述情况构成在家庭结构上儿子离母亲愈来愈远的一个序列。既然按两性繁衍策略，母亲比父亲对子代投入更多，而且按广义适合度理论（Hamilton，1964），与自己亲缘关系较近的人对自己投入也较多，那么就容易理解在这个序列中，为何家长对男孩的投入呈减少趋势，因而代际传承越来越难以发生。

母亲也会按照幼小子女的条件（健康状况、年龄、性别等）对子女进行有差别的投入，以促进后代繁衍。小孩的健康状况能反映将来的生存和繁衍能力。相应能发现，在传统社会里，母亲往往更疏于对患病的婴幼儿的照料。即便在现代西方社会里，生活和医疗条件都大大改善了，依然能发现，母亲虐待智力低下或有先天性缺陷的子女的可能性要远远大于虐待健康子女。母亲也会根据自己的年龄等情况来决定对子女的投入。女性的年龄能指示将来生育子女的机会多少。相应也就能发现，年龄较大的母亲对幼小子女的投入更多。西方学者的一项研究表明，每 1000 名 20 岁以下的母亲中会发生 110 起被发觉的虐待或疏于照料子女的事件，而在每 1000 名 20 岁以上的母亲中的对应数值只是 51，前者是后者的两倍多（Keller and Chasiotis，2007）。当然，很多人可能会依据日常常识做出解释，认为 20 岁以下的女性心理发育还不太成熟，往往不能尽到作为母亲的责任。这一类解释属于直接解释，进化的解释着眼于后代繁衍，属于最终解释，两类解释并不互斥。

在动物界里能普遍见到雌性抚育后代的情况。在多数鸟类物种、一些鱼类和昆虫物种中，也存在雄性抚育后代的情况。但是在包括人类在内的哺乳动物里，只有大约 5%的物种的雄性也参与抚育后代。从进化的角度看，有机体个体在各种社会、生态条件下会演化出有利于繁衍的行为性状。为什么少数物种里通常存在着雄性抚育后代的现象？为什么各个物种之间和各物种内部各个个体之间的雄性在抚育后代方面存在差别？可以从三个方面考虑这些问题：雄性投资对后代生存与繁衍的影响、父亲身份确定性的程度（“戴绿帽”的可能性）、雄性投资对雄性的其他交配机会的限制程度（Geary，2007）。不考虑雄性投资的起源问题，在包括人类在内的一些物种里，只有在雄性投资对后代生存、繁衍的有利影响超过了“戴绿帽”的风险以及因为两性一起生活并抚育后代而丧失其他求偶机会的成本，雄性投资近乎普遍的存在才能在演化史上维持下去（Geary，2009：146-156）。

就我们人类而言，父亲抚育子女既有利于子女身体健康，也有利于提高子女的社会竞争力即成年后在社会上参与竞争获取资源的能力。无论是在传统社会里还是在现代社会里通常都能发现，父亲照料子女，为子女提供食物和其他资源，能够降低子女死亡的风险，有助于子女身体健康。在今天的西方社会，仍能发现，社会经济地位较低的群体也有着较高的患病率和死亡率。考虑到父亲的收入和职业地位是衡量家庭社会经济地位的重要因素，有时甚至是唯一重要的因素，父亲对子女的投入应该是能影响到子女的健康的。西方学者的研究也表明，父亲在子女身上花费较多的时间（例如辅导子女做家庭作业）和金钱（例如支付课后辅导和上大学的费用），有助于子女在社会经济地位的阶梯上向上流动。相反，父亲对子女的投入减少甚至取消（例如离婚后）对子女将来在社会上取得成功有不利影响。

在跟人类的遗传关系最接近的黑猩猩和倭黑猩猩里，两性都频繁地与异性交配，雄性面临着严重的父亲身份不确定性。相应也能看到，在黑猩猩和倭黑猩猩里，雄性很少抚育后代。虽然在有些人口里也能发现，超过20%的子女与其名义上的父亲没有生物学关系，但在整个人类中，男性通常还是有很大把握是其子女的生物学父亲，有人估计这个概率应该超过90%，甚至达到95%（Geary，2007）。这个估计应该是基本上准确的。这就意味着，一个男性辛苦为子女付出，大概率不会“为他人作嫁衣裳”。当然，具体到个人身上，正如跨文化研究所揭示的那样，一个男子对于自己是孩子生物学父亲的信心越强，对子女的付出就越多，反之就越少（Anderson，2006）。

对于女性来说，其后代繁衍受到配偶对后代的投入的影响，女性也相应演化出某些行为等方面的性状，这些性状包括隐性排卵（concealed ovulation）、讨厌婚外性关系、与配偶结伴生活（pair bonding），能够增加配偶投资后代的可能性（Geary，2007）。在大多数哺乳动物里，雌性处于排卵期的时候，身体会发出明显信号，例如屁股变得异常红肿、身体发出特殊气味。动物通常只在排卵期交配。从繁衍后代的角度考虑，这时候交配的成本最低，收益最高。但在人类中，女性处于排卵期的时候则缺乏明显的外在表现。要想繁衍后代，男性就需要与伴侣长期保持性关系，稳定地共同生活。女性通常讨厌婚外性行为，一方面这会限制男性的行为，使得男性难以寻求更多配偶并投资于其他配偶的后代，从而减少对原配偶后代的投资，另一方面也意味着女性发生婚外性行为的可能较小，男性对自己是孩子的生物学父亲的确定性较高，从而更愿意对后代投入。

行为遗传学和内分泌学研究表明，男性对子女的投入水平也受到遗传和激素水平影响。男性的亲代投资也受到个人成长经历和种种社会文化和人口学因素约束（Geary，2007；Geary，2009：163-175）。例如，在现代社会里，法律和道德制约着男性寻求更多配偶的行为，从而有助于男性向后代投入；在女性所占比例较大的人口里，往往能同时发现性关系混乱，男性的亲代投资水平较低。

众所周知，上一代人和下一代人之间并非完全和谐的关系，亲子之间也会发生冲突。美国进化生物学家特里弗斯（Trivers，1974）曾经提出亲子冲突理论来解释亲子冲突。按照亲子冲突理论，可以把亲子冲突理解为在有性繁殖的物种中，包括在人类里，父母和子女就父母对子女的资源投入应如何在子女中分配以及子女应该如何对待其他亲属等方面的分歧、冲突。冲突的原因则在于，虽然父母和子女有50%的基因是一样的，但仍有50%的差异，因此，对父母有利的，不一定对子女有利。这个理论自觉地从基因层面看问题，受到了广义适合度理论（Hamilton，1964）的直接影响。

例如，哥哥5岁，弟弟1岁，父母会更偏爱照料弟弟。对父母而言，两个孩子是一样的，各自都有50%的基因跟自己一样，但小儿子因为幼小、脆弱，更易夭折，更需要照料，否则父母的适合度就更可能降低。对大儿子而言，其弟弟只有50%的基因与他一样，他则100%拥有自己的基因，他的价值是其弟弟的两倍。假设父母对哥哥或弟弟的特定照料为哥哥或弟弟带来的将来繁衍成功的功效各自可以以2表示。若父母只照料弟弟，弟弟的收益为2；由于兄弟两个只有50%基因一样，哥哥的收益为 1；相对于父母只照料哥哥的情况，这时哥哥的收益较低（1∶2），因此哥哥往往会抱怨父母偏爱弟弟。

再如，一位母亲和自己的儿子之间的亲缘系数 r 是 0.5，和自己的亲侄子之间的亲缘系数为 0.25，儿子与侄子之间的亲缘系数为 0.125，母亲要比儿子更希望儿子无私帮助侄子（利他行为）。按照汉密尔顿不等式 $rb>c$ 或 $b>c/r$，从儿子的角度看，在 $b>8c$ 的情况下，他将会对其表兄弟做出利他行为；但从母亲角度看，她愿意在 $b>4c$ 的情况下对侄子做出利他行为，但她却希望，对儿子而言，只要 $b>2c$，儿子就应对侄子做出利他行为（一个儿子有一半基因与自己相同，一个侄子有四分之一基因与自己相同，因而一个儿子相当于两个侄子）。父亲与其妻的侄子之间没有血缘关系，他不会希望儿子对那位侄子做出利他行为。当然，也许有人说，在人类当中，这种情况下父亲难道不是经常希望儿子做出利他行为吗？例如对方有困难时借钱给对方。在笔者看来，按照互惠利他行为理论的精神实质，可以把此种情况下的所谓利他行为理解为互惠合作行为，因为寄望于将来的回报，或回避可能的报复，而不是损己利人的利他行为。再如，父母一般都希望子女选择一个能促进子女无私帮助亲属的配偶，因为能增进父母的广义适合度，但这么做不一定能增进子女的广义适合度，于是父母和子女在择偶上也会冲突。

3. 兄弟姐妹关系和祖孙关系

在很多动物物种和人类里，都能发现兄弟姐妹为了争夺父母对自己的投入而发生的冲突现象。20 世纪 70 年代以来的行为进化研究在很大程度上受到了汉密尔顿的广义适合度理论（Hamilton，1964）的根本影响，关于兄弟姐妹关系的工作同样如此。广义适合度理论所预言的是，演化出来的行为是符合不等式 $rb-c>0$ 的行为，即演化的结果是：这些行为成为常见的行为。对于人类来说，同父同母的非同卵双胞胎的兄弟姐妹之间遗传相关度 r 是 0.5。父母在照料、感情、财富等方面对子女的投入会影响子女的生存和繁衍。我们稍加琢磨应可看到，兄弟姐妹之间争夺亲代投资的竞争和冲突常常是符合汉密尔顿不等式的。我们相应地能够看到，在各个年龄段上，特别是在未成年阶段，都广泛存在着兄弟姐妹围绕父母的资源而展开的竞争和冲突。为人父母者在孩子尚小时常常对此感到困惑乃至恼怒，甚至按捺不住而体罚孩子。随着阅历的增长，敏感的人终将发现，兄弟姐妹之间的竞争和冲突乃是各个家庭里几乎普遍存在的现象。

跟女性比起来，男性更热衷于跟兄弟姐妹争抢父母的资源。事实上，在人类社会里普遍能发现，男性之间在子代数量上的差别较大，很多男性没有后代，同时却有很多男性子女众多（在很大程度上是因为男性可以通过多个配偶生育）。既然亲代投资对子女的生存和繁衍有着较大影响，能够争夺到较多的亲代投资的子女理应会留下更多后代。从繁衍上讲，是否能争夺到同样多的亲代投资对男性繁衍的影响要大于对女性繁衍的影响，换句话说，同样多的亲代投资会给男性带来更多收益，自然选择就会有利于男性跟兄弟姐妹争抢父母资源的行为，使之演化成较普遍的行为（Michalski and Euler，2007）。

在其极端形式上，兄弟姐妹之间的冲突可能表现为相互杀戮。按照广义适合度理论（Hamilton，1964），通常杀戮能为行为人带来很大繁衍上的收益的时候，才会发生这样的事。在中外历史上，都有一些为了争夺王位或皇位而发生对兄弟的残杀事件，例如秦二世杀其兄扶苏，唐太宗李世民杀其兄李建成、其弟李元吉。在现代社会，兄弟姐妹之间的杀戮事件仍偶有发生。西方学者的研究表明，兄弟姐妹之间的杀戮事件多发生在兄弟之间，大约占75%的比例。在西方社会做的多项研究都表明，在各类杀人案件中，发生在兄弟姐妹之间的案件还是很少见的，只占不到5%的比例。在家庭内部发生的杀人案件中，兄弟姐妹之间的杀戮也是很罕见的。按照澳大利亚的一个研究，在家庭内的杀人案中，发生在兄弟姐妹之间的是最少的，其比例不到配偶之间的杀人案的1/12（Pollet and Hoben，2011）。

由于兄弟姐妹之间的遗传相关度较高，在不存在严重的对于父母的投入的竞争的情况下，兄弟姐妹之间还是很容易进行合作的，即在照料、财产、感情等方面一方为另一方无偿付出，或双方相互帮助。兄弟姐妹之间的合作行为突出表现在哥哥、姐姐帮助父母照看弟弟、妹妹上。整个看来，随着年龄的增长，兄弟姐妹之间的冲突趋于减少。长大成人之后，兄弟姐妹之间的关系主要表现为合作关系（Pollet and

Hoben，2011）。笔者多次看到这样的新闻：姐姐要把一笔财产无偿送给弟弟，与丈夫发生严重争执，甚至到了闹离婚的地步。由于男性之间在子女数量上的差别较大，同样的一笔财产对于女性繁衍后代的促进作用常常应该是小于对男性的作用的。结合广义适合度理论（Hamilton，1964）的思路考虑，姐妹更愿意单方面为兄弟付出的行为倾向应当能演化出来而普遍存在。但笔者尚未见到能支持这一推理的较坚实的经验研究证据。

也有一些社会学家考察代际关系（包括祖孙关系）问题，他们看重结构因素（例如劳动力结构的变化）、社会制度（例如法律、政策上的变化）和文化价值观念（例如家庭责任观）对代际关系的影响（Coall and Hertwig，2010）。进化研究者通常不考虑结构、制度层面的影响。从进化的视角看，以文化价值观念解释个体行为属于直接的解释，与进化解释是互补的关系。

关于有差别的祖辈投资的研究是一项著名而且比较成熟的祖孙关系进化研究。按照在北美和欧洲做的一些研究，在控制了祖父母、外祖父母与孙辈之间的居住距离远近等因素后，通常都能发现，外祖母对幼年时的孙辈照料得最多，之后是外祖父和祖母，祖父对孙辈的照料最少；孙辈对外祖母在感情上最亲近，之后按从亲近到疏远的顺序依次是外祖父、祖母和祖父（Euler，2011）。可以从两个角度理解有差别的祖辈投资：父亲对自己的孩子是否为自己亲生不具有确定性；祖辈具有不同的繁衍策略。

外祖母对名义上的外孙是不是自己的亲外孙最具有确定性，因为她确定女儿是自己的亲女儿，她的女儿也能确定孩子是自己亲生的，即外祖母在两个环节上都具有确定性。外祖父不能完全确定女儿是不是亲女儿，祖母能确定儿子是自己亲生，但不能确定儿子的孩子是不是儿子的亲生子女，即在两个环节上，外祖父和祖母各自都只在一个环节上具有确定性。最不具有确定性的是祖父，因为他既不能完全确定儿子是否自己亲生，他的儿子也不能确定子女是否自己亲生，即祖父在两个环节上都不具有确定性。如果假设在某个社会里，名义上的子女是自己亲生的概率是0.95，可以算得，对于外祖母、外祖父、祖母和祖父来说，（外）

孙子（女）真正跟自己具有生物学关系的概率分别是 1.00、0.95、0.95 和 0.90（0.95^2）

从繁衍策略上讲，人们在自己的子女长大成人后，通常繁衍策略由自己生育子女转变为辅助自己的子女生育。外祖父和外祖母的繁衍策略主要表现为养育外孙，而祖父和祖母的繁衍策略除了养育孙子（女），也包括辅助儿子取得事业上的成功（女性具有偏好寻找社会经济地位较高的男性配偶）。例如，如果夫妻双方面临离婚的危险，外祖父和外祖母会依然如故地照料女儿的孩子，而祖父和祖母有可能把更多精力用于帮助儿子而不是照料孙子（女）上。不同的繁衍策略都是进化的产物。结合繁衍策略和父亲对孩子是否亲生不具有确定性两个因素，就能理解为何在照料孙辈的多寡上和孙辈与之的感情亲近程度上有着外祖母、外祖父、祖母和祖父这样的排序。

我国虽然与西方文化背景迥异，但似乎我们也感到外祖母最亲近。例如，《外婆的澎湖湾》这首著名歌曲以外婆为主角，表达了对外婆的深挚情感。笔者尚未见到正规中文专业期刊上发表过能大致复制西方同类研究结果的论文。笔者曾猜测，如果能有效控制住祖辈与孙辈在居住距离远近上的差别，在我国做的调查应该能得出跟西方同类调查相同的结果。事实上，笔者近年来带领学生对华中地区某高校学生的调查确实发现，在控制祖孙居住距离的情况下，总的说来，被调查者对祖辈投资的排序以及对祖辈的亲近程度的排序呈现出外婆＞外公＞奶奶＞爷爷的模式。与西方学者所做研究不一致的地方在于，中国的爷爷奶奶更喜欢向孙子而非孙女投入，外公外婆则无此种性别偏好。这说明某种文化因素也牵涉了进来，影响了祖辈投资。但文化因素也可从演化的角度做出解释。具体说来，东亚和南亚部分地区属于典型的季风气候区，夏季雨热同期，适合发展农业，因而在前工业社会时期人口密度较大；这也就很可能意味着演化史上较为频繁、激烈的人际竞争和冲突（争夺土地、水源等等），在此情况下，生下更多男性后代并更倾向于向男性后代投入是有利于个体和群体（家庭、家族、宗族等）的生存和繁衍的（Luo et al.，2024）。但笔者对文化的这种演化解释尚未得到较系统的经验证据检验。

本章小结

婚姻家庭问题是社会科学的重要研究主题。很多国人间接地受到早期人类学家摩尔根等人影响，认为人类的早年是一个乱伦的阶段。但在今天的进化研究者中，很少有人假设这样的一个阶段存在。

达尔文和韦斯特马克都曾推测，人类早年也实行一夫一妻制和一夫多妻制。而进化生物学家和进化人类学家等现代进化研究者中的主流看法似乎是，最早期的人类处于性乱交状态。这里说的性乱交并非指乱伦，而主要指个体在婚姻家庭之外比较随意地与异性发生性关系。但整个说来，由于人类早年的包括婚姻家庭在内的社会组织形式并没有留下很多实物证据，我们对早期人类社会组织形式的认识在很大程度上仍然是猜测性的，缺乏坚实的依据。

按照著名的韦斯特马克假说，如果双方在一起长期共同生活，只要其中一方（或双方）自幼年期就开始这种共同生活，双方在成年时通常都会对彼此的性关系产生厌恶感。人们普遍具有这种情感，是自然选择和演化的结果。由韦斯特马克假说容易解释，为何各种文化里都具有乱伦禁忌。从现代进化生物学的观点看，可以把韦斯特马克假说纳入亲属识别研究的框架。

美国著名进化生物学家亚历山大基于群体选择的观点解释了一夫一妻制的演化——一夫一妻制为群体成员提供了均等的生育机会，能减少群体内部冲突，促进群体团结、整合，帮助群体在群体间竞争和冲突中获胜，从而有利于群体的生存和繁衍。人类学家福图纳多等人则基于广义适合度理论的基因选择的视角对一夫一妻制的演化做了解释。这两种解释都讲得通，无法基于坚实的论据拒斥掉其中任何一种解释。

一些社会学者倾向于认为，西方人重视夫妻关系甚于亲子关系，而中国人传统上重视亲子关系甚于夫妻关系。但这个论点似乎并没有得到多少材料和数据支撑。在世界各地，婚姻关系都是一种具有潜在脆弱性的关系。可以基于进化论来解释跟夫妻关系有关的种种现象。

在所有已知的人类社会里，都是主要由母亲来承担照料子女的责任。亲子关系并非完全和谐的关系，亲子之间也会发生冲突。很多动物物种和人类里都有着兄弟姐妹为了争夺父母对自己的投入而发生的冲突现象。随着年龄的增长，兄弟姐妹之间的冲突趋于减少。长大成人之后，兄弟姐妹之间的关系主要表现为合作关系。可以基于现代进化论解释兄弟姐妹之间为何既普遍存在冲突，也普遍有着合作。

按照西方学者一些研究，在控制了祖辈与孙辈之间的居住距离远近等因素后，通常都能发现，祖辈投资的多寡和孙辈对祖辈的亲近程度排序为外祖母、外祖父、祖母、祖父。我们的经验研究表明，中国人的祖辈投资也大体上符合这一模式。可以从两个角度理解有差别的祖辈投资：父亲对自己的孩子是否为自己亲生不具有确定性；祖辈具有不同的繁衍策略。总的看来，在近些年的西方心理学、人类学和社会学等学科里，一些学者倡导基于进化论研究婚姻家庭问题，于是出现了进化家庭心理学、进化家庭人类学和进化家庭社会学这样的新名词。此外，也有一些学者基于遗传学和神经科学研究婚姻家庭问题。

第七章　人口、种族和民族

第一节　人口

在这些年的西方人口学界里，尽管生物人口学（biodemography）算不上很大的研究领域，但很可能是发展最快的研究领域。而在我国人文社科界，却几乎见不到它的影子。现代生物人口学有两位主要的倡导者，即凯里和沃培尔。从教育背景上看，凯里是一位生物学家，沃培尔是社会科学学者。按照凯里和沃培尔（Carey and Vaupel，2019）的说法，生物人口学有两个主要分支，即生物医学人口学（biomedical demography）或称流行病人口学（epidemography）和生物学人口学（biological demography）。生物医学人口学是人口学和流行病学的交叉。做生物医学人口学研究的人口学者关心的是疾病和伤残对人口的影响，做生物医学人口学研究的流行病学者则关心某一疾病的人口模式如何影响疾病的发生、预防和治疗。总之生物医学人口学关心健康问题，传统人口学者也很容易就能理解其概念和方法。生物学人口学像传统人口学那样研究生育、死亡和迁移问题，它是人口学和生物学的交叉，它广泛借鉴生物各分支的概念和理论，除了使用人口学传统上喜欢使用的数学和统计方法，也使用实验方法。对传统人口学者而言，生物学人口学的概念和方法常常像一个完全崭新的领域。我们这里更关心生物学人口学的发展。

生物学和人口学这两个学科的早期具有密切的联系。有关的最著名事件大概算得上达尔文和华莱士都是在受到人口学家马尔萨斯学说的启发之后而提出了自然选择学说的（鲍勒，1999：216-217；科恩，1998：367）。美国生物学家洛特卡（Alfred J. Lotka）和珀尔（Raymond Pearl）20 世纪 20 和 30 年代尝试把生物学和人口学结合起来，他们是现代生物学人口学的先驱。自此之后到 20 世纪 70 年代，鲜有学者沿着他们的足迹前进。20 世纪 70 年代初以来，一批生物学家和人口学家携起手来致力于生物学和人口学的结合，生物学人口学逐渐得以蓬勃发展。生物学人口学内部已经形成进化人口学、遗传人口学、古人口学（paleodemography）、生态生物人口学（ecological biodemography）、野生动植物的衰老等重要研究领域，最后两个研究领域主要研究非人的生命，前三个则主要涉及人类（Carey and Vaupel，2019）。

1. 生育的可遗传性

费雪算得上 20 世纪上半叶最优秀的进化生物学家。依据费雪自然选择基本定理（Fisher，1930），给定一定的环境条件并且不考虑基因突变，经过长期自然选择和演化的过程后，个体将近似普遍地具有那些跟环境配合良好、能促进繁衍的行为、生理等方面的性状，最终的结果将是遗传因素几乎不能解释个体之间在子女数量上的差别。一些研究（Murphy，1999；Rodgers et al.，2001）表明，在传统社会里就是这么一种情况，即遗传因素对子女数量差别的影响较小甚至为零。但是，如果环境条件发生了改变，某些性状可能在新的环境条件下变得更有利于促进繁衍，遗传因素就会在某种程度上导致个体之间子女数量的差别。众所周知，相对于传统社会，现代社会发生了一些重大变迁，包括新的避孕方法和技术的出现，审美观和婚恋观的变化，等等。

100 多年来的行为遗传学研究表明，在现代西方社会，父母的子女数量和子女的子女数量是相关联的，遗传在其中起到了一定的作用。遗传因素可能是通过对身体和心理、行为（例如健康程度、性情）的影响，进一步影响到子女数量。

对生育的行为遗传学研究可追溯至行为遗传学之父高尔顿的学生、数学家和统计学家皮尔逊 19 世纪末的工作（Murphy，1999）。为了控制住遗传以外的因素影响，皮尔逊等人区分出不同的群体，以便使群体内部具有同质性，群体之间具有异质性。在对不同群体的研究中，皮尔逊发现，父母的子女数量和子女的子女数量之间的相关系数最高达 0.2130，最低也有 0.0418。皮尔逊认为，身体和心理条件都可以遗传，父母和子女在子女数量上的相关关系应该由遗传来解释。皮尔逊设计的积矩相关系数至今仍是行为遗传学研究中衡量父母和子女的子女数量之间关系的基本指标。

在早期的重要工作中，费雪的研究（Fisher，1930：196-198）也值得一提。费雪发现，一个妇女的母亲每多一个子女，则可预期妇女的子女数将多0.21个；一个妇女的祖母每多一个子女，则妇女的子女数将多0.11个。依费雪的估计，生育的可遗传性的值大约为0.42，即个体之间子女数的方差可由遗传因素解释42%。

英国人口学家墨菲（Murphy，1999）回顾了19世纪末至20世纪末关于生育的行为遗传学研究。墨菲发现，对现代社会的一些研究所算得的可遗传性的值平均在0.20左右，但近来这个值有增大的趋势。21世纪初对丹麦1953—1959年间出生的双胞胎的研究（Rodgers et al.，2001）算得的可遗传性的值稍大于0.25。一项研究（Rodgers and Doughty，2000）考察了当代美国青年的生育行为。对于20—28岁的青年，可为每一年龄的人算得一个子女数量的可遗传性的值，该研究算得的这个值的中位数为0.33。该研究也发现，生育期望也受遗传因素影响，希望拥有较多子女的父母，其子女往往也想要拥有较多子女。一些研究也表明，遗传因素对子女数量的影响大于共享环境因素（主要指家庭背景）的影响。例如，一项对瑞典双胞胎的研究显示，遗传因素能解释24%的子女数量差别，而共享环境因素只能解释4%（Zietsch et al.，2014）。而对生育之外的众多行为的研究也普遍能够发现，家庭因素的效应小于基因起的作用，这被称作行为遗传学的三条法则之一（Turkheimer，2000）。

我们知道，行为遗传学研究有两大类别，即双生子研究和收养研究、分子遗传学研究。上面讲到的主要是双生子研究和收养研究。近年来，也有分子遗传学路径的研究肯定了生育的可遗传性。这项研究（Tropf，2015）使用了关于英国人和荷兰人的数据，比较了相互之间没有亲缘关系的六千余人的遗传信息和子女数量、首次生育时的年龄。该研究发现，子女数量和首次生育时的年龄的可遗传性值分别为0.10和0.15，即遗传因素分别可以解释10%和15%的个体差别。在该论文的七个作者中，至少有两个（第一作者和第三作者）是社会学者。社会科学学者总体上看来是不太信服行为遗传学研究的，而社会学者对行为遗传学研究的抵触又显得尤为著名。见到社会学者领衔一项遗传学研究真是让人惊喜。

既然生育受到遗传影响，西方学者的不少研究就相应发现，一个人的子女数量跟孙辈数量具有正相关关系；而在某一人口中，出身于较大家庭的人的子女在下一代人口中占据较大比例。例如，按照对丹麦人口的一项研究（Murphyand Knudsen，2002），不管个人的性别和出生排行如何，个人的子女数量都随兄弟姐妹数量的增加而稳定、单调地增加。在 1994 年末，1968—1969 年出生的人中只有 8.8%的人有至少四个兄弟姐妹，但他们的子女数却占该年龄组人口的子女总数的 15.1%；没有兄弟姐妹或只有一个兄弟姐妹的人的数量与有两个或更多兄弟姐妹的人的数量相当，但后者的子女数量比前者多 37%。这项研究的一个优点在于，它针对的是全国性人口，能够避免抽样调查带来的误差。既然兄弟姐妹较多者的子女倾向于在下一代人口中占据较大比例，遗传对生育的影响也理应在未来的世代持续下去，这种影响有助于一个社会保持一定的生育水平。当然，这里绝不是否认环境因素的作用。事实上，有理智的人都会看到，诸如城市化水平等社会环境因素对生育水平具有重大影响。

2. 进化人口学

进化人口学即进化生物学和人口学的交叉或者说进化论在人口学里的应用。其解释逻辑基于这个假定——个体的生理和行为总的说来是为自然选择所塑造的，以促进后代繁衍。它是进化生物学在人类社会研究领域里扩张的一个表现，它与其姊妹学科进化心理学、进化人类学、进化社会学等进化社会科学学科大致都是从 1970 年代开始逐渐兴起的。近些年来，在主要以人类为研究对象的生物学人口学中，进化人口学的发展势头可能是最好的。自 2010 年的耶鲁大学开始，欧美大学开始招聘人类进化人口学的终身轨（tenure-track）教师。2013 年，进化人口学学会在南丹麦大学成立，沃培尔任首任主席。近些年来，在人口科学研究国际联合会、美国人口学会、欧洲人口研究学会、英国人口研究学会等西方主要的人口学会的年会上，都为进化人口学专门设置了分论坛。

人口学经验研究通常是定量研究，使用严格的数据分析方法。就此而言，人口学是社会科学中较为接近自然科学的学科。但是，一些敏感的人口学家仍然意识到，虽然人口学具有方法学上的优点，然而它的另一大特征却在于缺乏一个真正的学科理论来统领经验研究，它甚至被看作“一门技艺而非一门科学”（Wunsch，1995；Tabutin，2007）。人口学家也一直从其他人文社科学科特别是经济学那里借用一些理论工具。而进化论是人口学家可以使用的另一理论框架，甚至可以说进化论应当充当人口学乃至整个社会科学的最一般的理论框架。把进化论引入人口学的基本理由等同于其他社会科学学科引入人口学的理由：既然人的身体和行为、心理都服从于演化的规律，人也是生命之一，那么进化论作为生物学的一般理论框架，当然可以充当研究人的行为、心理的人口学等社会科学学科的一般理论框架。

西方进化人口学起初关注死亡和衰老问题研究，后来也逐渐关注生育问题。关于进化人口学的发展概况和趋势，可参阅英国著名进化人口学家和人类学家希尔等人的论文（Sear，2015；Sear et al.，2016）。笔者认为，在进化人口学研究中，关于社会经济地位和生育之间关系的研究是很有意思的。

从达尔文演化论的视角看，如果假定喜欢自己的孩子并想要更多子女的心理、行为倾向可以遗传，那么可以想象：相较于没有这些倾向的个体而言，那些具有这些倾向的个体将会留下较多后代，而这些倾向也会随生育活动遗传到下一代；即使最初的人类群体中有很多个体不喜欢自己的孩子或不想要较多子女，但经过若干世代的自然选择演化之后，必然会出现绝大多数人类个体都喜欢孩子并在某种条件下想要较多孩子的现象。考虑到生命及人类演化史极为漫长而且个体之间存在着极其广泛的变异，这种结局差不多是不证自明的。地位是个体在社会层级中所处的位置，指示个体掌控资源、满足自己需要（包括生养子女）的能力。如果绝大多数个体都有那种喜欢孩子并在某种条件下想要更多子女的倾向，很难想象他们中地位较高的人不会将自己的地位优势转化为繁衍成功。倘若地位与生育成功之间的转化发生了，我们看到的应该是这样一幅画面：地位较高的人亲生子女也较多，而地位较低的人的子女也较少。

动物学研究表明，在大多数动物种群中，地位较高的动物子女也较多（Hopcroft，2006）。较具体说来，关于非灵长类动物种群，研究者通常能发现，地位较高的雄性动物有或更可能有更多子女；一部分研究表明对于雌性也是如此，数量相当的研究则表明，地位对雌性动物繁衍的促进作用在统计上不显著，这可能是由于在非灵长类动物里，通常雌性的地位和子女数量的分化都不太明显。关于灵长类动物种群，多数研究都表明，无论是对于雄性还是雌性，地位都能促进繁衍，即地位越高，则子女越多或更可能有更多子女，对于雄性尤为如此（Ellis，1995）。至于我们人类，国际学术界常常认为，人类社会的一般发展阶段按先后顺序是：狩猎采集社会—园艺社会—农业社会—工业社会—后工业社会。社会科学家和生物学家的很多经验研究都表明，在各种各样的前工业社会里，地位都促进生育成功，即地位较高的人子女也较多，对于男性尤为如此（Hopcroft，2006；Betzig，2012）。例如在我国古代，皇帝的地位最高，性伙伴也最多，因而与同时代人比较，最可能留下最多后代。宋徽宗有 65 个子女，是历朝历代皇帝中子女数量最多的，也可能是有史以来子女最多的中国人。

但是，前工业社会里地位与生育成功之间简单明了的关系在现代社会变得复杂化了。不少学者（Ellis，1995；Kaplan et al.，2002）都曾经指出，随着 19 世纪后期以来工业化在西方国家的推进，发生了人口转变，不仅各国妇女生育率降低了，而且地位较低的人也开始比地位较高者生育更多子女。不过，这些研究在考察地位与子女数量之间的关系时，只考虑某一家庭内的子女数量或者说某一妇女的子女数量。在各个年龄层次上，男性都比女性更可能发生婚外性行为，因此更可能留下非婚生子女。再者，男性也可通过再婚的方式生育较多子女。因此，如果分别考察男性子女数量和女性子女数量与地位之间的关系，也许就会得出不一样的结论。而近些年来的研究表明确实如此。在当代美国人口里，仅仅能发现男性把以收入衡量的地位转化为生育成功，即男性的经济地位越高，子女就越多；男性的教育和智力则与其生育成功之间呈微弱的负相关关系；当代美国人（不区分男女）的一般社会地位（根据收入、教育等指标综合衡量的社会地位）和生育成功之间没有关系或是负相关关系（Hopcroft，2006；Hopcroft and Martin，2014；Weeden et al.，2006）。英国人口呈现出与美国人口相似的模式——男性的经济地位与其子女数量之间是正相关关系，但对男性和女性来说，教育程度都与子女数量之间呈微弱的负相关关系（Nettle and Pollet，2008）。而在瑞典、挪威、芬兰等欧陆国家，男性的收入和教育都与其生育成功呈正相关，但女性地位与其生育成功之间没有关系或是负相关关系（Barthold et al.，2012；Fieder and Huber，2007）。

上面讲到，某些研究者认为，在现代社会里，地位反而阻碍生育成功。这些研究通常潜在地认为，在各个国家的总人口（population）内存在这样的规律。演化生物学家往往是以种群（population）为单位来考察生命现象的，在生物学里，一个种群指的是在一定时空内生活的同种有机体的集合，它们之间较为可能相互交配，例如某一地理区域内的猴子。而在现代社会里，往往很难说一国人口近似于一个生物学意义上的种群。与传统农业社会比较起来，现代社会的复杂劳动分工造就了多样化的社会群体或社会阶层，使得社会分层复杂化。由整个国家构成的社会，例如中国社会和美国社会，通常包括一些主要的社会群体或社会阶层（例如农民和体力劳动工人），这些社会群体或社会阶层之间存在着社会经济地位的分化。很多研究表明，人们倾向于与处于同一社会群体的人或具有相似地位的人通婚（Kalmijn，1998）。处于同一社会阶层的成员很可能在相似甚至相同的居住区生活。再者，人类的社会行为应该在很大程度上是在各个主要社会群体内发生的。整个看来，与由整个国家构成的社会比起来，社会内部的一个个主要的人类社会群体似乎更接近于生物学意义上的种群。于是，我们可以发现一些有趣的现象，例如，很可能一个哈佛教授比一个中产阶级的农民的孩子还要少，这些现象就像那些发生在同一物种内部不同动物种群之间的现象。很难想象，人类不服从于演化生物学规律，如果我们也以生活在某地的某主要社会群体或社会阶层（例如农民）为单位考察地位与生育行为之间的关系，我们预期，这些关系也将符合演化论的预测。在社会经济地位对子女数量影响这一问题上，我们应当会发现，社会经济地位较高的人有更多亲生子女，而社会经济地位较低的人则子女数量较少。事实上，我们的调查显示，在湖南和河南农民中，随着社会经济地位的提升，子女数量也在增加（详见下一节）。

进化论对于理解性别比问题也很有启发。一个有关的例子是著名的特里弗斯-威拉德理论（Trivers and Willard，1973）。按照这个理论，在有性繁殖的物种里，在某些假定条件成立的情况下，条件较好的母亲相对更可能生儿子，而条件较差的母亲相对更容易生女儿。在哺乳动物和人类里，通常该理论所要求的假定条件是成立的。近些年来，在不同文化的人口中，包括在湖南农民和河南农民（Luo et al.，2016；Luo et al.，2017）那里，都找到了支持该理论的证据。这是很有意思的。传统人口学通常只能看到某一总人口内的出生婴儿性别比，而进化的视角可以帮助我们看到人口内部性别比的分化，从而能更细致地认识现实。

在各个人类社会，在没有人为操纵（如溺杀女婴）的条件下，出生婴儿性别比是103—107∶100，每出生100名女婴对应着103—107名男婴，出生的男婴稍多。而100∶100的出生婴儿性别比更为对称，似乎也符合我们的直觉。但在人口学里，出生的男婴稍多的现象只是被看作一种自然发生的现象，缺乏对此现象的解释。尽管人口学家列出的影响出生婴儿性别比的因素有30多种，例如家庭规模、出生顺序、父母年龄、父母职业、所属种族、疾病情况、精神压力、战争（Hesketh and Zhu，2006），但这些因素主要被看作干扰自然出生婴儿性别比的因素，自然出生婴儿性别比本身仍然有待解释。人口学家考虑的这些因素通常也都属于直接原因，而不是最终原因，即进化上的原因。性分配（sex allocation）理论或性别比理论是进化生物学的传统研究领域。达尔文对此做了初步探索，后来费雪、汉密尔顿、特里弗斯等人都对此做出了重要贡献。进化生物学的发展有潜力解开人类出生婴儿性别比偏离于100∶100之谜。

3. 中国农民的生育行为和社会经济地位①

几十年以来，我们的社会里流传着“越穷越生，越生越穷”的说法，认为经济地位越低的人越喜欢生孩子，而生得越多越导致经济地位降低。如上一节所述，当我们着眼于在各地生活的如农民这样盛行内部通婚的群体时，应能发现，所谓“越穷越生”的说法，即越是贫困子女反而越多的说法，既偏离于生物演化论，也偏离于已有的经验研究。

至于所谓“越生越穷”或曰子女越多导致社会经济地位越低的说法，如果我们把目光专注于某主要社会群体或社会阶层，仅仅依靠常识就可判断，这是一个荒谬的命题。社会经济地位首先是一个相对的概念，即个人及其家庭的地位首先是相对某个群体而言的。一个北京或上海的大学教授有三个亲生子女，难道会因此导致他及其家庭的社会经济地位比只有一个子女的情况下降低吗？也许我们能发现，由于养育三个子女花费较多，他的家庭物质生活水平有所下降。但我们绝难想象，他及其家庭在北京或上海的社会经济地位就下降了。如果我们放宽视野，并假定社会经济地位很大程度上是在代与代之间转移的，我们倒是可以想象到，几十年以后，这个教授的三个子女都长大成人，一个也成为高校教师，一个做了公务员，一个经商发了财。显然，这时候他及其家庭的声望要比只有一个孩子的情况下提高了。而声望是衡量社会经济地位的一个重要维度。三个孩子也可能从经济上扶持父母，因此他及其家庭的经济地位也提升了。

同样的道理对农民亦然。即便能发现，有些农民子女数量较多，短期内物质生活水平下降，但长时段来看，子女数量多却能促进家庭社会经济地位抬升。例如，子女能够通过帮助父母经营家庭产业等方式来支持父母。也许有人会反对说，如果很穷的农民生育了很多孩子，难道不会导致他及其家庭的社会经济地位进一步下降吗？我们认为，基于前面所述理由，整个看来，社会经济地位较低的农民生育的子女也是较少的。通常情况下，除非一对地位较低的农民夫妇生育了很多孩子，比如十个，很难想象他们会因为多生育了一两个孩子导致社会经济地位进一

① 部分内容来自罗力群、高夏丽、赵巍等：《农民的社会经济地位与子女数量之间关系的实证研究》，《长安大学学报（社会科学版）》2018 年第 2 期。

步沉沦。这样一来，当我们把地位较高与地位较低的农民放在一起考察的时候，就会发现，对整个农民群体而言，子女数量较多对农民社会经济地位的提升具有促进作用。

笔者组织自己指导的硕士研究生于2015—2017年间在湖南邵东和河南沈丘农村做了调查，分别得到了关于1418个和1416个户主的数据。湖南邵东农民的平均子女数量是2.27，而河南沈丘农民的平均子女数量是2.50，前者显著低于后者（ANOVA，$p=0.000$）。两个县各自在2014年的人均GDP数字是3.08万元和2.14万元。如果以这两个数字分别指示所调查两县村庄的经济发展水平及村民的经济地位，似乎容易得出结论：以上数字恰恰印证了农民越穷越生的说法。

但是，如果我们把两县农民各自当作一个整体看待，就会发现，无论是在所调查的湖南农民中还是在河南农民中，都是社会经济地位较低的户主的平均子女数较少（图7-1和图7-2）。河南数据还能清楚地显示，随着社会经济地位提升，户主的平均子女数量也在逐步增加。不过，由于没有控制户主年龄等变量，这些关于子女数的粗糙数字很难让我们进一步可靠地推论家庭地位对子女数量有何重要的独立作用。

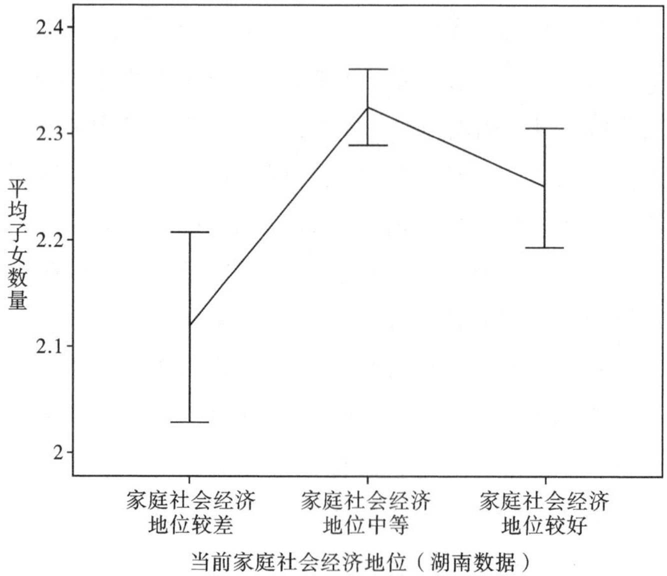

图7-1　在所调查的湖南农民中，不同家庭社会经济地位的户主对应的子女数量（显示平均数±1个标准误）

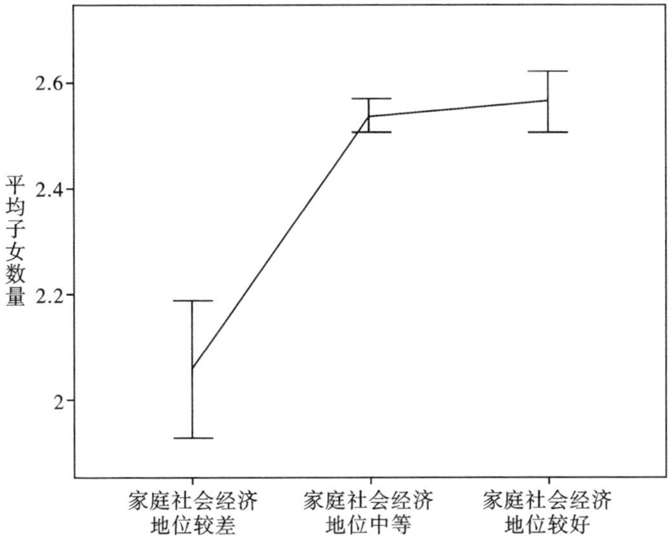

图 7-2　在所调查的河南农民中，不同家庭社会经济地位的户主对应的子女数量（显示平均数±1 个标准误）

Probit 回归分析结果清楚地表明，控制了户主性别、年龄等变量以后，无论是在湖南农民中还是在河南农民中，都能发现家庭地位对子女数量具有显著的促进作用，家庭地位越高，则子女数也越多（$p<0.001$，表 7-1 和表 7-2）。在两套数据中，户主性别与子女数量之间都呈负相关关系（$p<0.001$，$p<0.05$），女户主子女较多。这应该是由于女户主往往年龄较大[①]。确实，在两套数据中，方差分析结果都表明，女性户主的平均年龄显著高于男性户主（湖南男女户主平均年龄分别为 58.93 和 66.46，$p=0.000$；河南男女户主平均年龄分别为 57.34 和 63.11，$p=0.000$）。也正如我们事先预期的那样，户主年龄与子女数之间存在正相关关系（$p<0.001$），户主受教育年限和户主父亲的家庭成分与子女数量之间的关系都不显著。不过，在两套数据中，户主父亲的家庭成分与子女数量之间关系的方向是一致的，而且对应的概率值较小（分别为 0.319 和 0.485）。这似乎表明，户主父亲的家庭成分与户主子

① 通常情况下户主是男性，但在男性户主因为年老去世的情况下，其妻子很可能成为户主。这可能就是女户主年龄较大的主要原因。

女数量之间存在较微弱的关系，如果扩大样本容量，这一关系可能变得统计上显著①。

表 7-1　子女数量在自变量上的有序 Probit 回归（湖南数据）

自变量	系数	标准误	P
户主性别	－0.315	0.088	0.000
户主年龄	0.045	0.003	0.000
户主受教育年限	－0.007	0.013	0.606
当前家庭社会经济地位	0.228	0.048	0.000
户主父亲的家庭成分②	0.068	0.068	0.319

$N=1418$，Pseudo $R^2=0.097$

表 7-2　子女数量在自变量上的有序 Probit 回归（河南数据）

自变量	系数	标准误	P
户主性别	－0.232	0.096	0.016
户主年龄	0.047	0.003	0.000
户主受教育年限	0.005	0.014	0.749
当前家庭社会经济地位	0.336	0.056	0.000
户主父亲的家庭成分	0.029	0.042	0.485

$N=1416$，Pseudo $R^2=0.088$

我们实质上复制了佐藤宏和李实（佐藤宏、李实，2008）关于中国农民代际地位转移的研究结论，即 1950 年左右社会经济地位较高的人家，改革开放后其子弟也倾向于有着较高的家庭社会经济地位。这个结

① 子女数量是一个计数变量。当因变量是计数变量时，研究者常常推荐使用泊松回归。使用泊松回归有一个重要的假定条件：事件相互独立。在生育问题上，农民是否生育了一个子女可能会影响他/她后续的生育行为，即这里应用泊松回归可能违反其假定条件。而事实上，如果把同样的因变量和自变量带入泊松回归，会得到与应用 Probit 回归实质上一致的结果。这里不再报告应用泊松回归的具体统计分析结果。

② 这里的“家庭成分”指的是 20 世纪中叶党和政府赋予农民的阶级身份。具体说来，20 世纪 40 年代末到 50 年代初的土地改革运动中，每一户农民家庭都根据其家庭经济状况被划入以下 7 个等级之一：地主、富农、上中农、中中农、下中农、贫农和雇农。在土改之前，地主和富农在中国农村处于社会政治和经济等级的最高层，中农处于中间层级，而贫、雇农则处于乡土社会的底层。

论是根本不足为奇的。首先，众多研究（例如 Lin and Bian，1991）表明，社会经济地位在某种程度上的代际转移无论是在发达国家还是在发展中国家都属正常现象。其次，匈牙利也发生过相似的地位代际转移现象。与我国相似，匈牙利 1949 年建立了社会主义国家，20 世纪 50 年代推行了农业集体化。20 世纪 60 年代后匈牙利进行了市场化改革，而 20 世纪 80 年代早期匈牙利新兴的农民企业家阶层主要是 1949 年前家境中等或富裕的农民家庭子弟（Szelényi，1988）。

如果所谓农民“越穷越生”的说法是正确的，我们理应发现，家庭社会经济地位越高，则子女数量越少。我们发现，经济发展水平较低的河南沈丘农民的子女数量多于湖南邵东农民。这似乎支持农民越穷越生的说法。但是，如果我们像进化生物学家那样从“种群”的层面考察，把两地农民当作两个整体，我们自然就发现，正如演化论所预测的那样，在两个群体或两个“生活世界”内部并不存在所谓“越穷越生”的规律，我们的数据倒是呈现出相反的规律。

也许有的读者会抱怨说，有可能在我们调查的两个地方，由于某种或某些未知原因，恰巧不少社会经济地位较高的人家第一胎或前几胎是女儿，在男孩偏好的影响下，他们继续生育，从而导致家境较好的人家子女较多；简言之，家境好的人家子女较多是男孩偏好的结果，而不是家境好的结果。按照这种推理，家境较好人家的子女性别比应该较低。但事实上，我们的数据显示，随着家庭社会经济地位提高，子女性别比也提高了（Luo et al.，2016；Luo et al.，2017）。

在国内学者所做的经验研究中，慈勤英和宁雯雯（2013）可能与本研究相对较有可比性。与本研究相似，慈勤英和宁雯雯（2013）也以单个区域——湖北宜昌西陵区的 10 个城市社区和夷陵区的 5 个村庄为分析对象。她们发现，无论是在城市还是在农村，子女数量与老年人的经济收入、生活自理能力、精神慰藉和生活满意度都不具有统计显著的关系。石智雷（2015）则发现，在湖北农村，儿子数量与女儿数量都与 49 岁以上农民的健康状况、经济水平和生活环境具有统计显著的负相关关系。而我们发现，即便把回归分析的对象限制为 49 岁以上的农民户主，并且也像石智雷（2015）那样在回归分析中使用儿子数量和女儿数量作为自变量，而不使用子女数量作为自变量，最后儿子数量和女儿数量与家庭社会经济地位之间的关系仍然与我们上面已报告的子女数量与家庭地位之间关系相一致（这里不再报告具体的统计分析结果）。慈勤英和宁雯雯（2013）及石智雷（2015）都主要依赖各个被访者的自我评估来获取信息，而我们主要依靠熟悉当地情况的第三方来获取信息。这可能是本研究的一个区别之所在。我们在初步调查中发现，当我们要求被调查者报告自己家庭状况时，他们有时有意无意地不提供关于自身的真实信息。例如，对自我期望较高或不愿露富的人即便家境很好，也可能告诉我们，他的家庭状况一般或很差。

但调查方式上的上述区别似乎也不足以说明现有研究之间的可能冲突。郭志刚和周恺悌（1996）使用关于中国老年人的大规模抽样数据进行分析，发现一个老年人的子女越多，那么子女对他/她的经济支持就越多。如果子女的经济支持能衡量老年人的经济情况，显然郭志刚和周恺悌（1996）的研究结论与慈勤英和宁雯雯（2013）及石智雷（2015）是不太一致的。此外穆峥和谢宇（2014）使用关于中国家庭的大规模抽样数据发现，子女数量越多，则父母的主观幸福感越强。如果主观幸福感能衡量经济收入、精神慰藉、生活满意度和生活环境等方面的状况，那么穆峥和谢宇的结论恐怕也就偏离于那种认为子女数量具有显著负面作用或没有什么显著作用的结论。而这些作者使用的数据都主要来自被调查者的自我报告。

从认识论层面看，观察中总是渗透着某种一般性的理论或思想，不可能存在所谓纯粹客观的观察。对于许多科学家和科学哲学家而言，这差不多是自明之理了。伟大的物理学家爱因斯坦径直讲："你能否观察到什么东西取决于你采用的理论。"（波兰尼，2006）如果在中国各地农村，农民的子女数量和社会经济地位通常不具有我们前述的相互促进的关系，如果我们在某地农村发现这种关系的概率较小（0.1），那么，我们在两个地方都发现这种关系的概率必定更小（0.01）。而我们真的在经济发展水平和文化背景迥异的湘豫两地农村都发现了这种关系。费孝通（2001）在20世纪30年代就发现，苏南的开弦弓村流行杀婴以避免贫困的控制人口的习俗，但"一些有着较大产业的家庭就不受限制地有更多的子女”。各地农民并非越穷越生本来属于常识。而演化论的视角是能帮助我们破除意识形态偏见的蒙蔽而重新发现这个常识的。

4. 我国的人口问题和生育控制政策

静态地看待人口问题，可以看到人口的数量、质量、结构等基本方面。长期以来，我国的人口数量似乎受到了最多的关注。

自秦汉至改革开放初期，我国人口数量一直保持在世界总人口的20%—35%左右。很多人认为，中国人口数量众多，主要是由于国人受多子多福的传统观念影响，特别喜欢生孩子。对人类行为的演化研究表明，不同文化的人们通常具有相似的人性即某些基本的心理、行为倾向。希望在一定生活条件下拥有更多孩子，这应是进化史上形成的普遍人性。从来没有行为遗传学等方面的研究证实，与别的民族比较，中国人尤为具有多生孩子的偏好。

我们放宽历史的视野就能发现，所谓中国人特别喜欢生孩子的说法是很荒谬的。按照西方人口学家的研究，在1800年以前，中国妇女和日本妇女的已婚生育率反而明显低于欧洲地区（李中清、王丰，2000：127）。长期以来中国人口众多的主要原因，应在于我国独特的地理环境、气候。我国地域辽阔，东临大海，北面是寒冷的荒漠，西面和南面是高山，地理环境相对封闭，从历史上看，有利于避免欧洲、阿拉伯和波斯等早期文明的冲击、侵略，有利于中华文明在一片广袤区域内的独立发展和中华民族的繁衍。从气候上看，我国多数地区属于季风性气候，夏季高温多雨，雨热同期，有利于农作物的生长和农业（种植业）的发展。而农业地区单位面积能承载的人口远远大于西欧等较适于畜牧业的地区。因此，气候条件也能解释为何我国人口众多。

我国人口质量也较好，主要表现为中华民族勤奋、聪明。根据很多西方心理学家的测量，包括我国在内的东亚人口的智商水平是世界上最高的（Rushton and Jensen，2005）。首先，我国多数地区处于温带，与热带地区不同，我国居民必须努力劳动才能维持基本生存条件，这就一方面促成了勤劳的民族习惯，另一方面在与自然界作斗争的过程中，也磨炼出了聪明才智。其次，我国历史上频繁发生水、旱、地震等自然灾害及各种战争，而从自然灾害和战争中幸存下来的人口有可能较为聪明、勤奋、勇敢。

没有一定数量和质量的人口，就谈不上文明进步和经济社会发展。中华民族人口数量多，聪明、勤奋，长期以来是我国的一个巨大优势。这本是一个再简单不过的道理。例如，两个民族其他条件相当，一个民族人口较多，另一个民族人口较少，则人口较多的民族更可能产生更多、更好的思想、想法，更可能推动科学技术和文明的进步。再如，沙俄能侵占我国东北黑龙江以北及乌苏里江以东约 100 万平方公里的土地，一大原因在于当地中国人数量较少，易遭驱逐、屠杀；若今天的黑龙江、吉林一带当时人口也很稀少，恐怕今天也不在我国疆域之内了；进一步推知，若中华民族历史上也是一个弱小民族，恐早已为异族同化或屠杀，今天也不会有华夏了。中华文明一脉相承，历史上虽多次遭到外敌入侵，却历久弥新，这在很大程度上应归功于主体民族庞大的人口数量和优秀的人口素质。我国改革开放时期能取得经济、社会的迅速发展，其中一个重要因素也在于我国的人口基础。

生育控制政策以控制人口数量为首位目标，其最重要的理论基础是适度人口理论，即认为我国人口数量过多，与自然资源不相匹配，不利于经济社会的长期发展。也许这个理论本身不是错误的。我们总能想象到，一个国家和地区的某种人口数量不利于社会经济发展，因而不是适度人口，比如人口密度达到 1 人/平方米。但没有坚实的依据表明，我国现有的人口密度不适宜于社会经济发展。此外，这个理论的局限性在于，它不能辅助我们确定一个明确的适度人口数字或较狭窄的适度人口数字所处区间。从历史上看，基于这个理论的预言都破产了。约 200 年以前，英国人口学家马尔萨斯在世界人口只有大约 10 亿的情况下，就感叹世界人口数量太多，自然资源不够用；1972 年著名的罗马俱乐部也认为全球人口数量超过了自然的承载能力，并预言石油、金、银、铜等主要资源、能源在 21 世纪初期之前就会被消耗殆尽。而这些悲观的预言无一例外，全部破产了。

正是因为片面采信了适度人口理论，并结合其他较为主观的依据推断我国人口大大超过了适度人口，我们才自 20 世纪 70 年代初开始一步步踏上生育控制之路。生育控制政策的实质是幻想可以用严密计划的手段解决或减轻所谓的人口数量问题。计划经济和计划生育的基本相似性正在于都认为可以通过对经济生产或人口生产的统一计划、管理，实现更好的目标。计划经济体制已因不能解决信息和激励问题而弊端丛生，最终为市场经济体制所取代。计划生育同样面临信息问题。

长期以来流传着20世纪70年代以来的计划生育使我国少生了四亿多人的说法。而严谨的人口学研究表明，此说法完全没有坚实的依据，计划生育对减少人口数量的作用被大大夸大了（Wang et al.，2013）。人口是我们的财富，人口的减少无论如何都算不得好事。生育控制政策很可能也降低了人口质量。在自主生育的条件下，更加健康、勤奋、聪明的人会生育、养育更多的子女，从而能保证在总人口中，健康、聪明、勤奋的人能趋于占更大比例。但在生育控制政策下，所有的人都必须按照几条政策规定，不管健康、聪明、勤奋的程度如何，只能生育同样多的子女。这就逆转了自主生育情况下的那种趋势。生育控制政策也扭曲了人口结构，主要表现为加快了人口老龄化的进程和出生婴儿性别比的失衡。

美国两面濒临大洋，只有两个陆上邻国，尚有大量非法移民移入，而我国有14个陆上邻国，一旦经济发展起来，同时政治气氛趋于宽松，将更难阻止大批非法海外移民迁入。这不仅意味着中华民族控制生育为异民族腾出空间，将来如何处置移民问题也将构成国际关系、国家安全和稳定上的一大问题。从经济增长上看，人的劳动是生产四要素之一，同等条件下劳动力越多，则经济增长越快、经济规模越大，但我国劳动人口已经多年连续下降，将来也将呈加速下降趋势。反过来看，我国当前正处于深化改革和调整经济结构的关键时期，劳动人口下降对维持较高的经济增长速度构成了严峻挑战，若果断实行自主生育，则不仅能为未来的经济增长提供更多劳动力，还能在短期通过新增婴幼儿的消费拉动内需，促进经济增长。由于性别比失衡，未来20年里，适婚男性将比适婚女性多数千万；生育政策实施的过程中很多人家破人亡，干群关系严重恶化，这些都是对社会稳定的威胁。科学技术归根结底表现为种种思想、想法，在相同条件下人口越多，产生这些思想、想法的可能性就越大，也就越可能促进科技进步；从科学技术史看，自由宽松的环境是科技进步的重要条件，我国在此方面可能不如某些西方国家，但我国一大优势在于人口较多、质量较好，而生育控制政策却又削弱了这一优势。

近年来，党和政府在不断调整计划生育政策。2021年，我国正式推出三孩政策，允许一对夫妻生育三个孩子。当前对家庭生育数量的限制已经近乎名存实亡。越来越多的人意识到，我国更重要的人口问题是总和生育率过低（远远低于2.1—2.2的世代更替水平）而非人口过多。相应地，很多机构都在摸索鼓励生育的政策，但效果却不甚明显。此中一大原因，或在较高的常住人口城市化水平（目前已接近70%），而城市居民尤其是大城市居民的繁衍策略似乎更近似于生命世界里的K策略，个体倾向于少生；农村居民的繁衍策略似乎更近于R策略，个体倾向于多生。关于R和K两种繁衍策略，可参阅尚玉昌相关著述（2018：114-116）。要切实提高生育率水平，很可能还是要依靠城市化政策的调整：把某些国家机关、优秀的企事业单位（如员工待遇好的企业，好的学校和医院）向中小城市甚至小城镇布局，引导城市居民向这些地方迁移。

第二节　种族和民族

1. 种族和民族的遗传学基础

15世纪以后，随着西方世界的扩张，西方人发现了很多在体质、文化等方面跟自己迥异的人群，自然有了对人类进行分类的想法，现代种族概念应运而生并流行起来。划分种族的主要依据是肤色、鼻子和头的形状、身材等体质特征。常见的种族或人种划分方法把人类分为三大种族，即高加索人种（白色人种）、蒙古人种（黄色人种）、尼格罗人种（黑色人种）。也有人认为，还有第四大人种，即主要包括大洋洲、东南亚、南亚地区的一些原住民族群的澳大利亚人种（棕色人种）。

在20世纪60年代之前，西方学术界和社会各界通常能接受肯定人类不同群体之间存在体质和生物学差异的种族概念。但自此之后，种族概念具有生物学基础的思想逐渐受到攻击。很多社会科学学者和生物学者认为，种族不过是社会建构的概念而已，并无生物学基础。1998 年美国人类学会甚至专门发表声明，宣称种族这个概念是人为发明出来的，目的在于把社会不平等固定化。2004 年美国社会学学会也公开发表声明，宣称种族概念是社会建构的产物。有的生物学家也认为，所谓种族差别实际上是很小的，种族分类没有遗传学上的意义或基础（Molnar，1983；Wade，2006：182-192）。

所谓种族是社会建构的产物的观点并非一无是处。这是因为，不同社会乃至于同一社会在不同历史时期划分种族的方法都可能不一样。美国人的种族认同长期以来深受"一滴血"原则影响。由于存在黑白混血现象，很多白人视白人为高等人种，不愿意被黑人血统玷污，在 19 世纪之前的美国南方，就流行着不成文的"一滴血"原则。只要有一丁点黑人血统，就会被看作黑人，并将继续做奴隶。到了 19 世纪后期，美国南方各州甚至以立法的形式肯定了"一滴血"原则，直至 20 世纪后期这一原则才在法律层面废除。近几十年来，美国社会的种族观念变得比以前更为开明了，一些有黑人血统的人可能把自己视为白人、双种族人或多种族人。但"一滴血"原则在美国社会仍然有着较大影响，很多带有黑人血统的人受到他人的看法影响，仍然把自己看作黑人（Khanna，2010）。巴西通常被看作多种族国家，其国民主观认知到的种族类别可能多达十余种。按照巴西学者的一项研究（Santos et al.，2009），被访谈的年龄在 13—21 岁的巴西学生认识到的种族或肤色有 18 种之多，被访者提到白色种族（42.4%）、褐色种族（32.2%）和黑色种族（11.8%）的频率最高。而中国人似乎通常接受国际社会常见的种族分为三四种（黄、白、黑、棕）的分类方法。

虽然几十年以来，很多西方学者坚持种族和民族没有生物学基础的看法，但持续有一些遗传学、医学研究得出了不同的结论。一项研究（Wilson et al.，2001）比较了六个负责指导药物代谢酶的合成的基因在世界不同区域的八个人口中的分布频率。按照研究者的聚类分析结果，这八个人口在遗传上可以归入四类：非洲人（南非班图人、埃塞俄比亚人、生活在伦敦的加勒比海人）、高加索人（阿什肯纳兹犹太人、亚美尼亚人[①]、挪威人)、亚洲人(四川人)、太平洋岛民(巴布亚新几内亚人)。这四类分别对应于通常所谓黑人、白人、黄种人和棕色人种。研究者没有进一步区分四类人内部各群体的差别，这应当是由于种族之间在六个基因频率上的差别要大于种族内部的差别。

通常认为，体内缺乏维生素 D 会导致骨骼系统疾病。跟白人比起来，美国黑人体内维生素 D 水平较低，常常被医生诊断为维生素 D 缺乏。但是，黑人的骨密度却较高，发生骨折的可能性也较低。有研究者认为，黑人体内维生素 D 水平较低同时却不易骨折，这可能是由于遗传因素(Powe et al.，2013)。

从遗传学的观点看，如果在演化史上人类始终随机婚配，将无法从遗传上把人类分为若干个群体，因为所有个人携带某一基因的概率都将是一样的。从历史上看，影响人类遗传分化的最大力量应当是地理因素。漫长的地理距离和巨大的地理障碍(高山、沙漠和海洋等)严重阻碍着人类的交流、互动，导致人们在一定地理区域的内部通婚。因此一些遗传学研究就能发现，主要分布在几个大陆上的几大种族群体之间具有明显的遗传差别。按照近年来某些遗传学家的看法，存在着五个相互之间具有明显遗传分化的种族：非洲人、高加索人、太平洋岛民、东亚人和美洲原住民。在各大陆内部又由于地理和社会文化上的原因各人类群体内部流行内部通婚，这又导致不同民族或族群之间的遗传分化。通常民族或族群之间遗传分化的程度小于种族之间分化的程度。当然，一些遗传学研究同时也发现，各种族或民族内部也有着明显的遗传分化(Risch et al.，2002；Burchard et al.，2003)。

四位美国学者(一位是关于公共健康的史学家和伦理学家，一位是社会学家，两位遗传学家)曾在著名的《科学》杂志发文(Yudell et al.，2016)，他们认为，在遗传学研究中使用种族概念是成问题的，甚至是有害的，倡导在遗传学研究中扔掉种族概念。他们主要基于两个理由：第一，虽然存在地理上的限制，但人类各群体之间仍然相互通婚，

---

① 阿什肯纳兹犹太人是欧系犹太人，亚美尼亚人是主要分布于欧洲高加索山脉以南部分地区的一个民族。

所谓不同种族之间并没有截然分明的遗传界限。例如，由于遗传上的原因，主要生活于大陆 α 的被归于某一种族 A 的某群体有 50％的人患有某疾病，而主要居于另一大陆 β 的另一种族 B 的人只有 10％的人患有此疾病。随着居住区域从 α 向 β 的过渡，当地人口中患有该疾病的频率逐渐下降。笔者相信，坚持种族之间有遗传差异的学者也会赞成这类看法，而这类看法丝毫不能改变不同种族之间遗传分化的事实。第二，在遗传学研究中使用种族概念的研究可能被公众误读而带来煽动种族主义信仰等有害的后果。确实存在着这种可能。在西方社会特别是美国社会，长期存在着种族之间的对立和冲突。关于种族的科学研究往往肯定种族间差别，公众有可能过分简单地理解研究结论，认为种族间的差别是绝对的，泾渭分明的，从而不利于种族间关系的和谐。

担心危害种族关系可能是西方学者特别是美国学者拒斥种族概念的重要原因。而我们能发现，在很少存在种族矛盾的国家里，拒斥种族概念的学者就少多了。一项调查表明，高达 76％的美国生物人类学家不主张使用种族概念，而只有 25％的波兰生物人类学家持有这样的态度。我国的生物人类学专业期刊《人类学报》1982 年至 2001 年曾发表了 324 篇关于人类变异的文章，所有文章都使用了种族概念（Sanderson，2014：318）。

关于民族问题，为了避免混淆，并方便读者把本书与探讨民族/族群问题的中外文文献相对照，这里对“民族”和“族群”这两个词汇做简单辨析。在汉语里，民族一词有两个常用的含义，其一指一国国民，其二指一国内与其他某些群体比较，成员之间在文化、遗传等方面具有较密切关系的群体。因此，依据上下文，中文文献里的“民族”一词既可译为 nation，也可译为 ethnic group。本书所说的“民族”“族群”这两个词都取第二种含义。如无特殊说明，笔者假定这两个词都对应英文里的 ethnic group 或 ethnicity；换句话说，按本文的用法，ethnic group 或 ethnicity 既可译为“民族”，也可译为“族群”。

上文已经提及，由于地理和社会文化上的原因，一些群体多多少少盛行内部通婚，长期下去就会造成民族或族群之间的遗传分化。遗传学家卡瓦利—斯福扎（Luigi Luca Cavalli-Sforza）等人 1994 年出版了《人类基因的历史和地理》（*The History and Geography of Human Genes*）一书，描述了世界各地42个相当于民族的人口之间的遗传关系。下表呈现了其中11个民族之间的遗传关系。表中的数字越小，表明两个民族之间的遗传距离越近；数字越大，表明遗传距离越远（Sanderson，2014：332-333）。

表7-3 11个人口之间的遗传关系

人口	较近的遗传关系	中等的遗传关系	较远的遗传关系
非洲班图人	非洲桑人（San，94）、尼罗-撒哈拉人（Nilo-Saharan，118）	巴斯克人（Basques，1474）、希腊人（1479）	新几内亚人（3372）、美拉尼西亚人（3375）
伊朗人	希腊人（70）、印度人（154）	印度尼西亚人（1246）、孟-高棉语民族（Mon Khmer，1282）	班图人（2241）
日本人	韩国人（137）、蒙古人（218）	英国人（1244）、东非人（1345）	班图人（2361）
韩国人	日本人（137）、蒙古人（170）	菲律宾人（1218）	班图人（2668）
泰国人	孟-高棉语民族（99）、中国南方人（105）	土耳其北方人（1225）、因纽特人（1417）	班图人（3364）
中国南方人	泰国人（105）、孟-高棉语民族（254）	丹麦人（1306）、新几内亚人（1503）	班图人（2963）
丹麦人	英国人（21）、意大利人（72）	北美印第安人（948）	班图人（1708）
英国人	丹麦人（21）、意大利人（51）	孟-高棉语民族（1100）	班图人（2288）
意大利人	伊朗人（133）、巴斯克人（141）	因纽特人（1135）、日本人（1145）	班图人（2292）
中美洲印第安人	南美印第安人（159）、北美印第安人（291）	波利尼西亚人（1313）、菲律宾人（1527）	尼罗-撒哈拉人（2701）
波利尼西亚人	中国南方人（508）	非洲桑人（1940）	班图人（2649）

2. 种族、民族间的智力差别

2019 年 1 月，90 岁的诺贝尔生理学/医学奖得主、有“DNA 之父”之称的著名生物学家沃森（James Watson）被冷泉港实验室以公开发表没有科学依据的种族主义言论的名义，剥夺了包括荣誉教授在内的所有荣誉头衔或职位，此事在世界各地引起了轩然大波。冷泉港实验室位于美国纽约州长岛，是举世闻名的生物学研究机构。事情的起因是，沃森在美国公共广播公司播送的纪录片《美国大师：解码沃森》里讲，黑人的平均智商低于白人，原因主要在于遗传。智商问题是社会大众及知识界较为关心的热门话题。在涉及族群、民族、种族之间的差别的时候，智商又是一个极为敏感，很容易给当事人带来麻烦的问题。社会学家在学术著作里更为关心社会环境、社会结构等因素对人类的影响，而很少谈及智商。而如果社会学家谈论智商的话，通常是用社会环境因素来解释人类群体和个人之间智商上的差别。下面对与社会学传统迥异的关于智商的行为遗传学研究多说几句，似乎不无益处。

在行为遗传学文献里，有时也用一般认知能力（general cognitive abilities）或一般心智能力（general mental abilities）代指智力，它是语言能力、空间能力、记忆力和信息处理速度等具体的认知能力的总和。在 20 世纪初之后心理学里的智力测试方法初步成熟的基础上，行为遗传学家逐渐就智力问题做出了一些突破性的双生子研究和收养研究。今天，在既包括遗传学家也包括非遗传学家的科学工作者中，遗传和后天环境对人的一般认知能力具有实质性影响的观点在很大程度上已经成为共识了，尽管大众传媒经常对此持有异议。

现在回到给沃森惹来麻烦的观点上来，即黑人平均智商低于白人主要是由于遗传。根据笔者的阅历，人们对这一类观点主要有以下疑虑：其一，通过心理学的智力测试能否稳定、有效地测量一般认知能力即智力？其二，是否真的存在智力上的种族和民族差别，例如黑人和白人之间的差别？其三，如果存在智力上的种族和民族差别，这一差别是遗传因素导致的吗？

20 世纪 90 年代中期一批智力及相关领域的西方学者的公开声明覆盖上述问题。1994 年 12 月 13 日，52 名西方学者在著名的《华尔街日报》发表了一篇名为《主流科学对智力的看法》的联合声明，声明由著名智力研究专家戈特弗里德森（Linda S. Gottfredson）起草①。戈特弗里德森获得了社会学博士学位后长期在社会学系任教，其后转入教育学系执教，直至荣休。1997 年，这个声明（Gottfredson，1997）又在国际智力研究会的机关刊物《智力》杂志②上发表。在这 52 位大学教授中，只有少数几位在英国或加拿大工作，其他都在美国任教。他们的职业身份多为心理学家或行为遗传学家，也有几位教育背景或职业身份在其他学科的学者，例如曾提出现在在人文社会科学界广为人知的“公地悲剧”概念的生态学家哈丁（Garrett J. Hardin）以及社会学家戈登（Robert A. Gordon）和人类学家萨里奇（Vincent M. Sarich）。在这些学者中，有些学者也在智力研究之外的领域具有很高的学术声誉，也有多位学者曾经担任美国心理学会、心理科学学会、行为遗传学学会主席③。

按照联合声明的看法：其一，智力测试能很好地测量一般心智能力即智力，是所有心理学测试和评估中最有信度和效度的测试之一。对于美国人来说，不管种族和社会阶级如何，智商测试都能同样准确地测出智商高低。不懂英语者可以参加非语言智力测试，或使用母语测试。其二，确实存在智商上的种族/民族/族群差别，犹太人和东亚人平均智商稍高于白人，白人智商高于拉美裔人（Hispanics），拉美裔人又高于黑人。对于具有相同社会经济背景的人而言，尽管智商上的种族/民族/族

① 《华尔街日报》（*The Wall Street Journal*）创办于 1989 年，是一家侧重于财经报道的报纸，现发行量接近 250 万份，是美国发行量最大的报纸之一。

② 国际智力研究会（International Society for Intelligence Research）由美国心理学家德特尔曼（Douglas K. Detterman）于 2000 年创办。德特尔曼也在上述声明中签了名。戈特弗里德森也曾任该研究会主席。有些西方大众传媒和学者曾批评国际智力研究会及《智力》（*Intelligence*）杂志编委会的某些成员持有右翼甚至极右翼的政治立场，而这也正反映了在智力研究领域上的某种争议性。

③ 美国心理学会（American Psychological Association，APA）成立于 1892 年，是世界上最大的心理学专业组织。心理科学学会（Association for Psychological Science，APS）由一批美国心理学家于 1988 年成立。他们认为美国心理学会科学取向不足，因而建立心理科学学会与之分庭抗礼。行为遗传学学会（Behavior Genetics Association，BGA）成立于 1970 年，是主要的国际性行为遗传学专业学会。

群差别变小了，但仍然存在实质性差别。例如，富裕家庭出身的黑人学生，其平均智商高于贫穷家庭出身的黑人学生，但并不比贫穷家庭出身的白人学生高。其三，对于智商上的种族/民族/族群差别存在原因并无明确答案，大多数智力研究者认为，环境是重要因素，但遗传也可能发挥作用。

美国心理学会推出的一个研究报告表明，以上三点看法似乎在整个美国心理学界都具有广泛的代表性。1994 年秋，美国心理学家赫恩斯坦（Richard J. Herrnstein）和政治学家穆瑞（Charles Murray）联手出版了《钟形曲线：智力和美国人生活中的阶级结构》（*The Bell Curve*）一书，该书关于智力问题的一些观点在大众传媒和某些学科学者那里都引起了很大争议。紧接着美国心理学会就任命了一个 11 人的专家小组（其中三人也在上述联合声明中签了名），希望为大众提供一份关于智力问题的“权威报告”。专家小组于 1995 年发布了研究报告，该报告（Nessier et al.，1996）又于 1996 年 2 月发表于美国心理学会旗下负有盛名的刊物《美国心理学家》（*American Psychologist*）上。该报告同样认可以上三点看法的实质内容，即智商测试可靠、有效，存在智商上的群体差别，群体智商差别的原因尚无明确答案。

可以看到，上述联合声明和研究报告对于种族/族群间智商差别是否有遗传上的原因，并没有给出肯定、明确的答案。这似乎说明，智力研究学者对此存在意见分歧，或者有些学者即使认定种族/族群间智商差别有遗传上的来源，也迫于外界压力和“政治正确”上的考虑而不愿发声①。西方学者做的两个收养研究似乎与群体智商差别问题的联系较为密切。斯卡尔等人（Scarr and Weinberg，1976；Weinberg et al.，1992）研究了被家境中等或中上等的白人家庭收养的黑人儿童和白人儿童及白人家庭自己的子女，分两次分别测量了这些儿童在 7 岁和 17 岁时的智商。他们发现，被白人家庭收养的黑人儿童的智商高于黑人平均

---

① 美国心理学会的研究报告（Nessier et al.，1996）的有关结论有点意思——在白人内部，遗传因素能解释大约 75％的内部差别；黑人和白人智商差距并非智商测试偏差的结果，也不反映黑人/白人社会经济地位上的差别，而用遗传（或环境）因素来解释白人和黑人差别的理论观点尚未得到充足证据支持。

智商，但低于被收养的白人儿童智商，更低于白人家庭的亲生子女。他们（Waldman et al.，1994）坚持认为，群体智商差别主要由于社会环境因素，但是对于他们的数据存在另外一种不同的解释（Levin，1994；Lynn，1994；Rushton and Jenson，2005）。此外，很多研究表明，东亚人的脑容量大于白人，白人又大于黑人；在做反应速度任务时（reaction time task），东亚人应对刺激的反应速度快于白人，白人快于黑人，而测得的反应速度跟智商之间具有一定相关关系且测试结果不受文化影响（Rushton and Jenson，2005；Lynn，2006）。

3. 中华民族的源与流[①]

按照英国社会学家史密斯（Smith，1986：22-30）的定义，族群指的是这样一个群体，这个群体有着某个名称，有一个关于共同祖先的神话，有一段共有的历史，有某种共享的独特文化，有共同地域，有某种程度的内部团结。在英文文献里，对民族（ethnicity）的种种定义普遍都最为强调，民族成员具有共同祖先，或相信具有共同祖先。而按照生物进化论，所有人类个体，甚至所有生命，都具有共同祖先；具体说来，今天所有的生命都是由生活在35亿年前的原始物种（可能是一个可以自我复制的分子）逐渐进化出来的。基因是DNA分子的片段，携带遗传信息，是个人生理、行为等方面性状的生物学、遗传学基础。历史记载或考古发现有时会出现不够全面、系统或不够准确的情况，而基因可以稳定地通过生育繁衍活动代代相传。因而，对不同民族成员的分子、基因层面的分子遗传学研究能比较可靠地帮助我们了解一个民族成员是否真的具有某一时间点上的共同祖先，各个民族之间的血缘或遗传关系远近。

我国社会学界和民族学界比较熟悉的关于民族间血缘关系的分子遗传学研究可能是遗传学家杜若甫和肖春杰等人（杜若甫、肖春杰，1997；肖春杰等，2000）关于“中华民族的源与流”的研究。他们分析了关于汉族、回族、藏族、维吾尔族等38个民族30个基因座上的

---

① 本节和下节部分内容来自拙文《生物社会视角下的民族问题研究引论》，《社会科学论坛》2020年第4期。

130 个基因的频率数据，得出结论：1）包括汉族与少数民族在内的中国人（从遗传学看，可能应排除俄罗斯族等个别少数民族），可以分为南北两大群体：大致分布于长江以南的汉族与少数民族属于南方蒙古人种，而大致分布于长江以北的汉族与少数民族属于北方蒙古人种；2）汉族起源于黄河中、下游，本来是北方蒙古人种，但由于不断跟各地的少数民族通婚，今天南方的汉族却属于南方蒙古人种；汉族今天成为世界上人口最多的民族，主要原因是不断地融入大量其他民族成员；3）各地汉族与当地少数民族在血缘上更为接近，而南北汉族间的血缘关系却较远，这说明长期以来汉族与少数民族间有很多血缘/基因交流。

人类大概有 25000 个基因。杜若甫和肖春杰等人仅使用了关于 130 个基因的信息进行分析，并且也不涉及我国境内的所有 56 个民族，而仅仅涵盖 38 个民族。因此，他们的研究还有进一步拓展的可能。

最近上海交通大学医学院做了一个很有意思的研究（Cao et al.，2020）。上海交大的学者考察了来自 27 个省级单位的八个民族（汉族、回族、藏族、满族、彝族、苗族、蒙古族、壮族）的 10588 个人的全基因组信息。他们发现，第一，藏族、彝族、蒙古族、苗族和壮族在遗传上可以各自归为一类；与历史上的人口迁移相一致，满族和一部分壮族跟北方汉族可以归为一类，而回族与河西走廊一带的西北汉族可以归为一类。第二，汉族在遗传上可以分为七个亚类：北方汉族（北京、天津、河南、河北、山东、辽宁、吉林、黑龙江、山西）、西北汉族（甘肃、陕西）、东部汉族（江苏、浙江、上海、安徽）、中部汉族（湖北）、南方汉族（贵州、四川、重庆、云南、江西、湖南）、东南汉族（福建）、岭南汉族（广东、广西）。第三，中国人与非洲人、欧洲人、东南亚人、美洲人的遗传距离较大，与非洲人的遗传关系最为遥远；中国人、日本人、越南京族人之间的遗传距离很小，而北方汉族在遗传上跟日本人很相似，可以归为一类。

近些年来复旦大学的一批分子遗传学家着力于探讨我国各民族之间的遗传关系，成果颇丰，其中一个著名研究发表于英国科学期刊《自然》。人体有 23 对染色体，其中男性有一条特殊的染色体，即 Y 染色体，能够稳定地在父子之间传递。因此，通过分析不同男性个体 Y 染色体上的遗传信息，能够可靠地推断这些人是否渊源于某个时间点上的某个共同的父系祖先。此外，线粒体上也携带少量遗传信息，这些遗传信息恒定地来自母亲。因此，通过比较线粒体的遗传信息也能可靠地推断各个个人是否有某位较近的共同母系祖先。该研究比较了南方汉族、北方汉族和南方少数民族在Y染色体和线粒体上的遗传信息。研究发现，南北汉族在Y染色体的遗传信息上没有统计显著的差别，即他们在父系上的遗传关系较为接近，只有少量南方汉族的父系遗传信息受到南方少数民族影响，即与南方少数民族具有较近的共同男性祖先；在母系遗传信息上，南方汉人既受到北方汉人影响，也受到南方少数民族影响，二者的影响程度大体上一样。按照历史记录，中国历史上长期存在汉族人口南下迁移的过程。这些研究发现与历史记录是不矛盾的（Wen et al.，2004）。从这个研究可以看出，汉族这一术语并非纯粹是一个文化意义上的术语，这一术语也带有实质上的遗传学含义。这一研究仅仅考虑到北方汉族和南方少数民族对南方汉族的遗传上的影响，而没有考虑北方汉族和北方少数民族之间的相互影响。后来复旦遗传学家严实根据已有研究和遗传学数据推断，尽管蒙古人曾经南下而建立大一统王朝，但汉族Y染色体上的遗传信息受到蒙古人的影响很小，换句话说，汉族在父系上的遗传信息与蒙古族差别很大。

总之，由于基因在代与代之间的传递较为稳定等因素，相对于文献研究等传统的研究方式，分子遗传学研究能够为探讨各民族在遗传上的源与流奠定一个可靠的基础，至少是传统的关于民族问题的人文社科研究的一个极为重要的补充，可以与传统研究相互佐证以澄清事实。举例而言，很多人（包括一些学者）可能从外貌等外在特征判断维吾尔族等少数民族属于高加索人种。而杜若甫和肖春杰等人根据遗传信息，可以可靠地推论维吾尔族和哈萨克族的蒙古人种血缘成分占70%左右，受高加索人种影响较小，因而仍属蒙古人种。再如，费孝通（1989）先生曾提出中华民族的多元一体格局的理论，他主要根据历史记载判断，中国诸民族曾长期存在广泛的基因交流。而我们可以看到，分子遗传学研究的成果可以为费老的理论进一步提供遗传学上的证据支持。

4. 民族问题的演化

（1）亲选择理论：民族演化研究的理论框架

如第二章所述，达尔文进化理论的核心成分是自然选择理论，这一理论仍然构成现代进化论和进化生物学的基本框架。自达尔文以来，对自然选择理论的唯一的重大改进是20世纪60年代英国进化生物学家汉密尔顿（Hamilton，1964）提出的广义适合度理论。这一理论仍然寓居于自然选择理论的遗传、变异和选择的基本框架之内。

关于人类社会研究，亲选择理论的一个直接的含义是：人们倾向于为有血缘关系的人做出奉献，并且血缘关系越近，作出利他行为的程度就越强。结合亲选择理论和人类社会生活的实际来考虑，就能解释为何世界上广泛存在着号称拥有共同祖先的民族或族群。其一，正如美国社会学家范登伯格（Van den Berghe，1981）所说，民族或族群是亲属关系的扩展。按照亲选择理论，个人根据与他人的亲缘关系远近而区别对待的行为具有选择优势，容易演化出来，而各个民族或族群通常自称民族内部成员之间具有血缘关系（例如中华民族是炎黄子孙的说法），反映了人们重视亲缘关系这一亲缘选择的结果。

其二，人类之间的竞争和冲突特别激烈、残酷，是人们往往都生活在部落、族群或民族等群体内的直接原因（Alexander，1987：79-80）。人类与其他任何物种的一大区别在于，对于人而言，其他人是其无法生存或繁衍的主要原因。例如，在很多动物里，动物个体之间的搏斗被生物学家称为“仪式化行为”，并不导致身体严重伤害。许多蛇类中的雄性个体之间也会相互缠斗，但从不用毒牙咬对方。长耳鹿中的雄鹿之间也会用鹿角打斗，但仅限于鹿角之间缠斗，双方身体并不受伤害，一旦一方逃走，另一方也不会攻击逃走者因扭身逃走而暴露出来的身体（Frank，1995）。相反，人类之间的冲突常常导致参与者严重受伤甚至丢掉性命，甚至会发生大规模种族灭绝事件。笔者认为，人类的智力较高可能是人类之间冲突较为残酷的主要原因。因为智商高，所以就能想出算计对方的很多手段。关联方都这样并付诸行动，往往就会使冲突不断升级。总之，由于人类之间的竞争和冲突特别激烈，所以生活在群体里面的人如能团结合作，是有选择优势的，这应是最早的超出于亲属群体的人类群体形成的主要直接原因（用亲选择理论容易解释亲属团体的形成）。一旦人们生活在群体里，就出现了群体之间的竞争和选择。在此过程中，就有可能出现群体之间的合并与整合，形成一个个民族或族群。虽说民族成员来自共同祖先的说法有时候可能是统治集团为了维持和巩固内部团结进行操纵的结果，但在一定程度上讲，这也是因为人类群体之间存在着激烈的竞争和选择。

在政策实践上，亲选择理论的一个重要启示是，既然人们倾向于跟有亲缘关系的个体进行密切团结合作，那么加大力度促进族际通婚是促进族群关系和谐的重要途径。降低族群居住隔离程度，促进各族群混居，可能是促进族际通婚的一项重要的具体举措。按照西方一些学者的经验研究，当族群在居住和就业的隔离状态被打破之后，各族群成员反而在就业、住房等方面的竞争比之前更为激烈，由此导致族群冲突加剧（马戎，2004：412）。但按照功能冲突论的观点，允许社会各群体之间发生广泛的不涉及基本价值观的冲突，最终可能是有助于整个社会和国家的稳定和整合的（华莱士、沃尔夫，2008：106-109）。这是不难理解的，如果各个群体之间存在严重的居住隔离，即便国家和社会暂时能够保持和平、稳定，而一旦外部条件发生某种重大变化，各个群体将更容易组织起来，将整个群体都投入较为剧烈的群体间冲突，甚至导致国家和社会分裂。相反，如果存在广泛的混合居住，各个群体将难以组织起来而投入足以导致社会结构断裂的分裂性冲突。

人们往往对本民族成员更为友好，更愿意帮助本民族成员。也可以用亲选择理论对此做出解释。按照亲选择理论，在一个人口（例如在某地生活的一个族群）或种群中，该人口或种群内部随机挑出来的两个个体之间的遗传相关度系数 r 处理为 0，具有较近共同祖先的两个个体之间的 r 才大于 0，例如堂表兄弟姐妹之间的 r 为 0.125。按照这个理论的推理，包括人类在内的有机体应当会在长期演化过程中发展出广泛的亲属识别能力，并根据亲属识别的结果决定对其他个体是否采取利他行为。例如，人类可能根据外貌等特征判断对方跟自己是否有亲属关系。同一民族或种族成员外貌往往更为接近，因此，如果一个人同时面对一个异民族或异种族成员和一个本民族或本种族成员，他很可能对本民族或种族成员更为友好。正如英国进化生物学家道金斯（Dawkins，2006：100）所说的那样："人们具有亲选择倾向，即认同于体质上跟自己相似的人，而不喜欢外表跟自己不一样的人，可以把种族偏见理解成此种亲选择倾向的表现。"

按照脱胎于亲选择理论的互惠利他行为理论（Trivers，1971），有机体在长期自然选择过程中演化出这种行为倾向，即有机体个体之间即便没有亲属关系，但如果他们之间存在密切交往，也会友好合作。这个理论也能解释为何在某族群聚居的小型社区里，尽管很多社区成员之间没有亲属关系，他们之间也能相互帮助。这个理论也能预言，在一个多族群混居的小型社区（例如一个回汉长期混居的村庄）里，他们之间也倾向于有着友好合作的族群关系。由此也可见民族混居对于改进族群关系的重要性。前面述及，按照西方学者的研究，族群间居住隔离减弱了，但是族群冲突却变得更频繁了。这个事实可能并不违背互惠利他行为理论，因为各族群许多成员可能居住在一个面积较大的地区，相互之间并不存在密切交往。

（2）族群多样性和民族性研究

在过去的20年里，一些西方学者坚持用演化的视角研究民族问题，其中两个方向的研究值得关注，即民族多样性研究和民族性研究（Salter，2018）。关于民族多样性研究，政治学、心理学、人类学等多个学科的学者都发现，本民族成员之间更容易相互信任（Salter，2007），也更可能发生慈善捐助（Butovskaya et al.，2000）。如果某一集体做的事情可能有风险，这样的集体（例如犯罪黑帮、专制社会里的政治异议分子、到外地旅行的旅游团）往往都由同一族群成员组成。在莫斯科街头观察乞丐，可以发现，乞丐从本民族成员那里得到的施舍最多，其次是从遗传关系跟本民族相似的民族的成员，乞丐从遗传关系跟本民族最远的民族的成员那里得到的施舍最少。

韦斯特马克故乡芬兰的政治学家和社会学家万哈宁（Vanhanen，2012）使用了关于176个国家2003年至2008年间的数据进行统计分析，发现民族多样性能解释大约三分之二的民族冲突。万哈宁（Vanhanen，2014）后来又使用关于187个国家的数据，并补充了2009年至2014年间的数据进行分析。他使用的结果变量是民族冲突强度（5分表示民族冲突最严重，1分表示最不严重），6个原因变量包括民族多样性程度、国民智商水平、人类发展指数、经济自由度指数、民主化程度、人均国民收入。把这7个变量都带入回归分析，结果表明，民族多样化程度能解释55%的民族冲突强度，而另外5个原因变量合计只能解释5%的民族冲突强度。可以说，万哈宁的两次研究得到了基本一致的结果。

关于民族性研究，弗罗斯特和哈本丁（Frost and Harpening，2015）这两位人类学家探讨了西欧地区5世纪以来暴力犯罪率的变化。在5世纪到11世纪期间，由于法制建设不够完善，教会反对死刑等原因，西欧国家很少处决暴力犯罪者。于是，暴力犯罪实际上成了私人事务，国家和社会允许人们通过复仇或赔偿的方式处理暴力犯罪。从11世纪开始，西欧诸国开始对谋杀等犯罪应用死刑，被处决的罪犯越来越多。到了16世纪，对谋杀的斗争达到了高潮——当时在英格兰等地，每200个男人中就有1人到2人因为被判死刑而结束了自己的人生。自14世纪之后，谋杀率不断下降。在中世纪后期，每10万人中有20人至40人是杀人犯，而到了20世纪中期，每10万人中只有0.5人至1人是杀人犯。历史学家往往认为，西欧历史上个人暴力行为的减少，是严峻刑罚以及文化规范发生变化并被人们所内化的结果。弗罗斯特和哈本丁则指出了史学家没注意到的原因：其一，一部分罪犯被处决，导致他们不能留下很多后代；在中世纪后期形成的反对私人暴力的文化环境中，很多有暴力倾向者也被社会边缘化，只能获致较低的社会地位，从而也不能留下很多后代。总之，他们的暴力犯罪倾向因而就不能在较大范围内遗传下去。其二，中世纪后期形成的反对私人暴力的文化环境也有助于暴力倾向较少者过上更好生活并留下较多后代。两方面结合考虑，就能看到，暴力倾向较少者在整个社会内趋于所占比例越来越大，非暴力的文化规范也就越来越流行。弗罗斯特和哈本丁既考虑到基因层面的变化，也考虑到文化因素对基因层面的影响及文化本身的变化，因此，他们的理论观点可称为基因-文化协同演化的观点①。

---

① 关于民族文化多样性研究和民族性研究的更多实例，可参阅Salter（2018）的相关著述。

本章小结

生物人口学很可能是西方人口学界近些年来发展最快的研究领域。按照现代生物人口学的两位主要倡导者凯里和沃培尔的看法，生物人口学有两个主要分支，即生物医学人口学或称流行病人口学和生物学人口学。生物医学人口学是人口学和流行病学的交叉，关心健康问题，传统人口学者也很容易就能理解其概念和方法。生物学人口学是人口学和生物学的交叉，它广泛借鉴生物各分支的概念和理论。

行为遗传学研究表明，在现代西方社会，遗传是导致子女数量差别的因素之一。遗传因素可能是通过对身体和心理、行为（例如健康程度、性情）的影响，进一步影响到子女数量的。

进化人口学即进化论在人口学里的应用。其解释逻辑基于这个假定——个体的生理和行为总的说来是为自然选择所塑造的，以促进后代繁衍。近些年来，在主要以人类为研究对象的生物学人口学中，进化人口学的发展势头可能是最好的。

按照进化论的推理，自然选择和演化会导致个体近似普遍地有着将地位转化为繁衍成功的行为倾向。相应地，动物学研究表明，在大多数动物种群中，地位较高的动物子女也较多。在人类里的近似于生物种群的群体（在同一时空生活在某一环境内个体之间较为可能发生婚姻关系的群体）里，应该也能发现与动物学研究相似的结果。我们对湖南某地和河南某地农民的研究表明，农民的社会经济地位越高，子女数量也越多。

长期以来，很多西方学者坚持种族和民族没有生物学基础的看法，但持续有一些遗传学、医学研究得出了不同的结论。

种族/族群间智商差别是一个容易引起争议的问题。美国心理学界通常认可种族/族群间存在智商差别，但很少有人明确地肯定这一差别特别是黑人和白人之间的差别在某种程度上是由遗传因素所致。

基因在代与代之间的传递较为稳定，相对于文献研究等传统的研究方式，分子遗传学研究能够为探讨各民族在遗传上的源与流奠定一个可靠的基础，至少是传统的关于民族问题的人文社科研究的一个极为重要的补充。近些年来，关于我国各民族源流的遗传学研究取得了一些引人注目的成果。

亲选择理论可以充当民族问题研究的一般理论框架。可以借助这个理论解释为何广泛存在着号称拥有共同祖先的民族或族群等现象。近些年来，西方学者关于民族问题的演化研究有两个重要的方向，即民族多样性研究和民族性研究。

第八章　犯罪和暴力①

第一节　犯罪学和犯罪社会学

现代犯罪学即对犯罪现象的专门研究的历史可追溯至18世纪的古典犯罪学派。这一学派的最著名人物即意大利学者贝卡里亚（Cesare Bonesana Beccaria）。贝卡里亚出身于法律专业，他的代表作《论犯罪与刑罚》（1764年初版）也旨在提出改革刑事司法体系的建议，使之变得公正而富有效率。按照贝卡里亚提出的刑事司法改革的十大原则，立法机关的任务在于明确何谓犯罪及应该对各项具体犯罪施加何等刑罚，罪行的严重程度应仅由该罪行对社会造成的危害程度来决定，等等。我们可以看出，他关于犯罪的看法与法学的关系较为密切，所以他既被看作早期的犯罪学家，也被看作法学家特别是刑法学家。贝氏的思想已经成为几乎所有现代刑事司法体系的理论依据（沃尔德、伯纳德、斯奈普斯，2005：18-25）。

18世纪的古典犯罪学属于坐而论道式的学问，19世纪在欧洲出现的实证犯罪学才开始重视基于通过观察等方式取得的经验材料或数据来得出结论。尽管在科学哲学里，科学的基本特征到底是什么长期以来都是一个争议甚大的问题，但很多人包括现代犯罪学家无疑认为，纯粹的思辨算不上科学，重视基于数据得出结论才算上了科学的轨道。现代西方犯罪学是追求自身科学地位的学科，自然就把19世纪的实证犯罪学当作现代犯罪学的真正开端。

意大利犹太裔医生龙勃罗梭（Cesare Lombroso，1836—1909）是

---

① 本节部分内容来自拙文《现代生物社会犯罪学：西方犯罪学研究的新取向》，《犯罪研究》2022年第5期。

实证犯罪学的奠基人，他也常常被称作“现代犯罪学之父”。龙勃罗梭的代表作是1876年初版的《犯罪人论》。起初，他极为强调犯罪的生物学成因。他解剖了很多被处决或因其他原因死掉的犯人的尸体，总结出各类犯人的身体特征。在他看来，有些罪犯带有“人类进化初期的身体特征”，例如下巴宽大、额头低矮、掌纹只有一条等。这些人是“天生的罪犯”，“天生就是恶魔，后天的教养无法改变其天性”。龙勃罗梭应当受到了达尔文的一定影响。达尔文（2009：89）在其重要著作《人类的由来》里也曾经讲到，有时候会出现黑色的绵羊，而在人类里，有些家族里偶尔会莫名其妙地出现性情极坏的人，这可能就是对野蛮状态的回归。随着年龄的增长，龙勃罗梭逐渐认识到导致犯罪的种种环境因素，例如气候、粮食价格、宗教信仰状况等（雷恩，2016：9-10；沃尔德、伯纳德、斯奈普斯，2005：32-34）。龙勃罗梭的工作启发了其他一些意大利犯罪学家，这就导致了犯罪学的意大利学派的产生。这个学派活跃于19世纪80年代至1930年，也被称作犯罪人类学派，其突出特点在于重视研究身体特征与犯罪之间的关系。

我们能够看到，现代犯罪学的奠基人及其第一个重要学派都带有重视犯罪的生物学因素的特点。这倒跟社会文化人类学的历史有些许相似。社会文化人类学的第一个学派被称作进化学派，该学派的著名人物，包括美国的摩尔根、英国的泰勒和韦斯特马克等人，多多少少都受到了达尔文学说的影响，用达尔文的理论解释人类行为和社会文化现象，即早期的社会文化人类学也具有重视生物学因素的特征。

最早的犯罪学家关心犯罪的生物学因素，而后来的一些犯罪学家开始重点探讨个人心理和社会层面的因素，于是犯罪心理学和犯罪社会学就登台亮相了。龙勃罗梭的学生、意大利犯罪学家菲利（Enrico Ferri，1856—1929）在学术史上第一次提出了“犯罪社会学”这个名词，并于1881年出版了《犯罪社会学》一书。菲利（2017：49-51）认为，导致犯罪的原因有三种，即个人因素或称人类学因素、自然因素和社会因素。个人因素包括个人生理（例如颅骨异常、脑异常）、心理（智力和情感异常等）、种族/年龄/性别/社会经济地位等方面的状况。自然因素指气候、土壤、昼夜的相对长度、四季、平均温度、气象、农业等方面的状况。社会因素包括人口密度、公共舆论、宗教、家庭、教育、经济、政治、立法、司法等社会环境因素。在菲利看来，犯罪行为是三类因素共同作用下的结果。菲利既重视犯罪的生物学因素，也重视生物学因素之外的社会环境等因素。但在菲利之后的主流社会学家那里，生物学因素被降低到微不足道的位置，甚至被从社会学分析中完全清除了出去。

犯罪学的历史是一部受到生物学、心理学、政治学、经济学和社会学等诸多学科影响的历史。但在 20 世纪早期之后，西方犯罪学的主流是被单方面强调社会环境因素重要性的社会学思想所塑造和支配的。即使在进入 21 世纪之后，也在很大程度上保持着这样的状况，犯罪学家对犯罪行为的众多解释仍寓居于主流社会学的理论框架之内。西方犯罪学主要采纳三种社会学视角，即社会结构理论、社会过程和社会发展理论、社会冲突理论。按照社会结构理论的视角，犯罪是个人在社会结构中的位置的结果，强调个人的社会经济条件（物质生活条件、个人所属群体的文化价值观念等）对个人的影响。按照社会过程和社会发展理论的视角，犯罪受到社会化和社会学习过程、社会连接纽带的力量、人际关系等因素的影响。社会冲突理论带有一定的马克思主义色彩。依据社会冲突理论，社会依性别、民族、种族、阶级等分为若干个群体，不同群体具有不同的是非观，不同群体之间不可避免地存在着争夺权力、财富和声望的冲突，犯罪则是群体之间特别是阶级之间冲突的结果（Schmalleger，2017：180）。这三种理论关心的影响犯罪的因素都属于菲利（2017：49-51）所说的生物学因素之外的个人因素和社会因素的范围，但生物学因素被弃之不理。

我国的犯罪学和犯罪社会学研究起步于 20 世纪 20 年代。曾长期在燕京大学社会学系求学、任教的严景耀先生是我国犯罪社会学的主要开拓者，他曾多次对监狱和犯罪问题做调查，撰写了关于犯罪问题的多篇论文。在 20 世纪 50 年代初，犯罪学和社会学被当作资产阶级伪科学而取消，70 年代末之后犯罪学和犯罪社会学才重新发展起来（吴鹏森，2008：73-74；王牧，2005：64-67）。当前，我国的犯罪问题研究者主要分布在法学界。中国犯罪学会是在法学界主导下设立、运作的，下设犯罪社会学等专业委员会。在社会学界内部，犯罪社会学也取得了一定的成长，这突出表现在近年来两部犯罪社会学教科书（吴鹏森，2008；夏玉珍，2014）的问世上。跟20世纪西方主流犯罪学相似，中国犯罪学界和犯罪社会学界都不重视犯罪的生物学成因。在此方面，与法学界的犯罪问题研究者比起来，社会学界内的犯罪研究者更甚。2014年，中国法学界人士举办了首次犯罪生物学学术研讨会，探讨犯罪的生物学成因。在社会学界里，这类声音还是很难听到的。

虽然在20世纪的大部分时间里，西方主流犯罪学研究实质上就是采纳了主流社会学视角的犯罪社会学研究，无视犯罪的生物学成因，但依然有一些学者致力于侧重考察犯罪的生物学因素。某些敏感的西方犯罪学家不难意识到传统的犯罪社会学研究存在两个问题（Schmalleger，2017：22）。其一，传统社会学往往不愿意承认其他领域的发现的重要性，也就不能把这些发现与犯罪研究结合起来。其二，传统社会学不能证明自己有能力控制包括暴力犯罪在内的各种形式的犯罪。早在40多年前，美国犯罪学会1978—1979年度主席、著名犯罪学家和社会学家杰弗里（Jeffery，1977）就在学会的旗舰刊物《犯罪学》（*Criminology*）上发表社论，鼓吹犯罪学研究应整合生物学、心理学、社会学、法学等多学科的知识。自20世纪末以来，越来越多的西方犯罪学家开始提倡把生物学视角和社会学视角结合起来研究犯罪现象，建立生物社会犯罪学（biosocial criminology）。美国著名犯罪学家和社会学家库伦（Francis T. Cullen）早年在哥伦比亚大学获得社会学和教育的博士学位，师从默顿等人，曾担任2004—2005年度的美国犯罪学会主席，近些年来也多次为生物社会犯罪学鼓吹。2014年5月，美国学者建立了独立于美国犯罪学会和美国刑事司法科学院的生物社会犯罪学会（Biosocial Criminology Association），这就是生物社会犯罪学近些年来蓬勃发展的表现。

第二节　生物社会犯罪学

生物社会犯罪学就是基于生物学的理论和技术，并结合传统社会科学的工作，对犯罪问题的研究。正如在其他人类社会研究领域里那样，生物学对犯罪问题研究的冲击主要来自三个方面，即进化生物学、遗传学和神经科学。此外，也有学者探讨某些生理特征（例如雄性激素水平）与犯罪和反社会行为之间的关联。这一节依次介绍跟这些方面有关的犯罪问题研究。

1. 进化犯罪学

（1）邓特利和沙克尔福德的进化解释框架

早在 20 世纪 70 年代，现代进化论的巨子汉密尔顿（Hamilton，1975）就曾依据其他学者关于各种高级灵长类动物社会行为的研究，进一步推测，早在类人猿那里，从事群体暴力行为的心理倾向、能力由于有助于个体及其亲属繁衍就演化出来而成为常见的行为，表现为有血缘关系的雄性类人猿成群结队打猎，掠夺其他群体的异性或土地。而石器时代之后的战争以及现代青少年黑帮的群体行为正奠定在人类早期演化的基础上。汉密尔顿已经触及犯罪行为的演化问题，但他的论文的主旨还是在于考察人类的社会性能力，即做出跟他人相关的行为特别是与人合作的能力。

近年来，两位美国进化心理学家邓特利和沙克尔福德（Duntley and Shackelford，2008）基于进化论提出了关于犯罪行为的解释框架。在进化犯罪学的一般性理论中，他们的理论经常被引用，影响较大。

邓特利和沙克尔福德遵循传统的达尔文主义的论调，认为资源（进化论者理解的资源通常指跟繁衍有关的种种）是稀缺、有限的，个体之间广泛地存在着争夺资源的竞争、冲突。个人之间的冲突可以归为三类，即争夺地位的冲突、争夺物质资源的冲突、在配偶资源上的冲突。关于争夺地位的冲突，正如我们在上一章讲到的那样，有一系列研究能连贯一致地得出结论：在前工业社会里，地位较高的人比地位较低者能留下更多后代，对于男性尤为如此。一个人要提升在所属群体中的地位，通常也就意味着另一个人不能得到那个地位，从而可能对繁衍后代产生不利影响。争夺物质资源的冲突包括对土地、食物、工具、武器等的争夺。为了得到物质资源的控制者的喜爱也可能发生冲突，有关例子包括兄弟姐妹之间为了获得父母的偏爱而发生的冲突，女性之间择偶时为了得到某位拥有较多物质资源的男性而发生的冲突。由亲代投资理论

（Trivers，1972）可推知演化史上应存在广泛的关于配偶资源的冲突。首先，在择偶倾向上，女性更为挑剔，或者说男性更追求配偶的数量，女性更看重配偶的质量。这是两性在繁衍利益上的基本的不一致之处，由此会引发两性之间的广泛冲突。举例来说，我们在第五章讲到，男性更可能跟异性发生婚外性关系，不难理解由此会引发与妻子的冲突。其次，每一性别内部也广泛存在争夺异性的冲突，例如为了争夺一个男（女）朋友而大打出手。亲代投资理论预言，男性内部的择偶竞争、冲突要比女性之间的竞争冲突更为激烈。

简单地讲，自然选择理论讲的是，在自然选择和演化中，那些有利于繁衍的东西将会演化出来，成为常见的现象。演化史上那些有利于在冲突中获胜的行为、心理等方面的特征应当也会成为后来的常见现象。例如，如果人类演化史上长期存在争夺地位的竞争、冲突，应当会在后世造成这种后果，即人们较为普遍地具有某些关心并能促进地位争夺的行为、心理等方面的特征。由于地位对男性繁衍成功的影响较大，并且女性更喜欢选择地位较高的男性为配偶，可以预期，男性应当比女性更热衷于争夺地位。事实上，一些研究确实表明，无论是在前工业社会里还是在工业社会里，男性更喜欢与他人竞争并胜出，女性更喜欢促进社会和谐。而我们今天看作犯罪的那些行为，例如偷盗、谋杀，可视为在演化史上有助于在各种冲突中获胜的给对手施加成本的策略（cost-inflicting strategies），它们能使得行为人获得更大程度上的繁衍成功①，从而能演化出来，在今天的某种环境条件下不时表现出来。

---

① 在专门的进化研究文献里，这样的策略常常被称作适应（adaptation）。适应是由自然选择引起的有助于促进适合度的性状（West，Mouden，and Gardner，2011），适合度（fitness）基于子代数量测量。日常生活中所说的适应，主要指个体主动调整自己来应对环境的变化。显然这样的适应概念跟进化文献的适应概念不同。在达尔文的理论里，适应指的就是有助于个体本身繁衍的那些性状。广义适合度理论是自然选择理论在达尔文之后最重要的发展。如果接受广义适合度理论，适应指的就是有助于提高个体的广义适合度（$rb-c$）的那些性状，例如某种行为策略。达尔文的理论关心的是一种性状对个体本身繁衍的影响，广义适合度理论既关心性状对个体本身繁衍的影响，也关心性状对与性状的携带者有关的个体的繁衍的影响。若读者想要了解更多有关知识，可参阅本书第二章。全书为了便于读者抓住主要信息，尽量回避使用“适应”和“广义适合度”等较为专门的概念，而使用“促进繁衍成功”之类较为模糊的措辞。

依巴斯和邓特利（Buss and Duntley，2008），个体有三种获取跟繁衍相关的资源的方式。其一是个体资源获得策略，即个体依靠自己的努力获取资源，例如某个个体独自去打猎、采集植物浆果。其二是合作型资源获得策略，即多个个体合作获取资源，例如多人合作打猎，两人进行贸易各取所需。其三是剥削型资源获取策略（exploitative resource acquisition strategies），即从其他个体那里剥夺资源，例如在社会交往中占别人的小便宜，各种犯罪行为也属于这一策略。由于这三种行为策略有助于繁衍，在人类和其他很多物种里它们都会演化出来。关于剥削型资源获取策略，在个体层面将演化出有关的专门的心理机制，个体会根据至少四个方面的情况决定是否采取剥削型资源获取策略——是否存在易于剥削的对象，采取剥削策略的可能收益，采取这一策略的可能成本，采取这一策略相对于采取其他策略的比较成本和收益。巴斯和邓特利（Buss and Duntley，2008）与邓特利和沙克尔福德（Duntley and Shackelford，2008）采用了一些不同的措辞，特别是后者把犯罪行为放入给对手施加成本的行为策略的范畴，前者则把犯罪置入剥削型资源获取策略的范畴。但他们都按照生物学里常见的进化逻辑进行推理，因而在实质性思想上并没有根本差别。

邓特利等人不仅认为，在我们的演化史上，那些给对手施加成本的行为策略（今天被看作犯罪）因为有利于繁衍而演化出来，成为常见的行为策略，他们（Duntley and Shackelford，2008；2012；Buss and Duntley，2008）也认为，防止受到这些行为伤害的防卫性行为策略也会随之演化出来，二者协同演化。犯罪常常可直接或间接地给受害者带来繁衍上的损失，谋杀就是一个极端的例子。一个人被谋杀，首先意味着他（她）将来不能再有更多子女；其次也意味着他在世的子女得不到他的保护和投入了，生存和繁衍都会受到不利影响；最后，他的其他亲属也将得不到他的保护和各方面的付出了，这些亲属也可能落下甘愿家族被欺负等坏名声，从而不利于这些亲属的生存和繁衍（从广义适合度理论的观点看，选择和演化发生在基因层面，被害人和亲属在一定概率上共享某些基因。因而，其他亲属受到不利影响意味着他们共享的某些基因的传播受到了限制）。反过来看，那些能较为有效地防止被犯罪行为伤害的行为策略由于有利于个体及其亲属繁衍，将会演化出来，成为常见的行为策略①。

个人采取防卫性行为策略，既可能在受到可能的犯罪伤害之前，也可能发生在受害的过程之中，也可能发生在受害之后。一个人深夜走小路时或者见到鬼鬼祟祟的人的时候感到害怕，婴儿见到生人时表现出焦虑或害怕，这些都可能是演化出来的受害前的防卫性行为策略。受到暴力伤害时采取防御性动作，以语言安抚或吓退侵害人等，都可理解为演化出来的受侵害过程中的防卫性行为策略。在受到侵害之后，人们采取的种种使得受侵害的影响变小，预防未来再次受侵害的种种行为策略也可理解为演化出来的结果。人们在某地被盗后，再次到该地后会变得更为小心，或者避免到该地去；对伤害过自己的人复仇等，都可能是这类行为策略的例子。美国著名进化生物学家特里弗斯（Trivers，2011）在论述自我欺骗的演化时讲到，犯罪的受害者常常有意无意地把受害的经历从记忆中抹去。虽然他把此等例子看作自我欺骗，即有选择地使用信息甚至使信息扭曲，这等例子也可看作受害后的防卫性行为策略。我们可以看到，以上种种行为策略都是有利于行为人及其亲属的生存和繁衍的。例如，采取复仇之后，可以为本人和家族挽回名声，忘却受侵害的经历有利于个人身心调适，能避免免疫力下降。

总之，邓特利和沙克尔福德认为，在人类祖先中，给对手施加成本的行为策略以及相应的防卫性行为策略因为有利于繁衍，都会演化出来。这意味着，在人类早年，我们现在称之为犯罪的那些行为以及对它的防范，当时是社会的常态。韦斯特马克（Westermarck，1912；1917）在其巨著中探讨了古今各民族、人群的道德观念。他引用了众多西方学者和旅行者对世界各地族群的观察，多次指出，各民族、人群的道德观是相似的，都存在诸如禁止杀戮、偷盗，鼓励诚信、友善、慷慨等道德观，但未开化族群的道德观往往只是对本族群、本共同体而言的，他们

① 从广义适合度理论理论的逻辑看，在演化史上，假定某个或某些基因使得某些个人能采取有效的防止受到犯罪伤害的行为策略，如果这个或这些基因相对于其他基因（这些基因使得行为人不能采取较为有效的防止受害的行为策略）能在更大范围内传播开来，那么这些基因及相联系的行为策略将演化出来。

同时常常把欺骗、伤害、杀戮其他群体的成员看作正当之事甚至光荣，至少不值得被谴责。很多未开化民族的道德观似乎意味着，在他们那里，放在现代社会会被看作犯罪的那些行为已经成为常态。如果可以把尚未进入文明状态的这些人类群体的生活看作人类早年的一面镜子的话，这面镜子映射出来的现象恰恰是与邓特利和沙克尔福德的进化推理相一致的。

（2）暴力、性侵犯和盗窃

在动物界各物种里，广泛存在着物种间和物种内部的攻击行为。我们知道，黑猩猩是与人类的遗传关系最近的动物物种。黑猩猩生活在由十余个个体到一百多个个体（最多可达 150 个）组成的群体内。觅食时，有时黑猩猩单独行动，有时多只黑猩猩联合行动。如果在领地边缘，两个不同群体的黑猩猩相遇了，双方的互动永远是对抗性的。如果双方势均力敌，对抗就很可能不太激烈，双方只是尖叫、低吼、摇动树枝，向对方扔东西，相互攻击半小时左右，直到一方示弱逃走。当一群雄性黑猩猩碰到来自其他群体的数量较少的黑猩猩时，情况就不一样了。如果碰到的是处于发情期的单只雌黑猩猩，雄黑猩猩会尝试与之交配。如果这只雌黑猩猩带着幼崽，雄黑猩猩会攻击雌黑猩猩，杀死并吃掉幼崽。如果碰到的是单只雄黑猩猩，或者一小群黑猩猩中落单的雄黑猩猩，这只黑猩猩就会遭到残杀。动物学家曾发现，某一群体的黑猩猩把另一群体的黑猩猩一个接一个都杀掉了。黑猩猩内部也经常发生暴力攻击，在有的群体里，有超过 1/3 的雄性死于暴力。动物学研究表明，黑猩猩的成功的暴力攻击行为是能促进繁衍成功的，例如，一群黑猩猩消灭了另一个群体，占据了对方的领地，得到了更多的食物资源，结果就是群体内的雌黑猩猩的生育率上升（平克，2015：52-54）。可以把动物界里的攻击性行为理解为自然选择和演化的结果。

人类学家发现了一些史前人类遗骸，其头骨和肋骨破裂。根据伤痕的形状可以判断，受害者生前曾受到武器攻击。随着古人类学研究的推进，人类祖先曾卷入暴力行为的证据越来越多（Buss andShackelford，1997）。平克（2015：65-69）引用了更新、更详实的材料表明，根据古人类遗骸判断，在公元前 14000 年到公元 1770 年间的狩猎采集社会，因暴力而死亡的可能最大，平均暴力死亡率为15%，这与现当代的狩猎采集族群的暴力死亡率相近。而在国家出现之后，在各个社会里，据估计因暴力而死亡的人口比例应远远低于狩猎采集社会。进入现代社会之后，因暴力而死亡的人口比例又进一步降低了。但阅历较多的人都明白，在现代社会，暴力事件并非十分罕见。有数据表明，2009年美国发生了大约430万起暴力犯罪，2012年全世界大约有50万人被杀害（Durrant and Ward，2015：132）。按照西方学者的一些研究，在出生后的第一年，婴儿就开始会表达愤怒；从2岁到11岁，虽然儿童的身体攻击行为发生频率总体上呈现下降趋势，但仍有大约1/6的儿童持续地表现出高频率的身体攻击行为（Archer，2009）。近年来，层出不穷的中小学校园暴力事件一次次地刺痛中国公众，但我们似乎缺乏关于中国中小学校园暴力霸凌事件发生频率的数据。根据对美国高中生的调查，在2011—2019年间，有15.44%的人自我报告在过去的12个月内曾在互联网上被欺凌，19.70%的人自我报告曾在校园内受到欺凌（Li et al.，2020）。虽然霸凌既可能包括暴力上的，也可能包括语言等方面的，但这些数据似乎说明，不可小觑现代社会中青少年、儿童中的暴力事件发生频率。

对于习惯使用进化逻辑来思考的人来说，综合考虑这些因素，即暴力和攻击在动物界和诸人类社会都广泛存在，个人在婴儿期就表现出暴力倾向，暴力能帮助个人在资源竞争中获胜从而促进繁衍成功（Duntley and Shackelford，2008；2012），就不难接受暴力和攻击是自然选择和演化的结果的推论。演化过程不可避免地涉及遗传，接受上述推论就意味着认识到，人类具有进行暴力行为的先天倾向。很多人会感到困惑：纵然如此，为何现实中只有少数人表现出严重的暴力行为？考虑到可能有很多基因影响到暴力行为，个体之间无论是在先天素质还是在后天表现上都存在广泛的变异，以及暴力受到复杂的社会环境因素影响等，这个问题是不难理解的。

在动物界，在所有脊椎动物纲和很多无脊椎动物纲里都能观察到跟人类里的性侵犯相似的性强迫现象。生物学家常常把动物里的性强迫（sexual coersion）分为五种类型，即强迫交配（forced copulation）、骚扰（harassment，指雄性反复试图与雌性交配）、威吓（intimidation，指雄性惩罚拒绝与之交配的雌性）、杀婴（infanticide，指杀婴使得雌性因哺乳停止而排卵的时间缩短）、隔离（sequestering，指雄性把雌性与其他雄性隔离开来），其中强迫交配跟人类里的强奸相似（Watson-Capps，2009）。我们知道，在人类里，强奸是性侵犯的极端形式，可定义为通过威胁或暴力的方式违背另一方的意愿与之发生性关系。强奸既可能发生在异性之间，也可能发生在同性之间，这里主要考虑男性对女性的强奸。在灵长类动物里，猩猩（主要分布于马来西亚和印度尼西亚）和人类的强迫交配或强奸的发生率是最高的（Muller et al.，2009）。

上一章讲到，美国著名人类学家默多克等人（Murdock and White，1969：329-369）收集、整理了能确定其存在的时间点和具体地点的 186 个前工业社会的人类学材料，这些社会遍布世界各地，存在的时间范围为公元前 18 世纪至公元 20 世纪。这些社会被称为标准跨文化样本。美国人类学家桑德（Sanday，1981）使用了标准跨文化样本的材料考察了人类社会里强奸事件的发生频率。在那 186 个社会里，有 95 个社会的材料包含有关强奸的信息。在这 95 个社会里，有 17 个社会（占 18%）属于易于发生强奸的社会（rape prone societies），强奸事件经常发生，当地文化允许或不重视强奸事件（例如，有的社会里存在着男子举行成年礼时强奸女性的习俗）。在 33 个社会（占 35%）里，有强奸事件发生，但无强奸发生频率的数据，也无证据表明强奸在当地是罕见情况。剩下的 45 个社会（占 47%）则属于无强奸事件或强奸事件罕见的社会。这些数据足以说明，强奸是一个跨文化的现象，在一定程度上广泛存在于各人类社会。

关于现代社会里的情况，一项对 2016 名美国大学女生的调查发现，6%的被调查者曾被强暴；另一项对 380 名美国大学女生的调查表明，将近 15%的人曾被强暴。很大比例的性侵犯和强奸事件发生在熟人、朋友或伴侣之间。按照一项对 347 名新西兰大学生的调查，将近 63%的性侵犯的施害者是约会对象、男朋友、丈夫或性伙伴（Buss，2003：162）。这些数据说明，在现代社会里强奸事件也并非罕见。但由于强奸事件的特殊性，有关信息很可能不易获得，无论是使用默多克等人的材料评估前工业社会还是使用现代调查技术评估现代社会，都可能大大低估了强奸在人类社会里的广泛性。

西方学者提出了两种对于强奸的演化解释。按照第一种解释，强奸是演化过程中的副产品。具体说来，按照亲代投资理论（Trivers，1972）的思路，在自然选择和演化中，男性形成了追求配偶数量，更喜欢寻求短期性关系的倾向，而女性择偶时更为挑剔，更为追求配偶的质量。由于个体之间广泛存在差别，这就意味着有些男性有着某些特殊的心理、行为倾向，促使他们在某些条件下犯下强奸的罪行。事实上，也确实有研究发现，犯强奸罪的男性有着诸如敌视女性、相信女性内心希望被强暴、易于冲动、性关系混乱等心理、行为特质（Buss，2003：166）。

最著名的对于强奸的第二种进化解释是美国生物学家桑希尔在其与美国人类学家帕尔默合著的著作（Thornhill and Palmer，2000）里提出的。帕尔默持有第一种进化解释，桑希尔则持有第二种解释。按照第二种解释，男性在演化中形成了种种用于强奸的心理和生理等方面的专门机制（或称为适应或适应器），例如评估潜在强奸受害者的脆弱性的心理机制、促使无法找到配偶的男性强奸的心理机制、使得强奸的施害者的射精量多于女性同意情况下的射精量的心理和（或）生理机制，等等。第二种解释的重要依据是：在其他一些物种里发现了可用进化论解释的用于强迫交配的专门的生理构造。例如，在蝎蛉、水黾、鼠尾草蟋蟀（sagebrush cricket）等昆虫里都发现了雄性具有用于强迫交配的专门器官。第二种解释实质上把差不多所有男性都看作潜在的强奸犯。再加上很多人认为这种解释证据基础缺乏或薄弱（Buss，2003：163-164；Thompson，2009），因而此种解释极易引起争议。

人类里有时会发生偷盗和劫掠他人财物的现象，这自不必多说。在黑猩猩、倭黑猩猩、南美白面卷尾猴等灵长类动物里，也能观察到偷盗、劫掠其他个体的财物的行为。例如，卷尾猴经常捕猎其他物种特别是浣熊幼崽为食。捕猎成功之后，它们有时能分享食物，特别是在一位母猴及其子女之间分享。但它们有时也偷盗其他猴子捕到的猎物。它们也不随机偷盗，而往往从在群体里地位较低的猴子那里偷东西，并可以依靠自己较高的地位威吓受害者。这种有意选择受害者的现象自然在人类中也存在。西方学者做了一项研究，录下了 60 个人在纽约某街区行走的场景，然后把录像播放给 53 个关在监狱里的犯了暴力袭击罪的罪犯看。这些囚犯对于应该抢劫哪些人具有较为一致的看法——被选中的对象是一些走路姿势不协调的人。这意味着，囚犯有意识地根据身体信号来判断抢劫行为是否容易成功（Buss and Duntley，2008）。早在 30 多年前，美国社会学家科恩和马哈莱克（Cohen and Machalek，1988）就专门在美国社会学界的旗舰刊物《美国社会学杂志》上专门发文，把剥夺他人的劳动和财物等资源的犯罪（expropriative crime）当作演化出来的行为策略来处理。他们对犯罪特别是盗窃、抢劫等犯罪的进化探讨是远远走在同时代人的前列的，可惜后来的社会学家却很少沿着他们的道路继续前行。由于在个人特质和个人所处社会环境等方面的广泛差别，我们在现实中通常只能观察到少量严重的包括盗窃、抢劫在内的诸种犯罪行为。但把犯罪行为视为演化出来的行为策略，同时也意味着，犯罪倾向的分布频率要远远高于很多人的想象。

2. 行为遗传学的犯罪研究

第三章讲到，行为遗传学研究分为两大类，其一是数量遗传学研究，主要表现在双胞胎研究和收养研究，这类研究可借助统计学方法评估遗传因素和环境因素各自对某种行为的效应大小，但无法明确到底哪个或哪些基因对某种行为有影响。其二是分子遗传学研究，这类研究可能找到影响行为的具体基因。这一部分也就相应地主要从两个方面介绍行为遗传学对于反社会行为和犯罪的行为遗传学研究。

（1）双胞胎研究和收养研究

行为遗传学之父高尔顿是学术史上第一位系统地研究遗传对人类行为影响的科学家。在其 20 世纪初出版的一部著作里，他写道："由于遗传，犯罪一族在社会上长期存在，这个问题在很多方面都难以搞清。但是，容易表明，犯罪本性容易受到遗传影响。"早期的一个著名的关于犯罪问题的双生子研究是由德国医生兰格（Johannes Lange）完成的。兰格考察了 13 对同卵双胞胎和 17 对异卵双胞胎，他发现有 10 对同卵双胞胎都是罪犯，而只有 2 对异卵双胞胎都是罪犯。考虑到同卵双胞胎携带相同的遗传信息，而异卵双胞胎平均而言只有一半遗传信息一样，乍一看，兰格的数据能够支持遗传影响犯罪行为的观点。但是，兰格的样本量太小，他也不能把遗传因素和环境因素的影响区分开来(Schmalleger，2017：92)。

犯罪行为是反社会行为（违反社会规范，对社会具有危害性的行为）的一种，违反法律特别是刑法的反社会行为通常才被看作犯罪行为。近些年来，西方学者发表了至少四篇关于反社会行为的双生子研究和收养研究的元分析（对已有的种种研究的重新统计分析）论文，这些论文重新分析了20世纪60年代以来的诸多经验研究，就反社会行为的遗传基础得出了较为一致的一般性结论，即反社会行为的可遗传性值大约为0.50——个体之间在反社会行为上的差别有大约50%能够被遗传因素解释（表8-1）。这些研究的结果应当是可信的。根据笔者了解的近几年的一项对瑞典人的研究（Långström et al.，2015）①，性犯罪的可遗传性值为0.40，共享环境因素的影响为0.02，非共享环境因素的影响为0.58。这项研究的结论与几个元分析的结论的差别并不太大。

表8-1　关于反社会行为的可遗传性的元分析结果

文献来源	样本数[1]	可遗传性	共享环境因素[2]的影响	非共享环境因素[3]的影响
Ferguson (2010)	38	0.56	0.11	0.31
Mason and Frick (1994)	24	约0.50	—	—
Miles and Carey (1997)	15	约0.50	—	—
Rhee and Waldman (2002)	51	0.41	0.16	0.43

① 在双生子研究和收养研究中，由于双生子之间具有遗传关系，同时对环境因素作了某些规定或假定（同卵双胞胎年龄一样，因此应具有共享的环境条件——家庭，被分开抚养的双生子则在共享的环境因素方面存在差别，等等），就可以运用统计技术甄别出遗传因素、共享环境因素和非共享环境因素的效应大小。这个研究不属于双生子研究和收养研究。有相当比例的性犯罪者是弟兄关系。由于弟兄之间也有遗传关系，研究者也对环境因素作了某些规定或假定（例如，同父同母弟兄或同母异父的弟兄之间具有相同的共享环境条件——家庭，同父异母的弟兄之间则在共享环境条件上存在差别），也可以运用统计学方法估计出遗传、共享环境、非共享环境因素的影响大小，在原理上是与行为遗传学里典型的双生子和收养研究一致的。

[1] 样本数指论文分析的以往研究的数量。

[2] 共享环境因素指兄弟姐妹共享的家庭条件、居住区各方面的情况、所处社会阶层的社会经济地位等。

[3] 非共享环境因素指兄弟姐妹经历的不同的环境因素，主要指个人独特的成长经历，例如兄弟姐妹可能在成长道路上碰到了不同的人、在家庭内的境遇。

虽然这些元分析表明，个体在反社会行为上的差别有大约 50%是由遗传引起的，几项研究也表明，较为严重的反社会行为受遗传的影响更大。根据一项对瑞典的 2600 对 8—20 岁的双生子的研究（Tuvblad et al.，2011），从童年到成年早期的持续的反社会行为的可遗传性值为 0.67（共享环境的影响为 0.26，非共享环境的影响为 0.07）。用直白的语言讲，有些人从童年到成年早期持续表现出反社会行为，其他人则不是这样，人们之间的这种差别有 67%是由遗传引起的，有 26%是由共享环境因素引起的，有 7%由非共享环境因素引起。根据一项对美国人的研究（Barnes et al.，2011），终身违法犯罪（近似于中文新闻报道里说的惯犯）的可遗传性值高达 0.70，共享环境因素的影响为 0，非共享环境因素的影响为 0.30，即人们之间在是否终身违法犯罪上的差别有 70%可以由遗传因素解释，兄弟姐妹共享的家庭条件等因素毫无解释力，兄弟姐妹独特的人生经历等非共享的环境因素（例如有些人在某个年龄段碰巧与某黑帮成员成为朋友而被带上某条犯罪道路）可以解释 30%。终身违法犯罪者的违法犯罪行为基本上贯穿于行为人的整个生命周期，他们往往犯下较为严重的罪行，社会上的多数刑事犯罪行为都是他们做出的。

笔者几年前曾经留心观察由大人照看在户外活动的婴幼儿。笔者发现，个别 1—2 岁的婴幼儿就表现出强烈的无缘无故攻击同龄人的行为倾向。由于他们的年龄很小，受到的环境影响很可能也很小，笔者就揣测，这样的婴幼儿的行为倾向应该主要由于遗传因素。非终身违法犯罪者只是在人生的某阶段偶尔有违法犯罪活动，例如青春期的少年无故破坏公物，某成年人由于受到凌辱而一时冲动犯了防卫过当的罪行。终身违法犯罪者指的是在很长时间内经常有违法犯罪活动，很可能在很小的时候他们就表现出反社会行为倾向了。如果在小孩子内部考察反社会行为，很可能也会发现，反社会行为倾向也在较大程度上受遗传影响。事实上，根据对1116对5岁大的美国双胞胎的研究，反社会行为（攻击他人、私自拿走其他儿童财物、不服管教，等等）的可遗传性值为0.82，即5岁大儿童在反社会行为倾向上的差别有82%可由遗传因素来解释，共享环境因素的影响为0，非共享环境因素（各个儿童的具体经历）的影响为0.18。论文的作者倡议，“当前对儿童反社会行为原因的研究和理论强调社会经济背景和父母教养过程的影响，必须超越于此，把遗传解释包容进来，发展出关于天性-教养（nature-nurture）相互作用的新的理论”（Arseneault et al.，2003）。

人类行为不仅受到遗传因素影响，也受到环境因素影响。我们在第三章里多次提到，行为遗传学研究通常能表明，非共享环境对行为的影响超过共享环境因素的影响。而在表8-1里列出的四个元分析中，有两个元分析给出了共享环境因素影响和非共享的环境因素影响的数值，非共享环境因素的影响都超过了共享环境因素。这意味着，对反社会行为的行为遗传学研究得出了跟其他行为的行为遗传学研究相似的结论。

（3）分子遗传学研究

最早的对犯罪行为的分子遗传学一类的研究开始于20世纪60年代英国遗传学家雅各布等人（Jacobs et al.，1965）对XYY综合征的研究。由于雅各布较早进行了这一类研究，所以XYY综合征也被称为雅各布综合征。在人类的23对染色体中，男性的性染色体通常包括一条X染色体和一条Y染色体。但极少数男性的性染色体却包括1条X染色体和2条Y染色体。这是由于男性精子在形成过程中发生异常，有的精子包括2条Y染色体，这样的精子与卵子结合，胚胎细胞就会有2条Y染色体。XYY性染色体异常者有时也被称作超雄（supermale）。在每1000名男性新生儿中，大约只有1人属于XYY性染色体异常。但雅各布等人对197名英国男性囚犯做了医学检查，其中有7人属于XYY性染色体异常，约占3.55%。此外，还有1人的性染色体为XXYY型。雅各布等人注意到，具有两条Y染色体的8个囚犯的平均身高约为186厘米，而其他囚犯的平均身高仅仅约为170厘米。在这197个囚犯中，身高超过183厘米的囚犯中有大约一半是XYY性染色体异常者。雅各布等人提出，XYY性染色体异常与攻击行为和心智缺陷之间的关系尚待研究。

根据两位英国生物学家的文献综述（Re and Birkhoff，2015），在过去的 50 多年里西方学者所做的很多 XYY 综合征研究里，最为一致的发现是，XYY 性染色体异常者通常身材高大，比期望身高高 7 厘米左右。其次，一些研究表明，XYY 性染色体异常者中更可能出现某些生理、行为和心理问题。例如，XYY 性染色体异常者平均智商较低（大约比人口的平均智商低 10—15 分），更可能有社会情感问题（易于冲动、自控力差等不利于人际交往的情感问题），更容易有反社会行为，往往也能发现，罪犯中 XYY 性染色体异常者所占比例远远高于新生儿中 XYY 性染色体异常者所占比例（但目前尚缺乏坚实的证据表明，XYY 性染色体异常者更容易犯下暴力犯罪）。当然，这并不是简单地肯定多一条 Y 染色体就决定了某些身心和行为问题。一方面，虽然也有研究者（例如 Kopsida et al.，2009）认为，Y 染色体上的基因的过度表达可能是 XYY 性染色体异常者的某些心理、行为异常的原因，但我们对遗传如何对后天表现产生影响的具体途径还不甚明了。另一方面，也有一定比例的 XYY 性染色体异常者的心智发育正常，有些研究者发现，这些人犯罪的可能性与常人无异。有些研究者提出，XYY 性染色体异常者通常身材高大，再加上可能有一些心智问题，就会导致他们被同龄人孤立，这又会进一步增强 XYY 性染色体异常者的反社会行为和攻击行为倾向（Re and Birkhoff，2015）。

多数试图找到影响反社会行为的基因的工作属于候选基因关联研究（candidate gene association studies），这类研究通常只考察某个或少数基因的作用。人类有数万个基因，试图找到影响反社会行为的个别基因无异于大海捞针。事实上，多数研究致力于找到影响神经传递（神经细胞之间和神经细胞与其他细胞之间的信息传递）的基因。背后的道理是：某些基因影响神经传递过程，进一步影响个体的认知过程，再进一步又会影响到反社会行为。候选基因关联研究主要研究三类跟神经传递有关的基因：多巴胺能基因（dopaminergic genes）、血清素能基因（serotonergic genes）、与神经递质代谢有关的基因。已经发现，DAT1、DRD2/ANKK1、DRD3、DRD4、DRD5 等多巴胺能基因与吸毒、赌博、酗酒、青少年期受侵害、犯罪有关联，5HTTLPR、5HTR2A、5HTR1B、5HTR2C 等血清素能基因与冲动、赌博、行为失当、违法犯罪有关，MAOA 和 COMT 等与神经递质代谢[①]有关的基因与犯罪和攻击行为有关，而关于 MAOA 基因的研究文献是最多的（Beaver et al.，2018）。

MAOA 基因负责指导 MAOA 酶的合成，MAOA 酶的作用在于分解某些分子，这些分子包括血清素、肾上腺素、去甲肾上腺素、多巴胺等神经递质，这些神经递质又负责在神经细胞之间或神经细胞与其他细胞之间传递信号，进一步就调整着各种生理、心理活动。最早的关于 MAOA 基因与反社会行为关联的研究是由荷兰遗传学家布鲁纳等人（Brunner et al.，1993）做出的。1990 年，一群饱受家庭暴力的妇女组成了反家庭暴力联盟，这些妇女经常聚到一起"抱团取暖"，相互交流反对家庭暴力的办法。一些妇女意识到家庭暴力可能跟基因有关，就找到遗传学家布鲁纳，布鲁纳答应做这方面的研究。这些妇女每隔几个星期就到布鲁纳的实验室打探消息，每次都花几个小时七嘴八舌地向布鲁纳提供"研究证据"。布鲁纳不堪其扰，就告诉她们，家庭暴力跟遗传无关。这些妇女失望而归，就不再到布鲁纳的实验室"骚扰"了。但实际上布鲁纳一直在做这项研究，并于 1993 年将研究成果发表在著名科学期刊《科学》上（晓阳，2010）。布鲁纳等人（Brunner et al.，1993）研究了荷兰的一个家族，这个家族里的某些男性表现出各种暴力、犯罪和反社会行为，甚至曾犯下强奸、纵火罪，这个家族的女性似乎没有这些行为。布鲁纳等人认为，具有反社会行为的这些男性携带突变了的 MAOA 基因，导致不能产生 MAOA 酶，然后就影响到神经递质的活动，最后导致这些男性难以控制攻击性冲动。MAOA 基因位于 X 染色体上，男性只有一条 X 染色体，女性有两条 X 染色体。具有 MAOA 基因缺陷的女性没有表现出像男性那样的反社会行为，是由于女性的另一条 X 染色体上具有正常的 MAOA 基因还是别的原因，尚不清楚。

---

① 神经递质是负责在神经细胞之间或神经细胞与其他细胞之间传递信息的化学物质。神经递质代谢指的是神经递质的合成、储存、释放和灭活（使神经递质不再发挥作用）。

后来的研究者没有在一般人口中发现布鲁纳等人（Brunner et al.，1993）报道的荷兰某家族中的MAOA基因变种，但是却发现MAOA基因有两种类型。一种可称为MAOA-L基因，能够合成低活动水平的MAOA酶，另一种是MAOA-H，能够合成高活动水平的MAOA酶。一些研究持续表明，携带MAOA-L基因的男性更容易表现出反社会行为，包括参与违法犯罪活动、参加黑帮组织、使用武器等（Beaver et al.，2018）。近年来，由我国旅美社会学家国光（Guo et al.，2008）领头的一项研究发现，某些美国男性携带某MAOA基因变种，导致产生的MAOA酶的活动水平比其他MAOA-L变种下产生的MAOA酶的活动水平更低，而携带这种特殊的MAOA-L基因变种的男性更容易卷入包括杀人在内的各种严重的暴力行为，更可能成为终身犯罪者。

虽然几十年来很多研究致力于探查单个基因特别是MAOA基因与反社会行为之间的关系，但是反社会行为应当受多个基因作用。近年来，也有一些西方学者沿着这一路径工作。例如，两位美国学者（Schwartz and Kevin，2014）对美国家庭的研究表明，兄弟姐妹之间的差别既受环境因素影响，也受遗传因素影响，兄弟姐妹之间在三个基因DAT1、DRD2、DRD4上的变异能够显著预测他们在被捕、被监禁、被监禁多次上的可能性。

近些年来，最前沿的分子遗传学路径的行为遗传学研究应当是全基因组关联研究（genome-wide association studies，GWAS）。这类研究往往要比较成千上万个个体的全基因组信息和后天行为表现，以发现后天行为与遗传因素之间的关系。就反社会行为和犯罪行为研究而言，如果全基因组关联研究发现，人们在某种反社会行为上的差别对应着在某个或某些等位基因频率的差别，这种相关关系往往也会被尝试着理解成因果关系。

影响行为的因素可分为遗传和环境两类，行为遗传学研究往往也能报告影响某类行为的遗传效应和环境效应大小。但这并不意味着遗传因素和环境因素相互隔离，各自孤立地发挥作用。事实上，也存在着基因-环境交互作用（gene-environment interaction），即基因发挥的作用因环境不同会发生变化，也可以反过来说，环境发生的作用因基因不同会发生变化。例如，可以设想，携带某个基因的个人如果从小生长在充满爱和关怀的环境里，他们的反社会行为倾向与其他人无异；如果这些人从小生活在缺乏爱和关怀的环境里，他们的反社会行为倾向才大大高于他人。无论是在双生子和收养研究里还是在分子遗传学研究里，都有一些探讨基因-环境交互的工作，而关于 MAOA 基因与童年成长环境的交互作用的工作是最多的。已经有一些研究表明，对于携带 MAOA-L 基因的人而言，很可能主要是童年时经常受到虐待的人才表现出高于他人的反社会行为倾向（Beaver et al.，2018）。

3. 神经犯罪学

（1）神经系统和反社会行为

探讨神经系统与反社会行为和犯罪行为之间关系的研究被称为神经犯罪学。像通常的神经科学研究那样，神经犯罪学研究借助于计算机 X 线断层扫描（CT）、磁共振成像（MRI）、功能磁共振成像（fMRI）和正电子发射计算机断层扫描（PET）等脑成像技术认识脑的结构与功能。已有研究较为一致地发现，两个脑区，即边缘系统（limbic system）和前额皮层（prefrontal cortex），与反社会行为相关联（Beaver and Walsh，2011）。

大脑边缘系统的主要部分围绕大脑两半球内侧形成一个闭合的环，故名边缘系统，其主要成分包括杏仁核、海马体、丘脑、下丘脑、扣带回等。大量脑成像研究表明，各类反社会行为人，包括精神病患者、杀人犯、有反社会人格的人、家庭暴力中的施暴者甚至带有精神病人格特征的大学生，其边缘系统的结构、功能异于常人。边缘性人格障碍是一种精神疾病，其基本特征在于情绪不稳定、容易冲动/攻击他人等方面。按照我国学者（靳鑫虎、雷小霞、蚁金瑶，2017）对国外研究的综述，边缘性人格障碍与边缘系统和额叶皮层异常有关。之所以反社会行为与大脑边缘系统有关联，这中间的基本道理就在于，边缘系统负责识别、处理跟情感有关的刺激，并把信息传给大脑的额叶皮层，由额叶皮层控制情感。对于我们中的多数人（或常人）而言，如果我们的行为不会带来不利后果，我们会把来自边缘系统的冲动付诸实施，但额叶皮层会抑制住这些冲动，但一部分人的额叶皮层却不能抑制住这些冲动。例如，我们看到自己的幼小子女行为适当，随意破坏家里的贵重财物，我们的边缘系统会产生并向额叶皮层传达把他（她）狠揍一顿的冲动，但我们意识到体罚对孩子的发育不利，额叶皮层会抑制住我们的暴力冲动。但是一部分人的大脑皮层却不能抑制住暴力冲动，就会发生针对孩子的暴力行为。而之所以一部分人的皮层难以抑制来自边缘系统的冲动，原因就在于其大脑边缘系统对情感刺激的反应过度，或其大脑皮层的情感控制能力弱，或二者兼而有之（DeLisi，2011）。

大脑边缘系统里的杏仁核具有引发恐惧心理的功能，与反社会行为和犯罪行为的关系较为密切。人们可能因为这样那样的外部原因产生进行反社会行为甚至犯罪行为的冲动。如果杏仁核功能正常，他很可能对行为后果感到害怕，这就会压制住他的冲动。反之，如果杏仁核功能失调，他对行为后果不感到害怕，就很可能真的把冲动付诸行动。按照对印度洋岛国毛里求斯居民的一项研究（Gao et al.，2010），在 23 岁时无犯罪记录和 23 岁时有犯罪记录的两个群体里，前者 3 岁时比后者 3 岁时更容易产生恐惧的心理。研究者认为，杏仁核功能失调导致了幼年时不易感受到恐惧、害怕，这种特征延续到成年阶段，诱发了成年时的犯罪行为。这些研究者实际上认可了杏仁核在犯罪行为上的长期、持续的效应。行为失当的儿童和青少年和患有精神病的儿童表现出较多的反社会行为。而一些研究也发现，他们具有不容易产生害怕心理的特点（DeLisi，2011）。

我们可以把犯罪行为看作情感战胜理性的结果，而杀人是极端形式的犯罪。有研究表明，杀人犯的大脑边缘系统异于常人，表现为杀人犯的左侧杏仁核和左侧海马体的活动水平较低，右侧杏仁核和右侧海马体的活动水平较高，右侧丘脑的活动水平也较高。按照大脑偏侧化理论，左利手的右脑活动水平较高，右利手的左脑活动水平较高。而这个研究发现，无论是左利手还是右利手的杀人犯，都存在边缘系统活动水平不对称的现象。这就说明，仅仅根据关于大脑偏侧化的知识无法充分解释为何杀人犯的边缘系统活动水平不对称（DeLisi，2011）。

除了边缘系统，另一个经常被发现与反社会行为有关的脑区是大脑皮层的额叶（frontal lobe），特别是额叶上的前额皮层（位于额头和眼睛后面的皮层)。人类大脑的额叶比其他动物的额叶更大，是人脑与其他灵长类动物脑之间的最大、最明显的区别。人脑额叶负责指导和控制我们的行为。带有人类特色的行为，例如做出计划、处理复杂的信息、发起一项行动、适应外部世界等，都要归功于它。西方学术界对于额叶损伤与反社会行为之间关联的认识可以追溯至19世纪早期。经常被提到的有关个案发生于19世纪中叶，一个姓盖奇（Phineas P. Gage）的美国工人在铁路工地施工时，因爆炸事故被一根铁棍击穿头颅，造成额叶损伤。此后他的个性特征就与之前迥然两样，开始表现出种种反社会行为，例如变得有暴力倾向，最后导致被社会孤立并失业（Boots, 2011）。一些研究表明，反社会行为者的前额皮层体积小于常人，在控制了被试的社会经济地位、智力、民族身份后仍然是这个结果（Walsh, 2009：109-110）。

额叶和边缘系统都属于中枢神经系统，此外外周神经系统里的自主神经系统也跟反社会行为和犯罪行为有关系。一些研究发现，出身于较高社会经济地位的家庭的反社会行为人，往往皮肤导电性能较低，静息心率（处于静止状态时的心率）也较低，这也就说明他们的自主神经系统的官能较低。皮肤导电性能低能说明大脑的杏仁核功能失调，影响到情感控制能力，因而与反社会行为相关联（Rudo-Hutt et al.，2011）。至于低静息心率为何与反社会行为有关，则有着种种解释。有人认为，低心率表明一个人不容易感到恐惧，在等同条件下就容易卷入反社会行为。有人认为，低心率者的同理心也较弱，较难体会到他人的感受，因而容易参与反社会行为。也有人认为，低心率者处于生理上的低唤醒状态，这是一种不愉快的状态，他们为了寻求刺激可能就卷入了诸种反社会行为（雷恩，2016：108-110）。至于为何出身较高阶层的反社会行为人才有着自主神经系统的官能较低的特点，似乎有待解释。有可能较差的生活环境构成一股强大的力量，引诱或迫使某些个体表现出反社会行为，而不管自主神经系统的官能如何。

(2) 早期生活经历对脑和反社会行为的影响

在人类的两万多个基因里，有50%到60%的基因参与脑的发育，它们确定脑的结构、建构神经细胞，合成各种神经递质和酶，确定脑的各部分相互连接的基本方式（Walsh，2009：93-94）。但环境因素也参与脑的发育，影响脑的结构和功能，进一步影响人的社会行为。

在怀孕的第三周或第四周，脑就开始发育了。多数神经细胞在子宫中就发育成熟，到了六岁时，人脑的95%的结构都形成了。此后人脑的结构和功能不断发育成熟，不断变化，这一过程贯穿于人的一生。人生的头五年是脑发育最快的时期，这一时期脑的发育也很容易受到环境因素影响（Boots，2011）。

孕妇的身体状况、心理和行为会对胎儿生理、精神的方方面面产生影响。关于孕妇吸烟、喝酒对子女的影响的研究较多。孕妇吸烟会导致子宫供血量减少，胎儿接受的营养和氧气随之降低，很容易造成大脑损伤。有研究表明，孕期抽烟的母亲产下的婴儿的脑袋周长较小，这能间接地说明抽烟对脑发育的不利影响。对母亲孕期抽烟而产下的孩子长大成人后的脑成像研究表明，他们大脑皮层的某些部位异常。吸烟也可能对胎儿的自主神经系统产生影响，造成出生后静息心率低、皮肤导电性能低，这两者都很可能与反社会行为和犯罪行为有关联。多项研究表明，母亲孕期抽烟越多，儿童的认知能力就下降得越厉害；母亲孕期抽烟的成年人犯罪的可能性远远高于母亲孕期不抽烟的成年人，而且母亲孕期抽烟越多，孩子长大后犯罪的可能性就越大。孕期喝酒也会对胎儿大脑造成损伤。动物实验表明，母亲孕期喝酒越多，则子女大脑受损伤越严重。在我们人类中，母亲孕期饮酒有可能造成胎儿酒精综合征，表现在胎儿颅骨表面异常、中枢神经系统障碍等方面。母亲孕期饮酒后出生长大的人，犯罪的可能也远远超过其他人（雷恩，2016：201-207；Rudo-Hutt et al.，2011）。

各种后天社会环境因素，包括幼年时遭受长者在身体、情感、性等方面的虐待或忽视，都可能影响大脑的发育。有些人幼年时没受到虐待或忽视，但没能形成与长者的依恋关系，其大脑的结构和功能也会受到不利影响。按照2003年哈佛大学医学院的一项研究，幼年时有过受虐待或忽视经历的人，其胼胝体（大脑两半球的连接器）比幼年时没有受虐待经历的人小，即便这些人只是受到过语言上而非身体、性上的虐待。胼胝体较小意味着大脑两半球结合得不够好，这又会造成情感和个性上的重大差别。按照 2011 年英国学者的研究，幼年时遭受过照料者的暴力虐待的人，其大脑杏仁核和皮层上的前脑岛的活动水平较高。这意味着，他们更容易感到恐惧和疼痛。在上过战场的士兵那里也能发现大脑功能上的这种变化（Schmalleger，2017：106-107）。海马体和杏仁核是边缘系统中最容易受到环境刺激而改变的，而前额皮层是整个大脑结构中最容易因环境影响而改变的（Walsh，2009：110）。如前所述，这些脑区的功能正常与否与反社会行为和犯罪行为关系密切。

近些年来，一些神经科学家倡导神经可塑或大脑可塑（neuro-plasticity/brain-plasticity）的观念，即神经系统和大脑的结构和功能在一生中都可能为环境刺激所改变的观念。上面仅仅提到环境刺激的负面影响，这似乎多多少少令人沮丧。但来自神经科学研究的一个好消息是，正面的内部刺激（一个人对自己的积极的自我暗示等）也可能为大脑功能和个性发展带来好的结果（Schmalleger，2017：106-107）。

第三节　性别、年龄与犯罪

性别与犯罪以及年龄与犯罪的关系属于犯罪学里极重要的两类现象，也是传统的社会科学难以面对的问题，引入生物学因素进行解释的意义就显得特别明显。

1. 性别与犯罪

在世界上任何地方、任何时期，男性的犯罪率都远远高于女性，大多数犯罪都是男性犯下的。有些西方犯罪学家把这个问题看作犯罪学里唯一且最重要的有待解释的问题（Walsh and Jorgensen，2018）。在男性构成了大多数罪犯这个一般事实之外，男性更是大多数较为严重、残忍、暴力的犯罪的行为人。根据 1964—2004 年间的美国人犯罪数据，超过 90％的抢劫案和入室盗窃案、将近 90％的杀人案、约 85％的严重伤害案是由男性犯下的。此外，强奸案的案犯基本上都是男性。女性犯下的罪行主要是非对抗性的犯罪，包括卖淫、诈骗、盗窃、贪污、伪造等。但在这些非对抗性的犯罪中，除了卖淫之外，由男性犯下的案件都超过了 60％（图 8-1）。我国女性的犯罪率更是低于男性。1950 年时我国女性犯罪只占犯罪总数的2%—3%。改革开放以后，随着女性更全面地卷入社会生活，女性犯罪现象迅速增多。但即便如此，据估计，20世纪末时我国女性犯罪人数在犯罪人总数中所占比例不过约10%（王牧，2005：294；丛梅，2008）。从2005年到2012年，我国女性在押服刑人数由77279人增加到95770人，所占比例由4.94%增加至5.83%。作为对比，美国2014年服刑女性人数为201000人，占监狱监禁总人数的8.8%（陈凌剑，2020）。

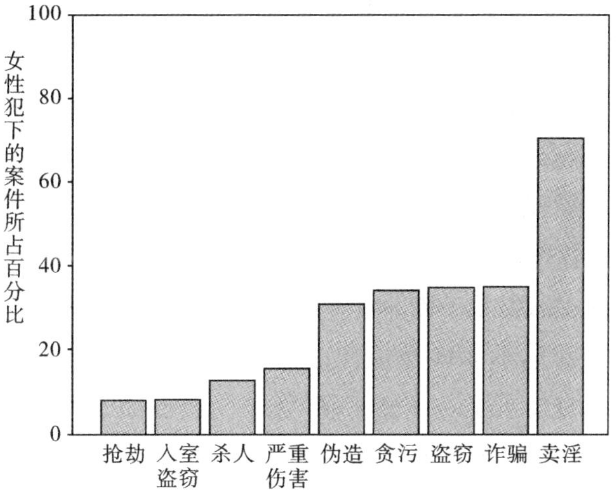

图 8-1　1964—2004 年间美国女性犯罪所占百分比［改编自 Campbell（2009）］

传统的社会科学学者喜欢用文化和社会化因素解释男女两性在犯罪和反社会行为上的差别。用文化因素来解释，就意味着假定不同社会都有着独特的文化，或同一社会内有着一些独特的亚文化，这些文化因素以不同方式塑造了人们的行为。例如，有的文化里包含着鼓励暴力的价值观，就会促使暴力行为较频繁地发生，而有的文化鼓励人们温顺、服从，在这样的文化里暴力行为就比较少见。我们能看到，东亚和北欧的一些国家和地区犯罪率较低，而非洲和拉美的一些国家犯罪率较高。用文化因素解释国家层面上犯罪率的差别也许有一定道理，但很难用文化因素解释两性之间在犯罪率上的差别。持有上述看法的一大理由在于，在几乎所有社会里都能发现犯罪者主要是男性，并且在世界各国和地区，男性和女性各自在犯罪者中所占比例都比较接近。在世界各国和地区，男女两性在杀人案件上的犯罪率的相关系数是0.98，在故意伤害案件上的犯罪率的相关系数是 0.99，在轻微盗窃案件上的相关系数是 0.96，在诈骗案件上的相关系数是 0.95。在美国的 48 个州里，男女两性在暴力犯罪案件上的犯罪率的相关系数是 0.95，在财产犯罪案件上的相关系数是 0.99。这些数据表明，在不同文化下，男女两性是以相似的方式对文化环境的刺激做出反应的（Campbell，2009；Beaver and Nedelec，2014）。

关于父母社会化对两性在犯罪上的差别的影响，迄今为止，至少有两项元分析表明，父母对儿子和女儿的教养方式基本上是一样的。心理学家利顿和罗姆尼（Lytton and Romney，1991）考察了 1953 年至 1988 年发表的关于西方国家父母如何教养子女的 172 项研究，涉及父母在 19 个方面教养子女的方式（例如约束子女的攻击性行为、管教子女的频率）。他们发现，在北美国家做的那些研究中，父母只是在关于性的事情的教导上对儿子和女儿区别对待；在北美之外的西方国家做的研究发现，父母更喜欢体罚儿子而非女儿；父母的其他教养儿子的方式和教养女儿的方式差别很小并且在统计上也不显著。几位荷兰学者的元分析（Endendijk et al.，2016）考察了 1963 年到 2014 年间主要由西方学者发表的 126 项研究，得出基本结论：父母对待儿子和对待女儿的控制策略（父母试图影响、改变子女的行为、思想或情感的做法）的差别很小。上述两个元分析主要研究的是西方国家父母教养子女的方式，都发现父母教养儿子和教养女儿的方式差别很小。这应当就意味着，父母在教养儿子和教养女儿的方式上的差别也许能在某种较小程度上解释男女两性在犯罪上的差别，但不是两性在犯罪上的差别的一般模式（犯罪活动的参与者以男性为主，并且在恶性、暴力犯罪中，男性占的比例尤其大）的主要原因。主要原因应当是生物学原因。

两性在犯罪行为上的基本差别有其进化和自然选择上的原因，即最终原因。正如从最终层面解释两性之间的其他差别那样，解释两性在犯罪上的差别的常用理论也是性选择理论和亲代投资理论（Trivers，1972）。按照亲代投资理论，在长期演化过程中，两性会形成不同的择偶倾向，男性更为追求配偶数量，女性更看重配偶的质量，包括看重配偶为子女投入的能力。由于地位和财富能够指示为后代投入的能力，女性也就演化出了看重配偶的地位和财富的择偶倾向。择偶较为挑剔的女性又进一步造成了男性之间的择偶竞争更为激烈的局面，而一些暴力犯罪（例如，为了争夺一个女朋友或情人而大打出手）正是择偶竞争的直接结果。另一方面，女性看重配偶的地位和财富的倾向也会造成男性比女性更为积极地追求地位和财富，大量暴力犯罪和财产性犯罪由此而来。至于性犯罪，上一节提到了对于性犯罪的两种进化解释。按照笔者较为认同的其中一种解释，可以把性犯罪看作男性择偶倾向演化的“副产品”，即男性演化出追求配偶数量的倾向，同时由于个体之间存在广泛的变异，个别男性可能就走上了性犯罪的道路。

除了在最终层面解释两性差别，也可从遗传、神经系统、社会环境等直接层面做出解释。我们在第五章第二节就讲到，XY 型受精卵上具有 SRY 基因，因此受精卵会发育成具有男性性器官的胚胎，而 XX 型受精卵上没有 SRY 基因，因而会发育成具有女性性器官的胚胎。男性胚胎和胎儿由于具有睾丸能分泌比女性胚胎和胎儿多得多的雄激素，由此又会引起两性在脑的结构和功能上的区别。本章上一节也讲到，神经科学研究较为一致地发现，两个脑区即前额皮层和边缘系统与反社会行为特别是暴力行为有关系。前额皮层的功能包括指导和控制行为，前额皮层活动水平低意味着较大的进行反社会行为的可能。而女性的前额皮层比男性更大，也更为活跃。边缘系统负责识别与情感有关的刺激并把信号传给大脑皮层，边缘系统过于活跃或功能失调就意味着个体难以控制冲动从而做出反社会行为的可能较大。而男性的边缘系统的部分区域比女性更大，也更为活跃（Beaver and Nedelec，2014）。

本章上一节也讲到，在关于犯罪的分子遗传学研究中，关于 MAOA 基因的研究是最多的。携带活动水平较低的 MAOA 基因变种（即 MAOA-L 基因）的男性更加容易卷入暴力犯罪。MAOA 基因位于 X 染色体上。男性只有一条 X 染色体，女性则有两条 X 染色体。如果一个女性也带有一个 MAOA-L 基因，她的另一条染色体上可能带有一个活动水平较高的 MAOA 基因，能够发挥阻抑 MAOA-L 基因导致的暴力倾向的功能。X 染色体上可能也有着其他近似于 MAOA 的基因，也能用来解释两性在反社会行为上的差别。总的看来，男性犯罪较多应当有着遗传上的原因（Beaver and Nedelec，2014）。

社会环境因素当然也是解释犯罪包括两性在犯罪上的差别的直接原因。例如，在社会经济发展较差的地区，很多男性难以或无法通过较好的学业表现、职业声望等方式证明自己的地位，一些女性也可能为了自己和子女生存，因而卷入反社会行为和犯罪行为。生物社会犯罪学与传统的社会科学研究都注重社会环境因素对犯罪的影响，而后者由于缺乏进化的视角而未注意到社会环境因素与繁衍后代之间的关联。

2. 年龄与犯罪

按照很多西方犯罪学家的看法，在世界各地，都能发现年龄与犯罪数量之间具有相似的规律，从而可以制成如图 8-2 所示的年龄-犯罪曲线（age-crime curve）。有些西方犯罪学家把这条曲线称为“犯罪学里最重要的规律”，称作“自然法则”（转引自 Walsh and Jorgensen，2018）。

从图 8-2 可以看出，青少年期[①]开始后的犯罪占比急剧上升，到了青少年期的中后阶段犯罪占比达到顶点，然后迅速下降。我国学者关于犯罪与年龄关系的研究很少，所以我们对于我国人口的犯罪-年龄曲线到底在多大程度上与图 8-2 相似并不十分清楚。根据对我国 S 市的研究（邱格屏、吴真，2018）[②]，在 2003 年和 2007 年的时候，18—21 岁年龄组的犯罪嫌疑人在所有犯罪嫌疑人的占比最大，但在 2012 年和 2017 年，相应的年龄组分别后移至 26—29 岁和 30—33 岁。研究者仅仅区分了不同的年龄组，未能按图 8-2 的方法画出年龄-犯罪曲线。为何 21 世纪初之后犯罪占比最高的年龄组后移也有待解释[③]。但在四个时点上，都能观察到，占比最高的年龄段要么是青少年期的后期和成年早期，要么是成年早期，犯罪占比最高的年龄组之后的各个年龄组的犯罪占比也

---

① 这里采纳世界卫生组织的做法，把青少年期（adolescence）定义为 10 岁至 19 岁。参见 https://www.who.int/maternal_child_adolescent/topics/adolescence/second-decade/en/.

② 根据作者单位判断，S 市应是上海市。

③ 一种可能是，我国对青少年犯罪行为较为宽容，很多青少年犯罪行为（例如中学校园的霸凌事件）未受到制裁，因而未能进入数据。这会导致，要么 21 世纪初以来犯罪占比最高的年龄组并未后移，青少年后期犯罪占比仍然最高，要么 21 世纪初以来犯罪占比最高的年龄组后移现象不如邱格屏、吴真（2018）所示的那么明显。

都稳定下降。整个看来，我国 S 市的年龄与犯罪关系与图 8-2 所示的差别并不太大。

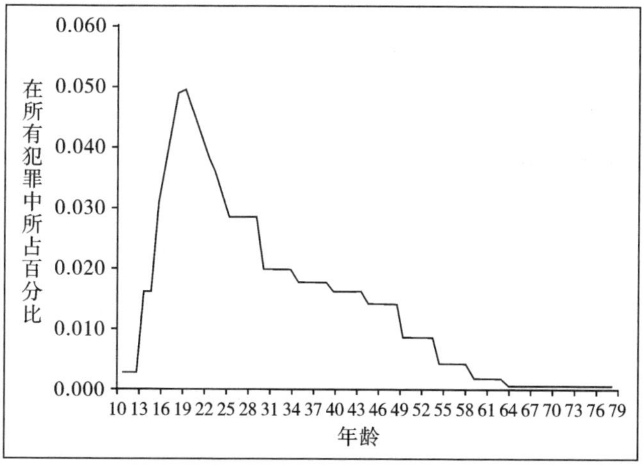

图 8-2　年龄-犯罪曲线［改编自 Barnes et al.（2014），原图的数据基础是 2008 年美国人口犯罪数据］

对年龄-犯罪曲线的典型的社会学解释付诸社会化和同龄人影响。具体说来，如果青少年的朋友中包括了那些做了反社会行为甚至犯罪行为的人，他就可能受到影响也做了相似的事。而青少年更喜欢跟同龄人结伴，从而更易于受同龄人中的反社会行为影响而做出相似行为，于是青少年的犯罪现象较多。但进入成年之后，成年人与同龄人结交朋友的现象逐渐较少，从而受同龄人的影响变小，包括受同龄人的反社会行为的影响变小，从而成年人的犯罪率也逐渐降低（Walsh，2014：196）。这种传统的社会学解释应该包含着真理性成分，但它完全忽略了生物性原因，从而不太可能是一种充分的解释。

美国心理学家墨菲特（Moffitt，1993）的反社会行为的二重路径理论可能为我们从生物和社会等方面充分理解年龄-犯罪曲线提供了一个较好的初始框架。依据墨菲特，反社会行为人分为两类，一类是终身累犯（life-course-persistent offenders），一类是仅限于青少年期的反社会行为人（adolescence-limited offenders）。终身累犯具有某些遗传和神经心理缺陷，在一定环境条件下容易做出犯罪行为。墨菲特把终身累犯描述成“4 岁时咬人打人，10 岁时小偷小摸、逃学，16 岁时卖毒品、偷汽车，22岁时抢劫、强奸，30岁时诈骗、虐待孩子”的人。我们在上一节也提到，西方学者的两项研究表明，终身反社会行为的可遗传性高达0.70左右。仅限于青少年期的反社会行为则是由于成熟缺口(maturaity gap)和同龄人影响引起的。成熟缺口指的是，在青少年期中后阶段，青少年已达到了生物性成熟，即具有了繁衍能力，但还没有达到社会性成熟，即不具有遵纪守法，正常生活、工作，融入社会的完全能力。

墨菲特(Moffitt，1993)的二重路径理论能够部分地解释如图8-2所示的年龄-犯罪曲线。既然存在两类反社会行为，把终身累犯的反社会行为扣除后，由于仍存在限于青少年期的反社会行为，我们应该仍然能观察到，青少年犯罪占比较大，随着成熟缺口逐渐消失，进入成年期后，各年龄段的犯罪占比应当也逐渐趋于下降。墨菲特的理论引导我们去考察到底为何存在着仅限于青少年时期的反社会行为。

墨菲特认为，限于青少年期的反社会行为是由于同龄人影响和成熟缺口引起的。按照墨菲特的推理，青少年想要像大人那样拥有性活动，独立行事、生活，但却仍然被成人看作小孩子，成年人要求他们到20多岁时才能做成人通常做的事。在这种情况下。青少年容易认可那些终身累犯的似乎如大人那般的反社会行为，并通过模仿、学习也做出相似行为。实际上，也确实有经验研究表明，同龄人影响确实是青少年违法犯罪的一个重要因素。另外，也有一些经验研究表明，生物性成熟度较高但心理发育成熟度较低的青少年更容易做出反社会行为，这是与墨菲特关于成熟缺口对青少年反社会行为的作用的观点相一致的(Barnes et al.，2014)。

除了成熟缺口和同龄人影响，也要考虑到青少年时期普遍存在的一些生物学因素对青少年反社会行为的影响。首先，青少年期体内分泌的睾丸素水平迅速提高，这就激活男性的大脑去做出一些寻求感官刺激、冒险等类行为。虽然这类行为不一定是反社会行为，但在某种条件下容易发展成反社会行为。其次，青少年大脑发育不成熟也是反社会行为较多的重要原因。这突出表现在，青少年的大脑边缘系统较为发达，容易产生各种情感，但前额皮层不够发达，往往难以发挥阻抑情感、冲动的功能（Walsh and Jorgensen，2018）。

在其他一些灵长类动物物种里也能发现，随着个体趋于性发育成熟，个体也趋于表现出寻求刺激、冒险等行为倾向。这种倾向跟人类青少年期的倾向是相似的。从进化的观点看，这类行为倾向有助于个体离开家或巢穴而到另一群体里找到配偶繁衍后代，从能通过自然选择而演化出来成为常见的倾向（Walsh and Jorgensen，2018）。而这种倾向在某些环境条件下就容易发展成反社会行为。至于成年之后各年龄的犯罪占比趋于稳定下降的现象，这应当是诸种因素共同影响下的结果——随年龄增长睾丸素水平也趋于下降，大脑的结构和功能也在遗传和环境的不断影响下发生变化，结婚成家等事件使得个人与更大的社会以种种方式连接起来，个人体力趋于下降，等等，这些因素都趋于能帮助个人克服掉反社会行为和犯罪行为的冲动。

本章小结

现代犯罪学肇始于 19 世纪在欧洲出现的实证犯罪学。意大利犹太裔医生龙勃罗梭是实证犯罪学的奠基人，常常被称作“现代犯罪学之父”。龙勃罗梭极为强调犯罪的生物学成因。龙勃罗梭的学生菲利出版了学术史上第一部犯罪社会学著作。菲利既重视犯罪的生物学因素，也重视生物学因素之外的社会环境等因素。但在 20 世纪的大部分时间里，主流西方犯罪学是被单方面强调社会环境因素重要性的社会学思想所塑造和支配的，无视犯罪的生物学成因，在新世纪很大程度上仍然如此。

近些年来，生物社会犯罪学逐渐发展起来。生物社会犯罪学倡导把生物学的理论和技术和传统社会科学的工作结合起来研究犯罪问题。正如在其他人类社会研究领域里那样，生物学对犯罪问题研究的冲击主要来自三个方面，即进化生物学、遗传学和神经科学。此外，也有学者探讨某些生理特征（例如雄性激素水平）与犯罪和反社会行为之间的关联。

美国进化心理学家邓特利和沙克尔福德基于进化论提出了关于犯罪行为的解释框架。他们认为，资源是稀缺、有限的，个体之间广泛地存在着争夺资源的竞争、冲突；犯罪行为可视为在演化史上有助于在各种冲突中获胜的给对手施加成本的策略，它们能使得行为人获得更大程度上的繁衍成功，从而能演化出来。把犯罪行为视为演化出来的行为策略，同时也意味着，犯罪倾向的分布频率要远远高于很多人的想象。

根据20世纪60年代以来的诸多双生子和收养研究，个体之间在反社会行为上的差别有大约50%能够被遗传因素解释，其次是非共享环境因素的影响，共享环境因素（主要指家庭背景）的影响最小。而人们之间在是否终身违法犯罪上的差别有70%可以由遗传因素解释。在关于反社会行为和犯罪行为的分子遗传学研究中，多数研究属于候选基因关联研究，只考察某个或少数基因对反社会行为的影响。关于MAOA基因的研究文献是最多的。最前沿的分子遗传学路径的研究是全基因组关联研究。这类研究往往要比较成千上万个个体的全基因组信息和后天行为表现，以发现后天行为与遗传因素之间的关系。

关于神经系统与反社会行为和犯罪行为之间关系，已有研究较为一致地发现，两个脑区即边缘系统和前额皮层与反社会行为相关联。此外，自主神经系统也跟反社会行为和犯罪行为有关系。应当注意，除了进化、遗传和神经系统等方面的生物性原因，社会文化环境因素也对犯罪行为有着重要影响。

性别与犯罪以及年龄与犯罪的关系属于犯罪学里极重要的两类现象，也是传统的社会科学难以面对的问题，只有引入生物学因素才能做出全面、合理的解释。

第九章　社会结构和历史

第一节　社会分层

社会学者喜欢讲，考察社会结构因素是社会学的独特视角。所谓社会结构，指的是外在于个人的社会的各个构成成分按一定模式结合成的整体，或者说社会结构是影响、制约个体行动的整个外部环境。有着各种各样的社会结构，各种经济结构（例如产业结构即一个社会或经济体内的各产业构成）、家庭结构（一个社会内各类型家庭的构成）、意识形态结构（一个社会内的各种意识形态构成）等都属于社会结构的范畴。而社会分层应当是社会学者最重视的社会结构。按照我国著名社会学家李强（2011：1）的定义，社会分层指“社会成员、社会群体因社会资源占有不同而产生的层化或差异现象”，而“社会资源指对人有价值的全部资源的总称”。社会学家的一个特点在于喜欢讲“社会”二字，因而对人们的生存和繁衍有用的资源就被称为社会资源。可以简单地把社会分层理解为一个社会内资源占有状况不同的各群体之构成。

很多动物物种包括灵长类动物里都有着或多或少稳定的统治秩序（dominance order），又称为统治等级系统（dominance[①] hierarchy）或社会等级系统（social hierarchy），即在动物群体里有些个体具有较高地位，能优先获得食物、配偶、栖息地等有助于生存和繁衍的资源，而另

---

① 中文生物学文献也常常把“dominance”译为“优势”，如此一来，“dominance hierarchy”就要相应译为“优势等级制度”了。这就是即便生物学家有时也受到人类中心主义倾向影响的一个表现。笔者主张采用一般常见的译法把“dominance”译为“统治”或“支配”。在英文动物研究文献里，也常常描述、分析动物的权力（power）和政治（politics）等跟人类有所相似的现象。如果想要刻意把动物行为跟人类行为区分开来，采用不常见的方式翻译“power”等简单的外文词汇，反而不利于读者准确把握动物研究的实质内容。

一些个体的地位较低（Wilson，1975：11，279）。动物里的社会等级系统与人类里的社会分层相似。

从进化和遗传上讲，灵长类动物特别是黑猩猩跟人类最接近。对人和灵长类动物的跨物种比较研究可能给我们带来重要的启发。在灵长类动物群体内，我们也能发现社会关系依赖经济、生态等条件而变化的现象。猴子和黑猩猩等灵长类动物不懂得农业和畜牧业，主要依靠采集和狩猎为生，应当说相对说来在总的技术、经济条件上跟人类早期的狩猎采集群体较为相似。一项研究发现，在被圈养的印度冠毛猕猴群体里，当食物减少的时候，猴子内部的攻击和服从行为就会增加，而猴子依靠它们在群体里的地位来获得食物。根据著名动物学家古道尔（Jane Goodall）的研究，野生黑猩猩群体里也有着社会等级系统，在食物短缺的时候，黑猩猩的攻击行为反而变少了，黑猩猩的社会关系显得更平等了。这是由于，跟人类相似，黑猩猩也能在很大范围内觅食（Lopreato and Crippen，1999：224-225）；食物短缺时黑猩猩四处觅食，也就意味着个体之间接触的机会也减少了，从而被观察到的统治与服从等社会行为也减少了。这个发现容易让人想起美国著名社会学家伦斯基（2018，详见下文）的看法，即社会不平等程度是跟剩余产品的数量相联系的，狩猎采集社会里几乎没有剩余产品，社会平等程度也最高。著名动物学家德瓦尔（2009：4）的研究表明，黑猩猩过着“高度复杂且微妙的社会生活”，“黑猩猩的社会组织与人类的实在太像了，像得简直让人不敢相信这是真的”。对人与灵长类动物特别是黑猩猩的跨物种比较理应能帮助我们更好地认识自己，但我们心中的人类中心主义的情感和观念却很可能让我们疏远这一类研究。

1. 人类的社会分层

（1）社会不平等和社会分层的历史发展

西方学术界给人类社会划分类型的一个常见做法是：根据技术水平等条件把人类社会分为狩猎采集社会、园艺社会（或称园耕社会）、农业社会和工业社会等几种基本类型。按照这种分类，人类早期生活于技术最简单的狩猎采集社会，主要依靠狩猎和采集野生植物为生，之后就进入园艺社会，再往后就进入农业社会[①]，最后就进入技术最先进的现代工业社会（桑德森，2013：40-51；Lenski，2005：83-85）。

正如前面诸章几次讲到的那样，人类早年的社会生活、社会组织形式并没能为我们留下很多实物证据，我们对人类早年社会生活和社会组织形式的认识往往带有较强的猜测性质。例如，虽然狩猎采集社会通常被看作人类最早的社会类型，但也有一些西方学者（例如 Hart and Sussman，2009）根据古人类化石和对现有的灵长类动物的研究推测，现有的许多灵长类动物物种和进化史上的大多数时期内（距今 6 万年到 8 万年之前）的人类主要以植物和碰巧捡到的动物尸体为食物，并没有能力在很大程度上依靠狩猎获取食物，反而常常成为猫科动物等动物的猎物。尽管我们关于人类早年社会生活和社会组织形式的知识还不太明确和确定，但回顾整个人类历史，我们大致还是可以说，社会分层与人类的历史一样古老。

美国社会学家伦斯基（2018：561-562）和克博（2012：67-85）关于人类历史上社会分层和社会不平等变迁的一般模式的论述很耐人寻味（图 9-1）：在早期的狩猎采集社会里，社会不平等程度较低；随着农业

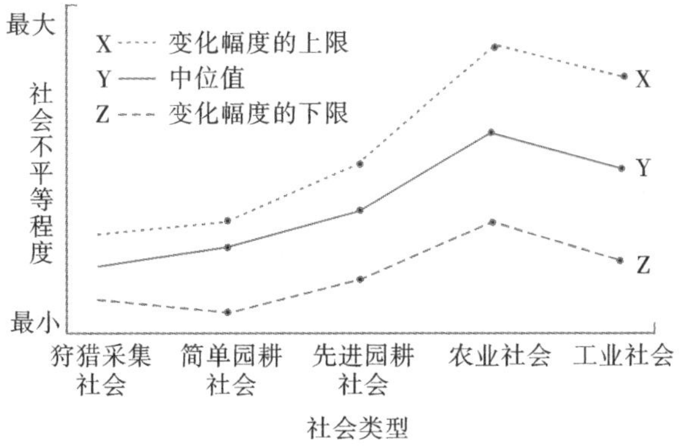

图 9-1　各社会类型中社会不平等的程度（伦斯基，2018：562）

---

① 园艺社会（horticultural societies）开始于大约 1 万年以前。园艺社会也从事农业，但生产技术较为简单，往往采用刀耕火种的方式，局限在小型园地内耕作，土地的休耕期一般在 5 年到 30 年。农业社会开始于四五千年前，使用牲口耕作土地，休耕期很短甚至没有休耕期，农民能够在较大田地里耕作。狩猎采集社会和园艺社会都可划入国人熟悉的原始社会的范畴。但一些西方学者认为“原始社会”一词带有贬抑的意味，就回避使用该词。除了正文里提到的几种基本的社会形式，人类历史上也存在渔业社会（依靠捕鱼、养鱼为生的社会）、畜牧社会（依靠饲养畜群为生的社会）等社会类型。

的发展，不平等程度逐渐提高；进入工业社会以后，不平等程度有所降低。伦斯基和克博认为，一般技术、经济条件和剩余产品数量是影响不平等程度的两个重要因素。强调经济、技术因素的这种分析方法带有经典马克思主义和人类学里的文化唯物主义理论（哈里斯，1989）的特征，应当容易被我国学界接受。事实上，伦斯基（Lenski，2005：134）本人也承认，他的总的理论跟文化唯物主义最接近。既然肯定技术、经济因素的作用，而技术、经济条件总是涉及一定的环境/生态和人口条件，即考虑技术、经济条件几乎必然要或明确或含蓄地考虑环境和人口条件。而文化唯物主义理论的首要理论原则正是所谓的人口、技术、经济、环境决定论，即文化唯物主义主张对社会文化现象做理论分析的时候，首先要考虑所涉及的社会或文化里的人口、技术、经济、环境的影响。

在伦斯基和克博看来，在大约存在于1万年前的狩猎采集社会里，技术、经济条件最差，社会成员很可能在多数时候仅仅能维持生存，剩余产品很少，社会平等程度因而是最高的。在狩猎采集社会里，社会成员基本上都依靠狩猎和采集过活，职业分化程度是最低的。这些社会里只存在少量贸易活动；即便少数人担任领导职务，这也并非普遍的模式，而且首领或酋长通常是半脱产的专职。

伦斯基和克博主要根据现代西方学者观察到的实际存在的狩猎采集社会的材料来推测人类早期的社会不平等和社会分层状况，侧重于强调人类早期的社会不平等程度最低。例如，克博（2012：68-69）提到20世纪关于安达曼岛民和非洲扎伊尔某部落的研究——在部落民中，食物要么是公共财产，要么在部落里平分掉；部落里有时也有权力不平等和命令服从关系，但不平等程度较低，其产生原因多是有些人年长阅历丰富或能提供较多食物；部落里最常用的决策方式是召集成年人自由讨论。但是，人类学家也发现了一些存在较为明显社会分层和社会不平等的现存的狩猎采集社会。过去几十年的一些人类学研究也发现，在当代狩猎采集社会中，固然存在着生存、生活条件恶劣的社会，但与技术上更先进的其他社会类型比起来，某些当代狩猎采集社会的居民劳动负担更轻，闲暇时间更多，他们在许多方面的物质生活条件可能比过去的农业社会的一般农民更好（Johnson and Earle，2000；Sanderson，2014：

46-49；桑德森，2013：41-43）。

我们对关于现存狩猎采集社会的材料到底在多大程度上能镜像人类早年的状况，还是应保持必要的谨慎态度。不过，设想随着技术、经济等条件的变化，社会不平等程度也会相应变化，在道理上似乎是能说得通的。大约1万年前发生的新石器革命和农业的起源是狩猎采集时代后期经济、技术条件的重大变革。应当可以假定，从狩猎采集社会到园艺社会和农业社会再到工业社会这整个人类历史就是一个技术、经济条件逐渐进步的过程，而技术、经济条件进步的基本标准应该是：在新的技术、经济条件下，从理论上说，单位时间内的劳动能获得更多满足生存需要的产出了。技术、经济条件的进步一方面意味着剩余产品的增多，这就为一部分人剥削、剥夺另一部分人提供了更大的可能；另一方面，同一社会的成员应当在应用、顺应技术、经济条件的能力上也存在广泛的差别。总之，技术、经济条件的进步应当为社会分层体系的持续存在和社会不平等程度的提高创造了可能。

技术、经济等条件的变化会伴随着社会不平等程度的变化不仅从道理上能说得通，许多考古学、民族志、史学等方面的证据也表明，自狩猎采集时代到农业时代，人类的不平等程度呈逐步提高的趋势。例如，考古学研究发现，农业起源之后，也就出现了在材料、工艺、陪葬品等方面存在差异的不同等级的墓穴，可以合理地推断，这些差别对应于死者生前在社会经济地位、等级上的差别。农业社会后期应当是人类历史上不平等程度最高的时期。例如，在13世纪的英国，国王的收入是普通农民收入的24000多倍；在16世纪的法国，仅占总人口1.5％的贵族却拥有全国20％的土地（克博，2012：72，79）。我国自始皇直至清代，大体上则是皇帝一家拥有天下这种局面。伦斯基和克博认为，工业社会的不平等程度相对于农业社会有所降低。传统的马克思主义观点强调阶级冲突对于降低不平等的作用，即工人阶级的反抗会迫使统治阶层做出妥协，采取一些改善工人阶级生存条件的做法。除此之外，还有哪些条件有助于不平等程度的降低，仍然是一个值得探讨的问题。

（2）社会经济地位的代际转移

在农业社会和现代社会里，我们都能发现广泛存在的某种程度上的社会经济地位的代际转移，即上下两代人之间特别是父亲和子女之间在收入、教育、职业等方面的相似性。这是维持既有社会分层体系的重要力量。社会经济地位的代际转移很可能在农业社会最为明显，因为在农业社会中，多数人的阶级地位完全由家庭地位决定，并且终其一生都难以改变（桑德森，2013：76）。在现代社会里，虽然社会不平等程度降低了，但是仍然存在着社会经济地位在代与代之间的传承。许多研究都表明，在现代西方社会（Breen，2004；Solon，2002）以及包括中国(Gong et al.，2012；Lin and Bian，1991）在内的其他社会中，个人的家庭出身与其职业、收入和受教育程度之间都存在着明显的相关性，尽管这些研究可能对各个国家在代际传承上具有何等差别意见不一。

社会经济地位的代际转移是一股顽固的力量。我国曾经在7世纪初至20世纪初实行科举制度，这个制度是选拔政治精英的主要通道。科举制度应当能在某种程度上促进代际流动，使一部分人得以跨越父辈的政治和社会经济地位而向上流动。不过，目前学界的主流看法认为，科举成功主要限于极为有限的阶层和人口，对于大多数人不过是一个遥不可及的神话（张天虹，2017；梁晨、李中清等，2012）。以清朝为例，能够读书应举、借科举而上升的，大多限于不必依劳力为生、有一定经济基础的地主、商人或官僚家庭（郑若玲，2017）。依据梁晨等人的研究（梁晨、董浩、任韵竹、李中清，2017），我国自晚清以来的教育精英（受过较多、较好教育的人）在不同时期有着不同的来源结构。在1865—1905年间的清朝后期，教育精英主要来自官员与科举成功者子弟(＞70％)。从废除科举制的1905年到新中国实行高校院系调整的1952年，教育精英主要是商人以及以金融人士、律师、医生和教师等为主体的专业职业技术人员群体子弟（＞60％)。受出身照顾政策的影响，20世纪五六十年代高校新生中从事体力劳动的工农子弟的比例迅速提高，很快在国家和地方两级都达到了垄断地位。1978年恢复高考并取消出身照顾政策后，工农子弟依旧是大学生的重要来源，在地方高校中的优势较为明显。在1953—1993年间，工农子弟是教育精英的重要来源(＞40％)。改革开放后，对家庭出身的考量从高考招生政策中退出，同时由于贫富差距扩大及高考招生制度调整（例如高校收费制度确立）等因素，官员和专业技术人员等非体力劳动阶层子弟在教育精英中所占比例趋于上升。在1994—2014年间，非体力劳动阶层子弟成规模地进入精英大学，成为教育精英的主体（>50%）。可以看到，自晚清以来，除了新中国成立之后的短暂时期，教育精英都主要由社会经济地位较高阶层子弟构成，社会经济地位的代际转移趋势很明显。

依据梁晨等人（2017）的研究，工农子弟在1953—1993年间构成教育精英的重要来源，20世纪末至2014年仍然在教育精英中占一定比例。这样的表述在字面上应当是正确的，但却可能使读者低估了社会经济地位代际传承的严重程度。党和政府曾经于1950年左右依据家庭社会经济地位给全国居民划分家庭成分，包括地主、富农、中农、贫雇农、资本家、商人、工人等等。考虑到20世纪50年代到70年代的特殊社会政治环境，很可能确实如梁晨等人所指出的那样，工农子弟构成了当时教育精英的主体，并且这些成为教育精英的工农子弟的父辈家庭成分也不是地主、富农、资本家、商人等“不好”的家庭成分。但是改革开放后家庭出身对高考招生的影响逐渐消失之后，很多进入教育精英行列的工农子弟，其父辈或祖辈可能具有“不好的”家庭成分，在新中国成立后才成为工农体力劳动者。在这里仍然能看到代际传承的影响。事实上，根据佐藤宏、李实（2008）基于2002年调查数据的研究，在中国农村，地主、富农和中农出身的年青一代更容易达到较高的教育水平。笔者曾经组织学生分别于2015年和2016年调查湖南中部和河南东部农民。在两地农村，我们（罗力群等，2018）都能发现，给定父辈的家庭成分为贫雇农、中农、富农和地主这个序列，父辈的家庭成分越趋于地主，则农民现在的家境也越好。匈牙利曾经是马克思主义政党执政的社会主义国家，也发生过相似的现象。20世纪50年代匈牙利推行农村集体化，20世纪60年代又进行了市场化改革。而在20世纪80年代早期匈牙利新兴的农民企业家阶层主要是1949年新中国成立前家境中等或富裕的农民家庭子弟（Szelényi，1988）。

我们都听说过美国梦的说法，即不管个人出身如何，经过艰苦奋斗都很可能过上美好生活的信念。姑且不论美国梦的说法到底在多大程度上符合实际，但就这一提法本身而言，其也忽略了社会经济地位代际传承的顽固性。根据美国学者近年来的两项研究（Lee and Solon，2009；Chetty et al.，2014），对于出生于1952年至1986年的美国人，其成年时的收入与父母收入的相关关系保持基本稳定。这就意味着，自大致20世纪70年代到21世纪前十几年这大约半世纪的时间内，美国人的收入代际流动或代际传承水平基本是稳定的。根据一项基于1980—2010年间美国人收入数据的研究，美国人收入代际流动水平近似于“U”形，即收入最低和最高的那部分父亲与儿子的收入的相关程度最高，而收入中等特别是收入中上等的那一部分父亲与儿子收入的相关程度最低（Palomino et al.，2018）。从教育上看，二战后到现在，欧美主要国家采取了种种措施来提高教育精英的流动性，实现精英大学生源的多样化，但实际效果并不明显，甚至在20世纪80年代之后欧美精英大学学生来源进一步趋于同质化。2009年全美一半以上的精英大学学生来自收入处于全国前5%的家庭，经济地位较高者的子弟依然是教育精英的主要成分（梁晨等，2017）。

2. 社会分层的进化基础及差序格局问题

（1）社会分层的进化基础

从正统的达尔文主义的观点看，在生命世界各物种的各群体内，个体之间广泛地存在着争夺资源的竞争和冲突，个体之间又在诸多方面存在着广泛的变异或差别，某些变异能使得个体竞争得到更多的资源（迈尔，2008：114-115）。当然，进化论者理解的资源终究指的是能促进繁衍的东西。可以像进化心理学家邓特利和沙克尔福德（Duntley and Shackelford，2008）那样，把资源分为三种，即地位（声望和权力）、物质资源和配偶资源。相应地，就存在着三种竞争和冲突，即在地位上的竞争和冲突、在物质资源上的竞争和冲突、在配偶资源上的竞争和冲突。按照现代遗传学，染色体重组和基因突变等遗传过程能够解释为何个体之间存在着极为丰富的变异[①]。这些变异意味着个体之间存在着各

---

① 有些读者会抱怨，这里隐含着把资源获取能力还原到遗传上去的观点，确实如此。进化论者从来也不否认，遗传以外的因素（例如财产和地位继承/世袭制度）也会导致资源获取能力上的差别。进化论者认为，把个体之间差别还原到遗传上去的做法会使得理论解释更为简洁，具有把种种看起来乱七八糟的生命现象整合起来的潜力，因而是更可取的，至少是应当接受的。

异的资源获取能力。这里是在中性的意味上使用“能力”一词的。能力可以指认知能力，也可以指与认知能力或有一定关联的巧取豪夺的能力等，总之有助于获取资源的个体的身心条件都可称为能力。

简言之，从演化的观点看，个体之间广泛地存在着资源竞争和冲突，但个体之间资源获取能力各异，就必然导致由各个体构成的群体或社会内的在资源占有上的分化或差异现象。在我们人类里，这种层化或差异现象就是社会分层。与其他物种比起来，人类的一个特殊性应当在于，人类能够创造出种种复杂的制度安排（例如财产继承制度）和相应的为这些制度辩护的意识形态，使资源分配有利于自己的后代和亲属，把代际资源转移常规化、固定化。人类的这个特殊性是维持既有分层格局的重要力量。

自然选择理论预言的是，在演化过程中保留下来的性状是更有助于繁衍的性状。上面的分析中讲到，有机体个体包括人类之间存在广泛的对于地位、物质资源和配偶资源的竞争和冲突。这就潜在地意味着这些资源是有助于繁衍的。对于包括人类在内的有性繁殖物种而言，没有配偶就谈不上繁衍，配偶是繁衍的先决条件。按照亲代投资理论（Trivers，1972），自然选择和演化塑造出了男性更重视配偶数量而女性更重视配偶质量（社会经济地位等）的择偶倾向。此外，从进化的角度也容易理解，两性也都看重配偶特别是长期配偶在生理、遗传等方面的条件（详见第五章）。两性的择偶倾向会导致两性内部的择偶竞争。

在灵长类动物里可以发现，地位和物质资源能促进繁衍。按照美国社会学家埃利斯（Ellis，1995）的文献综述，在那些具有社会等级系统的灵长类动物种群里通常能发现，地位较高的动物子女也较多，对于雄性尤为如此。如前所述，在动物的社会等级系统下，地位既指示个体之间统治与服从的社会关系，也指示获得物质资源和配偶的能力。至于人类，在各种前工业社会里都能发现，地位和财富能够促进繁衍，地位高、财富多的人子女也较多，男性尤为如此（Hopcroft，2006；Betzig，2012）。虽然国内外一些研究认为，在大致自 19 世纪后期以来的现代工业社会里，地位和财富反而对繁衍不利，地位高、财富多的人的子女数量反而较少。笔者认为，同前工业社会比起来，现代社会具有复杂的社会分层结构，在这种情况下，地位和财富对于生育的促进作用变得很微妙、隐蔽。如果我们在某个现代社会里能找到一个近似于生物种群的群体，我们应该依然容易发现，地位和物质资源对繁衍后代有促进作用。例如，在各个地方生活的农民群体，盛行群体内部通婚，跟生物种群较为相似。笔者前几年曾安排学生在湖南某地和河南某地农村调查。在两地农村，我们都能发现，家境较好的农民子女也较多（详见第七章）。即便在现代社会里，地位和财富对繁衍不再有促进作用（事实上我认为这是不对的），我们依然可以从演化的角度理解，为何我们依然能观察到大量追求地位和财富的行为。具体说来，在长期的演化史上，由于地位和财富能促进繁衍，人类就会演化出追逐地位和财富的行为倾向；由于工业社会的历史较短，在较短的历史时期内很可能无法通过自然选择即有差别的繁衍来消除追逐地位和财富的倾向①。

社会分层应当是差不多所有人类社会的一个共同特征。明智的人应当会承认，工业社会、农业社会通常都是具有社会分层和某种程度的社会不平等的社会，而其一大分歧在于对尚处于狩猎采集阶段社会的分层与平等的认识。一些西方学者特别是人类学家认为，在现存的狩猎采集社会中，有一些社会属于在权力、声望和财富方面较为平等而没有社会分层的社会。在过去的几十年里，英国人类学家伍德伯恩（Woodburn，1982）和美国人类学家玻姆（Bohem，1993；1999）可能是这种看法的最著名的倡导者。

依据伍德伯恩，有两类狩猎采集社会：一类基于即时回报（immediate return）型经济，另一类基于延迟回报（delayed return）型经济。在即时回报型社会里，群体成员使用简单的工具和武器，通常不精心处理或储藏食物，当天取得的食物通常当天就吃掉，或仅仅放置几天就吃掉。延迟回报型社会则开始使用较为复杂的工具和武器，人们对某些资产（例如生产工具、储藏的食物）拥有排他性的所有权。伍德伯恩认为，即时回报型狩猎采集社会里权力、财富和声望的分化极小（例

---

① 肯定人们通常具有追求地位和财富的倾向，并不意味着否定人们在此倾向性上的差别，即有的人更为热衷追逐地位、财富，有的人则较为淡泊。事实上，肯定个体之间在诸多方面的变异是自然选择理论的一个内在成分。

如，食物在群体成员里共享），没有社会分层或极难观察到社会分层；群体成员积极地采取种种做法抑制不平等现象（例如，有的群体里也有领导人，但领导人权力被集体的力量大大削弱）。玻姆也认识到这同样的现象，他把较为平等的部分狩猎采集社会的等级系统称为逆向统治等级系统（reverse dominance hierarchy），意在肯定群体成员追求平等，反感暴力或强制的思想、行为倾向①。

伍德伯恩和玻姆都不否认，即便在即时回报型社会或逆向统治等级系统的社会里，通常社会成员之间也存在着地位、权力和物质资源上的分化。例如，在有些社会里，能干的猎人也具有较高的声望，有些群体也存在领导人。他们也不否认某些群体成员具有追求地位、权力和物质资源的倾向。他们同时认为，群体成员追求平等的倾向常常与某些个人追求地位、权力和物质资源的倾向发生冲突，并通常取得了胜利。他们之所以认为这样的社会里没有分层，是因为他们把分层理解为由种种制度来维持地位、权力和财富的不平等的社会②。笔者认为，社会分层的基本意思在于社会成员在声望等资源的拥有上的分化，在这个意义上，狩猎采集社会通常也是分层社会，尽管我们通常也认为，狩猎采集社会是相对较为平等的社会。

早在1945年，“美国人类学之父”博厄斯（Franz Boas）的弟子默多克（George Murdock）就指出，地位分化是所有文化的普遍特征（Lopreato and Crippen，199：231）。从演化的观点看，很难想象很多社会里不存在地位等资源的分化。即便在狩猎采集社会里，狩猎技术更好的人即便不能分得更多猎物，难道不会赢得更多声望吗？伍德伯恩和玻

① 玻姆和其他一些学者（包括著名演化经济学家金迪思）认为，人类最早的时候应当是像现在的黑猩猩等灵长类动物那样，具有统治等级制度，只是在后来才演化出追求平等的行为倾向，从而在人类历史早期的某一阶段形成了逆向统治等级制度的社会，这种制度也留存到现有的部分狩猎采集社会那里（Bohem，1993；1999；Gintis，Schaik and Boehm，2019）。

② 基于相似的道理，桑德森（2013：70-72）认为，狩猎采集社会和技术、经济条件较差的园艺社会即简单园艺社会是没有分层的社会，复杂园艺社会才开始出现分层。而桑德森同时认为，简单园艺社会属于等级社会（rank society），即社会成员的声望不一，社会成员之间在拥有的财富上也存在某种程度的分化。

姆等人重视探讨狩猎采集社会里平等的一面，这不过是受到了他们内心中重视平等的价值观影响的结果。在人类思想史上，在种种让人眼花缭乱的思想背后，似乎常常隐藏着重视平等和重视自由两种价值观的张力。

传统社会分层研究者重视权力、声望和物质资源上的分化，常常忽略掉了配偶资源上的分化以及由此而来的有差别的繁衍成功。即便玻姆（Gintis et al.，2019）近来也承认，在那些统治等级系统的狩猎采集社会里，尽管领导人不依靠强迫来影响群体成员，而是依靠劝说和合作，但他们仍能得到一些物质上的好处，也有着更好的择偶机会。非洲中部的阿卡俾格米人的社会至少在 20 世纪 80 年代还处于狩猎采集阶段，表面上看起来是一个极为平等的社会，比如他们没有正式的领导人。而人类学家发现，阿卡俾格米人群体中有个称为科姆贝蒂（Kombeti）的男性，能够对群体的重大决策施加微妙而强大的影响。科姆贝蒂常常依靠高超的狩猎技术赢得这种地位。科姆贝蒂得到的食物份额最多，妻子和子女也最多。再如，南美巴拉圭的阿彻印第安人在 20 世纪 80 年代也处于狩猎采集阶段，他们的社会表面上看起来也极为平等。尽管阿彻人中流行着共享食物的习俗，但仍然能够发现技术好的猎人得到的猎物更能满足自己的生活需要，技术好的猎人也有着更多的婚外配偶，更多的私生子，他们的子女的死亡率也较低（Wright，1994：237-238）。

进化的视角不仅能为社会分层为何产生提供基本的解释，也能回答社会科学里分层研究者关心的其他一些问题。例如，社会经济地位的代际转移是社会分层结构保持某种程度稳定性的一大原因，是社会分层研究关注的一大主题。按照广义适合度理论，近亲之间特别是父母和子女之间亲缘系数较高，他们之间自然就演化出了广泛的利他和互惠合作行为。由此就不难理解何以广泛存在社会经济地位的代际转移。多数社会分层研究者应如常人那样，也能看到人们偏爱自己的亲属。但遗憾的是，他们却未能把自己的研究置于坚实的进化理论的基础上。进化论能把很多看似差别很大的现象统一在一面旗帜下，能为我们带来很多新颖的洞见，甚至打破长久流传的神话。例如，很多国人以为，西方人与中国人有一大区别，即西方人不会从经济上扶持成年子女。这显然是违反广义适合度理论的。事实上，根据美国学者 1992 年的调查，13.8%的成年子女 1991 年收到父母给予的钱财不少于 550 美元，平均收到 3061 美元（Hopcroft，2009b）。这与西方父母不资助成年子女的传说难道不是大相径庭吗？从两性的繁衍策略上讲，女性比男性更注重向子代投入。因此可得出推论，从小与亲生母亲在一起生活的子女相对于其他人更容易继承父母的职业和地位。几个美国社会学家也确实发现，“从家庭结构上说，儿子离母亲越远，代际传承过程就越容易崩溃”（Biblarz et al.，1997）。简单地讲，如果男性在成长过程中没有母亲陪伴，他长大后的社会经济地位就更容易向下沉沦。

20 世纪 90 年代以来，西方社会分层学者的一大发现是：女性比男性更容易发生职业的代际流动（Breen and Jonsson，2005），即女性比男性更容易偏离于父辈的职业。在笔者看来，运用自然选择逻辑也不难理解何以如此。按照特里弗斯和威拉德理论（Trivers and Willard，1973）的推理，社会经济地位较高的父母演化出了倾向于为儿子投入的倾向，而社会经济地位较低的父母则演化出了倾向于为女儿投入的倾向。在此情况下，社会经济地位较高人家的儿子容易继承父母的地位，而女儿容易向下流动。反过来，社会经济地位较低人家的儿子也容易维持亲代地位，而女儿则容易向上流动。于是，总体上就会出现女性较容易发生职业代际流动的现象。

（2）差序格局问题

费孝通先生（2011：28）在初次发表于 20 世纪 40 年代后期的《差序格局》《维系着私人的道德》等几篇短文里着重谈到了中国社会结构的基本特征。费孝通先是指出中国乡土社会中最重要的社会关系即亲属关系以及地缘关系带有“丢石头形成同心圆波纹”那样的结构特征，然后就给出概述中国社会结构基本特征的一段著名的文字：

> 以“己”为中心，像石子一般投入水中，和别人所联系成的社会关系，不像团体中的分子一般大家立在一个平面上的，而是像水中的波纹一般，一圈圈推出去，愈推愈远，也愈推愈薄。在这里我们遇到了中国社会结构的基本特性了。

费孝通意在指出，传统的能够满足生存要求的中国农业社会具有特殊的社会关系结构（差序格局），从而使得中国人表现出与其他社会结构特征（团体格局）下不同的道德和行为倾向。关于差序格局和团体格局在基本特征等方面的比较，见表 9-1。

表 9-1　差序格局和团体格局比较

	差序格局	团体格局
基本特征	众多以己为中心的个人关系网络搭成的大的关系网络	存在多个团体，个人被组织进多个团体
社会结合的特征	不同场合下……不同程度的结合	个人所属的团体的范围是明确的
道德和行为倾向	因人而异的权利和义务标准；讲究私人之间的道德义务	权利和义务标准在团体内是普遍主义的；讲究团体道德（对团体的义务）
所处的社会形态	自给自足的传统农业社会（安居的乡土社会）	现代西方社会或游牧经济的部落社会

主流的行为演化研究植根于英国进化生物学家汉密尔顿提出的广义适合度理论（Hamilton，1964）。达尔文主义仍然构成广义适合度理论的基本框架（详见第二章）。按照广义适合度理论，在长期演化过程中，演化出来的将是符合汉密尔顿不等式 $rb-c>0$ 的社会行为，即为对方带来的生存和繁衍上的好处 b 乘以与对方的亲缘关系系数 r 减去给自己带来的坏处得到的结果大于 0 的行为，这些行为将成为常见的行为。这意味着，同等条件下，一个人或其他什么有机体，会根据亲缘关系远近处理与关联方的关系，亲缘关系越近，就对其越好，就更愿意为其付出。例如父母和子女的亲缘系数是 0.5，和侄子侄女的亲缘系数是 0.25，那么父母同等条件下更容易为子女做奉献。而在 $r=0$ 即有机体个体之间没有亲缘关系的条件下，如果行为者之间存在持续、反复的交往或博弈，按照受广义适合度理论影响而提出的互惠利他行为理论（Trivers，1971），此时互惠合作行为给行为者生存、繁衍带来的好处大于招惹的代价，$rb-c>0$，行为者之间通常也会出现互惠合作行为。

对差序格局的行为后果的一个常见解读是：中国人倾向于把自己放入社会关系网的中心位置，社会关系网里的其他人跟自己的关系有亲疏远近之分，自己也会对他们区别对待。这种行为倾向实际上是人类演化出来的普遍的行为倾向。首先，广义适合度理论的一个直接含义就是，个体（不管是人类还是其他生命）会对亲缘关系远近不同的其他个体区别对待。至于跟个体无亲缘关系的其他个体，既然个体生活的时间和空间都是有限的，一个个体必然与其他不具有亲缘关系的个体之间在交往关系密切程度上存在差别。个体之间交往越密切，相互交往对有关方的生存和繁衍的影响也越大，按照进化推理的思路，这时有关方更倾向于维持互惠合作的关系。简言之，个体与不具有亲缘关系的其他个体之间也有着亲疏远近的关系，可以看作互惠利他行为理论的一个推论。

费孝通本人提到的归因于差序格局的某些道德和行为倾向的例子也是人类演化出来的普遍的行为倾向。例如，费孝通讲道："我见过不少痛骂贪污的朋友，遇到他的父亲贪污时，不但不骂，而且代他讳隐"，以此作为中国讲私德而不讲公德的一个例子。而依据现代演化论，这类事例反映了人类根据对方与自己的亲缘关系远近而区别对待的行为倾向，应当在所有人类社会里都存在。再如，费孝通讲到，苏州人的住房常常靠着一条河，他们明知别人在河里洗衣洗菜，却不知自制，喜欢把无论什么东西都往河里倒[①]。这一事例正是所谓"公地悲剧"——如果所有人都能无偿使用公共资源，公共资源就会被过度使用，最终造成对有关各方都不利的结果。在美国生物学家哈丁看来，这类悲剧是所有人类社会的普遍现象，其中涉及的人类行为倾向是自然选择和演化的结果（Harding，1968）。当然，哈丁的论文发表的年代较早，他当时可能不熟悉现代行为演化研究的理论逻辑。从现代演化论的观点看，如果有关方对公共资源的自由使用权都不受约束，在有关方之间缺乏密切的交往或博弈等条件下，他们都会单方面追求从公共资源索取生存和繁衍上的利益，他们之间不会有互惠合作行为，最终导致公共资源受损甚至毁灭。在哈丁之后，一些研究者列出一些事例，认为哈丁的预言跟人类社会里

---

① 费孝通也讲道："中国传统社会里一个人可以为了自己牺牲家，为了家可以牺牲党，为了党可以牺牲国，为了国可以牺牲天下。"在各种社会里应该都很难找到这类极端自私的实例，很难把这种极端自私视作差序格局社会与其他社会下人们行为倾向的区别。

的证据是相符的（Feeny et al.，1990）。至于其他物种，一些生物学家（Rankin et al.，2007）认为，公共资源因为过度使用而完全毁灭的情况是难以观察到的，但容易观察到公共资源在一定程度上受损的情况。他们列出的一些研究实例表明，后一种情况“可能是很常见的”。

在进化研究者看来，从自然选择和演化的角度对行为的解释属于最终解释或最终原因，其他解释则属于直接解释或直接原因，例如费孝通基于社会结构对行为的解释。最终解释和直接解释不是互斥的，而是互补的关系。确实有可能，在传统中国这类自给自足的农业社会里，社会结构带有明显的差序格局特征。这也就意味着，这样的社会里缺乏一些团体来严格限定个人的权利和义务，并对个人违反权利和义务规范的行为做出奖励或惩罚，因此个人就更可能表现出费孝通所说的那类不太讲究团体道德的行为。但从演化的观点看，直接解释也是不能违背进化论的。在差序格局这个问题上，这就意味着在差序格局的社会里，在有些情境下，有些行为因为没能受到团体规范约束（例如通过警察或罚款来约束）而达到了 $rb-c>0$，因而是常见的行为；而在团体格局的社会里则是另外一种情况。

总之，费孝通基于社会学传统的社会结构视角对中国人国民性的解释属于直接层面的解释，应当带有一定的真理性成分。这种解释与最终解释或进化解释是互补的关系。把两种解释结合起来或可帮助我们更好地认识我们自己。

3. 遗传与社会分层

把一个现代社会划分为若干层次的常见做法是：根据主要由收入、教育程度和职业来确定的社会经济地位来分层。各个个体如何获得社会经济地位就成了社会分层的微观基础，地位获得相应地也是社会分层研究的一项重要内容。美国著名社会学家布劳和邓肯曾于 1967 年出版了《美国人的职业结构》（*The American Occupational Structure*）一书，该书已经成为社会分层研究的经典著作。自 20 世纪 60 年代以来，西方社会学和经济学里关于地位获得研究的主流理论范式正是布劳和邓肯在该书中提出的地位获得模型。

布劳和邓肯的地位获得模型的要点在于肯定以前的社会经济地位指

标（变量）是后来的社会经济地位指标（变量）的原因。例如，父亲的受教育程度和职业影响子女的受教育程度和职业，即父亲的受教育程度和职业地位越高，子女的受教育程度和职业地位也越高；一个人的受教育程度影响其职业地位，即受教育程度越高则职业地位也越高。布劳和邓肯通过对美国人的社会分层数据的分析得出了三条重要结论：第一，父亲的受教育程度和职业对子女职业的直接影响较小，并且在统计上也不显著。第二，父亲的受教育程度和职业通过影响子女的教育而间接影响到子女的职业，这表明教育是社会经济地位再生产的强大机制。第三，一个人的受教育程度对其职业具有重要的独立影响，这意味着跟家庭出身（父母的社会经济地位）无关的个人动机和能力会影响一个人的受教育程度，进一步影响一个人的职业（Nielsen，2016；2018）。

在布劳和邓肯的工作之后，一批社会学家、经济学家和心理学家致力于探讨影响个人的地位获得的心理和行为特征，发现个人的认知能力和勤奋、毅力、情感稳定性等非认知心理、行为特征都会影响个人的受教育程度和职业地位（Farkas，2003）。现在回忆第三章讲到的生物学和行为遗传学里的一个重要看法：所有人类行为都受到基因影响。如果这个看法是正确的，这就意味着，基因影响个人的认知能力和各种非认知心理、行为特征，进一步影响到个人的地位获得。简言之，基因影响地位获得和社会分层过程。实际上，邓肯（Duncan，1968）本人也认识到，智力和家庭出身对个人成年时的社会经济地位都具有重要影响，并且智力受到基因影响。邓肯对行为遗传学研究抱有开放的积极态度，确实是一位很开明、优秀的学者。

总之，布劳和邓肯的地位获得模型带有传统社会科学理论建构的基本特征，即只考虑后天的环境因素之间的作用。似乎由这一模型出发，也不难得出跟行为遗传学研究一致的结论。但要综合考虑遗传和环境因素对地位获得和社会分层过程的影响，就需要借鉴行为遗传学的研究框架。

（1）行为遗传学的地位获得研究

行为遗传学的双生子研究和收养研究把影响心理、行为及心理、行为结果的因素分为三种，即遗传因素、共享的环境因素（主要指兄弟姐妹共有的家庭条件，也包括居住区的条件和所处社会阶层）、非共享的环境因素（主要指个人独特的人生道路），并能基于对数据的统计分析为三种因素的大小赋值。三种因素的大小表示的是该因素能在多大程度上解释个体之间在某项心理、行为特征或心理、行为结果上的差别。此外，分子遗传学路径的行为研究能甄别出哪些基因对某项心理、行为特征或心理、行为结果有影响，并分别给出遗传和环境因素作用大小的数值。

美国社会学家尼尔森等人（Nielsen，2018）根据关于美国人的数据估计出一些跟社会经济地位有关的变量所受遗传、共享环境和非共享环境影响大小的数值，见表 9-2。

表 9-2 跟社会经济地位有关的变量所受遗传、共享环境和非共享环境影响大小

变量	遗传因素	共享环境因素	非共享环境因素
语言智力	0.462	0.315	0.223
受教育程度	0.355	0.286	0.359
专业教育	0.349	0.134	0.517
工资	0.281	0.030	0.689
个人收入	0.362	0.000	0.638

受教育程度（educational attainment）指的是受教育年限或最高学位。从事某职业所需的专业教育情况和所得工资能够衡量职业声望（例如，需要很多年的专业教育之后才能做医生，而有些职业基本上不需要专门教育）。个人收入既包括工资收入，也包括其他收入。总之，表 9-2 中的变量涉及衡量个人社会经济地位的全部三个维度，即教育、职业和收入。从表 9-2 可以看到，几个社会经济地位指标都受到遗传因素较大影响。例如，个人之间在受教育程度上的差别有 35.5%能被遗传因素解释；用行为遗传学的专门术语来讲，受教育程度的可遗传性值是 0.355。

个人社会经济地位受到遗传较大影响，正是由于个人的认知能力和各种非认知的心理、行为特征影响个人地位获得，而认知能力和非认知的心理、行为特征都受到遗传因素影响。很多行为遗传学研究表明，非认知的心理、行为特征，包括性情、个性、精神和身体健康程度等，都在某种程度上受遗传影响（Nielsen，2018；Wash，2014：138-142）。在心理学里，经常使用通过智力测试得到的智力商数即智商来衡量个人的一般认知能力或智力。虽然包括社会学者在内的一部分西方社会科学学者重视智力对地位获得和社会分层的影响，但是对许多社会学者而言，谈论智力的影响依然是一个禁忌。不过，我们应该认识到西方心理学界的主流看法：智力测试是所有心理学测试和评估中最有信度和效度的测试之一，能很好地测量一般认知能力（Gottfredson，1997）。

按照对已有的四百多项双生子研究和收养研究的重新分析（Malouff et al.，2008），智商的可遗传性值是 0.48。但是，这些双生子研究和收养研究多是对儿童和青少年的研究。既然 0.48 这个数值指示的是以往研究就智商可遗传性得到的数值的一般水平，那么它同时衡量的也就只能是儿童和青少年智商的可遗传性。有可能在人生的不同阶段，个人之间智商的差别受到遗传因素影响的大小也会变化。关于个人智商的发展，一项对 5 岁至 50 岁荷兰人的行为遗传学研究（Bouchard and McGue，2003）有着令人饶有兴趣的发现。基因能够解释 5 岁儿童智商差别的 20%，共享环境因素能解释 55%。随着年龄增长，基因起的作用趋于增长，而共享环境因素的作用趋于下降。到了 12 岁的时候，基因能解释超过 80%的个体智商差别，而共享环境因素的作用减少到 0。自 12 岁之后到 50 岁，智商的可遗传性一直大致保持在 0.60 到 0.90 之间的较高水平。

家庭出身因素在很大程度上是与共享环境因素重合的。从各类行为遗传学研究中可以总结出一条规律，即“在同一家庭内长大的效应小于基因的效应”（Turkheimer，2000）。可以看到，表中的数据是符合这个规律的。这意味着，至少在美国社会中，家庭出身对个人社会经济地位的影响不如很多传统社会科学学者想象的那么大。不过，在表 9-2 的数据中，尽管共享环境因素对受教育程度的影响不如遗传因素的影响那么大，但两个数字很接近。其他一些行为遗传学研究也有相似的发现。对这个发现的常见解释是：父母资源特别是物质资源有助于子女受到较好的教育（例如为子女支付高额学费）。尼尔森就持有这种看法。这种看法与传统社会分层研究的看法，即父母的社会经济地位对子女的受教育程度有重要影响（进一步影响到子女的社会经济地位），在某种程度上是一致的。美国社会学家弗里兹等人（Freese and Jao，2017）认为，父母的期待、居住区的条件、兄弟姐妹之间的相互影响都属于共享环境因素，都对个人的受教育程度产生影响。

表 9-2 的数据基础是对同样一批美国人自青少年期到成年早期的调查。六个变量自上而下的排列顺序基本上对应于取得变量值的先后顺序。从表 9-2 可以看出一个一般趋势，即随着年龄增长，家庭出身或共享环境因素对个人的影响趋于变小，而非共享环境因素的影响趋于变大。这似乎也是符合我们的日常观察的。

行为遗传学的经验研究包括基因与环境交互作用研究，即考察遗传因素在个人或家庭层次的不同环境条件下的作用是否不同。个人的家庭出身或父母的社会经济地位（共享的环境因素）是重要的个人或家庭层次的环境条件。可以就在现代社会里基因与家庭出身的交互作用提出至少三种一般模式（Nielsen，2018）：其一，随着父母社会经济地位提升，遗传对个人社会经济地位获得起的作用也趋于增大。其二，遗传对中产阶级子女地位获得起的作用较大，对其他阶层子女地位获得的影响较小。其三，随着父母社会经济地位提升，遗传对个人社会经济地位获得起的作用趋于减少。但这三种模式到底在多大程度上符合人类社会的实际，各自都尚未得到经验证据的一致性支持。

社会学家往往较为关心宏观环境因素特别是宏观社会结构因素的影响。按照美国社会学家阿德金斯和国光（Adkins and Guo，2008）使用人类学家默多克和怀特收集的标准跨文化样本的数据（Murdock and White，1969）所做的研究，在不同的社会发展水平和相应的社会结构下，遗传对个人地位获得的作用大小也发生变化。在狩猎采集社会里，社会不平等和社会封闭的程度最低（社会封闭的程度可以由地位获得在多大程度上取决于家庭出身或后天努力来衡量），遗传对个人地位获得的影响最大。随着由狩猎采集社会到园艺社会和农业社会的过渡，社会不平等和社会封闭的程度也依次提高，遗传对个人地位获得的影响也相应变小。现代社会的不平等和社会封闭程度比农业社会降低了，个人地位获得受遗传因素的影响也相应变大了。

（2）基因与代际阶层流动或社会经济地位代际转移

2010 年以来，在我国各种传媒上和学术界里，阶层固化成为热门话题，很多人认为我国社会面临着阶层固化的风险，并担忧会进一步对社会发展造成不利影响。阶层固化指的是社会经济地位在代与代之间高度转移，个人很难通过后天努力向上流动，社会阶层之间的流动水平很低甚至缺乏。不过，到底何谓阶层固化似乎并没有明确的定量标准，因此也就很难以定量研究的方式检验我国社会是否步入阶层固化的现实。而在过去的 20 年里，中国社会分层研究领域里基本上达成了一个共识，即改革开放以来社会平等和代际流动水平总体上呈下降趋势，尽管代际流动水平仍然高于多数西方发达国家（陈云松、贺光烨、句国栋，2019；Zhou and Xie，2019）。

从行为遗传学的观点看，社会经济地位代际转移是由两个因素即遗传和共享环境引起的。遗传因素通过影响个人的认知能力和非认知的心理、行为特征，进一步影响社会经济地位获得和维持。在这个意义上，可以说社会分层具有遗传基础。但很多人倾向于过分简单地理解遗传因素的影响，认为肯定遗传的影响就意味着父母的心理、行为特征基本上会完整地传给下一代。按照这种理解，遗传因素就会导致阶层近乎固化。在近几十年来社会不平等加剧、代际流动水平下降的时代背景下，肯定社会分层的遗传基础就更容易引起疑虑了。

按照遗传学家孟德尔发现的分离定律和自由组合定律，对于人类以及其他二倍体生物而言，某个子女从父亲那里遗传一半遗传物质，从母亲那里也遗传一半遗传物质，因此并不会出现父亲或母亲或父母双方的基因都完全遗传给子女的现象。相应地我们也能观察到，父母和子女之间在生理、行为等方面都存在差别。为了考虑问题的方便，这里假定智力是被单个基因决定的，我们称其为智力基因。对于人类来讲，这个基因就表现为某对染色体的某位点上的两个等位基因。我们进一步假定，在某个社会里，10%的人口的智力基因表现为 AA（AA 通常被称为基因型）这两个等位基因，也因此属于最聪明的一批人；基因型为 aa 的人也占 10%，他们属于最不聪明的人。假设 A 是显性的，则基因型为 Aa 的人也属于最聪明的一批人。根据遗传法则，基因型为 AA 的人与基因型为 aa 的人通婚，其后代也将是最聪明的；基因型为 Aa 的人与基因型为 aa 的人通婚，其后代将有 1/2 是最聪明的，1/2 是最不聪明的。

总之，从上述关于单基因的虚拟的例子可以看到，遗传因素会导致子女的智力有一定的可能偏离于父母。

现在一般认为，多数性状都分别受多个基因而非单个基因影响。例如，2018年有三项分子遗传学研究发现，智力受到数以百计的基因影响（Deary et al.，2022）。在一个性状受多个基因影响的情况下，通常就会发生行为遗传学之父高尔顿所发现的均值回归（regression to the mean）现象（Nielsen，2018：320；Walsh，2014：144）。均值回归指的是在一个人口中，如果父母的某一性状（例如身高、体重）值偏离于人口的均值，其子女的性状值将趋于向人口均值靠拢。以智商为例，特别聪明的一类父母尽管子女通常也比较聪明，但子女的智商均值往往低于父母而更靠近人口均值（比如，智商在140以上的父母，其子女智商均值可能只有135）。相似地，特别不聪明的一类父母的子女智商均值将有所提高，从而离人口均值更近。均值回归现象背后的道理就在于，父亲或母亲只能随机地将一半基因传给子女。假定智商高于140的人具有50个位于多条染色体上的等位基因，从而才具有高智商。在遗传过程中，每对染色体中只有一条染色体能随机进入精子或卵子。这就导致，通常子女只具有一部分对智商有强化效应的基因，从而智商低于父母。假定智商低于90的人具有50个特殊的基因才导致低智商，常常发生的事是，这50个基因中也只有一部分遗传给子女，从而使得子女智商提高，向人口均值靠拢。

如果智力真的在某种程度上影响社会经济地位获得，子女的智力偏离于父母也就很可能导致子女的社会经济地位也偏离于父母。事实上，根据西方学者的研究，相对于父亲实现了向上流动的儿子，其智商通常也比父亲高一些；向下流动的儿子，其智商则通常低于父亲。而且，儿子与父亲的智商差别越大，则儿子的社会经济地位也偏离父母的可能性也越大（Rowe，1994：142）。关于影响地位获得的非认知的心理、行为特征，应该也有着相似的规律。

遗传过程中的基因重组会导致代与代之间在认知能力和其他心理、行为特征上的差别，进一步导致代际流动的可能性。看起来似非而是的是，遗传因素在更大程度上影响地位获得的社会应该也是更开放的、代际阶层流动水平更高的社会。按照行为遗传学，个人地位获得受遗传、共享环境和非共享环境三种因素影响。给定一个社会，假定在某个时间点上测得的三种因素对个人地位获得的影响大小分别是0.4、0.3、0.4。非共享环境因素主要指个人特殊的人生遭遇、运气，对各个个人而言是不确定的，常常是可遇而不可求的，我们假定在社会变迁过程中这个因素的影响大小不变。假定在若干年后再次测量，算到三种因素的影响大小分别为0.6、0.1、0.4，遗传因素对个人地位获得的影响变大了，共享环境因素的影响变小了。共享环境主要指家庭条件或家庭出身。这就意味着，在这个新的时间点上，可以在更大程度上依靠在某种程度上受遗传影响的认知和非认知的心理、行为特征获得地位，而家庭出身的影响变小了。由于遗传过程影响，代与代之间会发生认知和非认知的心理、行为特征上的变化，因而在新的时间点上，代际流动水平也会提高。

关于阶层固化的风险，需要担心的不是遗传现象本身，而是限制阶层流动的制度安排和习俗以及婚姻匹配习俗。关于前者，典型的例子就是印度等南亚国家曾存在的种姓制度及其在当代的残存，由是不同种姓、等级、阶层、职业间的流动被严格束缚。关于婚姻匹配，在各个文化里都能发现，人们在某种程度上倾向于与社会经济地位相似的人通婚。由于遗传因素通过影响智力、勤奋程度等心理、行为特征进而影响地位获得，社会经济地位相近的人在这些心理、行为特征上很可能也是比较相似的。完全的婚姻匹配将使得下一代人的心理、行为特征向人口均值的回归在整个社会或人口层面消失。读者试想这个例子：一个社会包括平均智商分别为140、110和80的三个等级或阶层，通婚只在各个阶层内部发生。在这种情况下，均值回归只在各阶层内部发生，在整个人口层面则不存在均值回归。当然，现实中不存在完全婚姻匹配。但可以想象到，某种程度的婚姻匹配程度会削弱下一代人的心理、行为特征向人口均值回归的程度，从而不利于阶层流动水平的提高。

第二节 历史

历史本来主要是史学家的专门研究领域，但一些社会学家也对历史研究兴趣盎然，相应地社会学里也有着一个称为历史社会学的分支。在过去的十几年里，我国的历史社会学发展较快，甚至现在有时被看作一门显学。

20世纪前期的英国著名历史哲学家柯林伍德（2004：389，365-368）认为，历史学的任务在于同情式地理解人类的思想——“历史学家必须在他自己的心灵中重演过去”，而康德、黑格尔、孔德和马克思等人的历史思想则被看作不可取的“剪刀加糨糊”的“鸽笼子”式史学，即这些人裁剪史料使之适应自己的理论框架从而形成历史图式，例如黑格尔把历史看作人类自由的逐步实现过程。对柯林伍德思想的常见解读是把其看作一种强调历史研究的主观性的独特的史学理论。其实，柯林伍德的思想也体现了在史学学者中常见的那种特征，即重视史料的挖掘和考证，侧重于描述历史事件，而不太喜欢运用理论或一般模式解读或解释历史，常常也不太善于从历史中总结出一般模式。尽管自19世纪末20世纪初以来，中外史学界内外都有很多人借助于社会学等社会科学的理论来研究历史，但跟其他学科学者比起来，史学学者仍然带有重视史料和叙事，不太重视理论或一般模式的那种特征。笔者很多年前读研究生的时候曾经选修了历史系的一门中国古代史课程。在一次课上，老先生专门抽时间讲到，研究历史要注意避免“以论代史”的倾向，实质意思正是对柯林伍德所谓“剪刀加糨糊”的“鸽笼子”式史学之贬斥。

正如很多科学哲学家和科学家认识到的那样，任何观察都有着理论负载，即我们总是在明确或不明确的理论原则指导下观察事物的，不管我们是否承认。即便按柯林伍德的方式研究历史，即同情式地理解历史，背后不正隐藏着柯林伍德的史学理论吗？问题在于选择何种理论研究历史。历史社会学是借助于社会学的理论视角考察人类历史的一个研究领域，实质上也是柯林伍德所谓“鸽笼子”式的史学。历史社会学的核心问题意识在于工业资本主义和民族国家的兴起及其后果，强调把史学传统的时间序列叙事和社会学的结构、机制叙事结合起来（赵鼎新，2019）。历史社会学重视探讨历史现象背后的社会结构因素和相应的机制，常常却忽视了历史现象的进化、遗传等生物学原因。

1. 国富国穷：经济发展的影响因素

（1）地理环境、制度和政策、文化、国家能力的影响

在过去的几百年里，为什么有的国家和地区经济发展迅速，甚至进入发达国家行列，有些国家却变动不大？对这个问题有着至少四个角度（地理环境、制度和政策、文化、国家能力）的解释。

美国生物学家和地理学家戴蒙德（2017：22-37）从地理环境角度做出的解释大概是最著名的。在戴蒙德看来，纬度和内陆地理环境是导致有的国家富裕而有的国家贫穷的重要因素。通常能发现，处于温带地区的国家比热带地区的国家富裕得多，其中的两大原因在于，热带地区农业生产率低下并且公共健康问题严重①。公共健康问题不利于人们努力工作，也不利于一个社会内人力资本的积累。由于海运比陆运和空运便宜很多，因而没有海岸线的国家的发展也受到较大限制。根据对全世界155个国家和地区的统计分析，所处纬度、热带地区的陆地面积占比、是否内陆国家或地区、是否岛国这四个因素能够解释国家、地区之间人均收入差距的44%（Spolaore and Wacziarg，2013），即戴蒙德的观点与统计分析结果是一致的。地理因素具有稳定性，应当在漫长的历史上和现实中都对经济社会发展和文明进步起到某种作用。

在过去的几十年里，社会科学特别是经济学里大概最流行从制度和政策角度解释为何不同国家和地区具有不同的发展轨迹。近年来麻省理

---

① 热带地区农业生产率低下的原因有两个：其一，温带地区往往在过去的几百万年里经历了多次冰川运动，冰川磨碎了流经区域下面的岩石，生成了富含营养成分的深层土壤，而热带地区却没经历过冰川运动。其二，在温带地区，落叶和枯枝的腐烂能增进地力，而在持续高温的热带地区，枯枝、落叶和其他落地的有机物会迅速分解，频繁的降雨会将这些营养物质冲进河流乃至海洋。热带地区也有着较多的病原菌、昆虫和霉菌，对农作物有害。热带地区公共健康问题严重的原因在于有着较多致病的物种，例如寄生虫、昆虫、细菌（戴蒙德，2017）。

工学院（MIT）的经济学家阿西莫格鲁等人是强调制度和政策作用的较为著名的学者。按照他们（阿西莫格鲁、罗宾逊，2015）的看法，健全的制度是造就持续发展和繁荣的关键因素。他们把这种制度称为“广纳式的经济和政治制度”。广纳式经济制度指的是尊重产权、鼓励公平竞争、鼓励科技创新的市场经济制度。广纳式政治制度指的是允许多数人参与到政治生活中去的多元民主制度，同时政府也有着强大的足以把国家整合起来的力量。广纳式制度的反面则是榨取式制度，即少数人剥削、统治多数人的经济、政治制度。

社会科学家经常感到难以就人类社会现象做实验室实验。不过，现实世界里发生的某些事件近似于实验室实验，被称为自然实验。朝鲜半岛和欧洲各国殖民地的经济发展就是两个自然实验，我们借此可以管窥制度对经济发展的影响。朝鲜和韩国都在1948年建国，两国具有相同的历史文化背景。在建国初期，两国在民族、语言、文化、地理、经济上高度同质。朝鲜的自然资源比韩国更为丰富，但就两国气候、地形以及位置来看，则韩国更有优势。朝鲜半岛曾经被日本人殖民统治50年，日本人更重视发展半岛北部，因此朝鲜的工业基础也比韩国稍好，尽管两国人均收入基本一样。在阿西莫格鲁、罗宾逊看来，韩国和朝鲜各自建国之后分别建立起广纳式制度和榨取式制度，两国经济发展就走向了不同的道路。到2000年的时候，韩国加入了有富国俱乐部之称的经济合作与发展组织，而朝鲜的人均收入仅仅达到了撒哈拉沙漠以南的非洲国家的水平。在欧洲国家1500年之后建立的那些殖民地中，北美和澳大利亚、新西兰已经发展得非常富足，而其他殖民地的发展水平总的说来远远低于上述地区。在阿西莫格鲁和罗宾逊看来，这是由于，北美和澳大利亚、新西兰在殖民开发的早期土著人口密度较低，而其他殖民地土著人口密度较大；殖民者为了自己的利益，在北美、澳大利亚、新西兰推行了好的制度，诸如推行产权保护、司法独立、教育公平，而在其他殖民地则建立了榨取式制度。例如，直至19世纪中叶，欧洲殖民者的权力主要局限于非洲海岸，殖民者专注于奴隶、黄金和其他贵重商品的贸易（Acemoglu et al.，2001；2005）。

在阿西莫格鲁、罗宾逊讲到的两个自然实验中，关于朝鲜半岛的自然实验较好地控制住了制度以外的因素，因而能说明制度特别是经济制度是发展的关键因素。但是在那个关于欧洲国家殖民地的自然实验中，有个因素没有得到较好控制，即人口素质或人力资本的因素。使得北美和澳大利亚、新西兰取得持续发展和繁荣的关键因素可能在于，更大比例的欧洲移民 1500 年后来到这些地方定居下来，他们意味着更大的人力资本，而制度因素可能没有很多人想象的那么大（Glaeser et al.，2004）。

可把文化视为体现在社会成员身上的价值观念和信仰。侧重于探讨文化因素对经济发展作用的做法至少可以追溯至德国社会学家马克斯·韦伯。韦伯（2005）认为，16 世纪至 17 世纪欧洲的宗教改革及相应带来的新教伦理对现代工业资本主义的兴起起到了关键作用。虽然韦伯本人认为儒家伦理对现代经济发展有阻碍作用，但他的重视文化因素影响的倾向却流传了下来。在二战之后的几十年里，包括中国、日本、韩国、新加坡、马来西亚、泰国、印尼等国家在内的东亚的经济发展速度是世界上最快的，世界银行 1993 年发布的一份报告里曾称之为“东亚奇迹”。现在东亚地区已经成为与欧盟、北美自由贸易区比肩的三大主要经济体之一。有人认为，儒家文化强调勤奋、纪律、忠诚、社会和谐、节俭、教育，是促成东亚经济奇迹的重要因素（Park，2016）。但关键问题似乎是：文化是从哪里来的呢？有些地区为何会产生并流行带有鼓励勤奋工作和节俭、重视教育等特征的文化，而其他地区却未能产生这种文化？

政治学家和社会学家更喜欢从国家能力角度看待经济社会发展，这种取向也波及经济学界。国家能力指的是国家对各地区进行社会控制和整合以及获取资源（例如征税）的能力。过去几十年里从国家能力角度看问题的研究工作至少可以追溯到美国政治学家米格代尔（Migdal，1988：262-263）的工作。米格代尔认为，自 16 世纪西方国家开始向世界各地扩张之后直至 20 世纪，绝大部分亚非拉地区都没能建构起强大的国家能力（在一战以前，只有日本例外，建立了强大的国家能力），从而对社会经济发展造成了阻碍。一方面，在那些没有受到欧洲国家正式的殖民统治的地区，欧洲商人和地方的强人联合起来，限制了国家领导人权力的实施。另一方面，在那些被殖民地区，殖民政策客观上造成了不利于被殖民地区整合而是“分而治之”的结果。后来美国社会学家埃文斯（Evans，1995：12）认为，在韩国等东亚地区，国家既具有自主性，也嵌入社会之中，国家和社会结合起来并为政策的制定和实施提供制度化的渠道进行持续的协商。埃文斯把这种现象称为嵌入式自主性（embedded autonomy），认为这是促进韩国等东亚地区经济发展的重要因素。赵鼎新（2016）认为，中国几十年来经济迅速发展的重要因素也在于强大的国家能力，而强大的国家能力又根植于几千年来的国家建构历程。在赵鼎新看来，中国历史上形成的一些文化和制度（天命观和历史感、强国家传统、统一的文字和科层制、儒家思想）有助于当代中国保持强大的国家能力。总之，赵鼎新借助于历史上形成的文化和制度因素来解释当代中国的国家能力，进一步解释经济发展。

（2）认知能力、进化和遗传

国家之间在财富上的差别理应受到地理环境、制度和政策、文化、国家能力等因素影响。除此之外，一国国民的认知能力、勤奋程度等心理、行为特征应当也会影响经济发展。这些心理、行为特征近似于经济学里的人力资本概念。尽管经济学传统上往往从形式上仅仅把人力资本定义为人们所具有的知识和技能，但这个概念实质上指的就是人们从事经济活动所依赖的心理、行为特征。首先，如果这些心理、行为特征能在某种程度上解释个体之间收入的差别，那么由一个个个体构成的国家之间在财富上的差别就很可能在某种程度上应当由不同国家的国民在这些心理、行为特征的差别来解释。其次，具有认知能力较强、较为勤奋等特征的国民应当更可能建立或推出有助于经济社会发展的制度和政策。再次，具有认知能力较强、较为勤奋等特征的国民可能更容易创造出鼓励勤奋、节俭等行为的观念和信仰，即文化。这种文化一旦形成，其在社会生活中的渗透就可能强化人们的勤奋、节俭等行为习惯，从而有助于经济社会发展。用来直接或间接解释国富国穷的文化因素，很可能在某种程度上起源于文化携带者的先人本来就有的某些心理、文化特征。最后，既然国家能力强弱受到文化和制度影响（赵鼎新，2016），而认知能力、勤奋程度等特征又影响文化和制度，这就意味着这些特征也是国家能力背后的原因。总之，认知能力、勤奋程度等心理、行为特征应当既是影响国富国穷的独立因素，也是影响制度、文化和国家能力的因素。

在各种心理、行为特征中，认知能力与经济发展的关联大概最受很多心理学家和一些经济学家的关注（Jones and Schneider，2006；Rindermann，2012）。有众多研究表明，在各个国家内部，在未成年时及成年早期的智商测试中得分较高的人，成年时也会具有较高受教育程度、职业声望和收入（Strenze，2007）。既然在个人层面有这个规律，而国家是个人的集合，则很可能国民平均智商不同的国家之间在富裕程度上也存在差别。由不同学者所做的对世界各国各地区的多达 51 项研究都一致得出了国民智商水平与人均国内生产总值（GDP）之间具有正相关关系的结论。其中多数研究属于对本世纪内国民智商与人均 GDP 关系的考察，其他研究则考察了在公元 1 年、1000 年以及 16 世纪至 20 世纪的几个时点上两个变量之间的关系。只有 10 项研究得出的相关系数值在 0.5 以下，而有 19 项研究得出的相关系数值在 0.70 或 0.70 以上（Lynn and Becker，2019：222-223）。

对于用智力或一般认知能力解释各国经济发展程度的不同，社会科学工作者可能有两个基本的疑虑：其一，智商测试能否准确测量人的认知能力，即测试的效度问题。其二，各国各地区居民的智商水平是否存在差别。事实上，西方心理学界的主流观点是，智商测试是信度和效度最高的心理学测试之一，并且种族、民族之间存在智商差别[①]。通常认为包括中、日、韩等国家和地区在内的东亚地区居民的智商水平是最高的，在 104—106 分左右；白人的智商在 100 分左右，美国黑人的智商在 85 分左右，撒哈拉沙漠以南的非洲在 70 分左右（Gottfredson，1997；Rushton and Jensen，2005）。在 20 世纪末的西方学术界，种族、民族之间是否有智力差别还是一个极为敏感的问题。但是近些年来，越来越多的学者能够坦坦荡荡地在主流学术期刊上陈述关于种族、民族差别的研究成果。不过，他们虽然能坦然指出个体之间的智商差别部分渊源于遗

① 关于种族、民族之间的智商差别，详见本书第七章。

传因素，但是种族、民族之间的差别跟遗传的关系仍然在某种程度上属于禁忌。

流行的解释智商的种族、民族差别的进化理论或假说是由英国心理学家林恩（Lynn，2006）等人提出的。按照这个理论，各种族、民族智商的差别是这些人群在过去的几万年里在不同气候和地理环境条件下演化出来的结果。生活在冬天较为寒冷地区的人们面临着更大的生存挑战，他们更难获取食物，制作衣服，找到或建造居所，养育子女。较好的智力有助于在较寒冷地区生存和繁衍，因而这些地区的人群就演化出较高的智力和较大的脑容量。这个理论看似与数据相一致，因为纬度高低或（演化史上或现在的）冬天寒冷程度和智力高低及脑容量大小有着较强的正相关关系。例如，林恩认为中、日、韩等东亚人起源于东北亚一带，东北亚冬季气温比欧洲、北美等地低，东亚人智商相应比欧洲人和北美印第安人高。至于有些族群的数据不符合理论预期，林恩也做出了种种假设。例如，北极一带的气候最严酷，但生活在北极一带的因纽特人等族群的智商却低于东亚人和欧洲人，林恩猜测，这是由于这些族群的规模太小，发生有助于增强智力的基因突变的可能也较小，因而就难以通过选择和演化过程将这些基因散布到整个群体里去。如果林恩的理论成立，这就意味着，自然选择理论能通过解释智力的演化进一步解释各国各地区发展程度上的不同。

从遗传学角度考察经济发展的工作构成了被称为基因经济学的新兴研究领域。美国经济学家阿什拉夫和盖勒的研究工作（Ashraf and Galor，2013）在这个领域中影响较大。阿什拉夫和盖勒的中心论点是，适度的遗传多样性最有利于经济发展，具有适度的遗传多样性的国家的经济发展程度因而最高。遗传多样性指的是一个人口或社会中个体之间遗传信息的差别大小。现代人大约是 7 万年至 9 万年前从东非向外扩散的。按照遗传学里的建立者效应（founder effect），迁移者通常只占原来所属群体的一部分，他们只携带了原群体的部分遗传信息，因而遗传多样性程度要低于原群体。由于人类在历史上是一波一波逐渐向更远的地方迁移，应当是离非洲越远的地方的遗传多样性程度越低。事实上能够发现，非洲人的遗传多样性程度最高，美洲印第安人的遗传多样性程度最低。

阿什拉夫和盖勒认为，遗传多样性对经济发展既有正面的效应，也有负面的效应。正面效应体现在两个方面：其一，遗传多样性意味着人们在生理、心理、行为等特征上的多样化，这有利于专业分工的发展；其二，遗传多样性也意味着人们的认知能力有强弱之分，认知能力强的人将对技术创新做出贡献。按照汉密尔顿的广义适合度理论，遗传关系较近的人之间容易进行合作，那么遗传多样性的负面效应就主要体现在使人们难以相互信任和合作。阿什拉夫和盖勒推理，既然遗传多样性有正负两方面的效应，综合权衡，应该是适度的遗传多样性对经济发展最有利。他们以 1500 年和 2000 年各国各地区经济发展水平的数据检验了他们的推论。在控制了文化、制度、地理环境因素后，仍然能发现，遗传多样性能解释经济发展水平。具体说来，遗传多样性过高的国家和地区（例如很多非洲国家）和遗传多样性过低的国家和地区（例如玻利维亚等印第安人占比较大的国家）经济发展水平都较低，而遗传多样性适度的国家和地区（主要指欧洲和亚洲）的经济发展水平较高。阿什拉夫和盖勒的工作是有一点意思的。笔者认为，其主要缺陷可能在于，在考察遗传多样性对经济发展的影响时，没有控制国民智力水平对经济发展的影响。如果控制住了国民智力水平的影响，很可能会发现，遗传多样性对经济发展的影响变小了。例如，也许可以设想，如果一个国家国民认知能力较强，即便遗传多样性过高或过低，该国都可能达到较高的发展水平。另外，历史社会学家往往关心国家能力对经济发展的影响，并认为历史上和现实中的文化和制度因素能够解释一国是否能发展出强大的国家能力（赵鼎新，2016）。在此方面，阿什拉夫和盖勒给人的启发是，遗传多样性可能也是影响国家能力发展的一个因素。那些具有多个长期盛行内部通婚的群体（例如族群）的国家的遗传多样性应该较高，既然遗传关系较远的人之间相对容易发生冲突，那么这样的国家就不容易发展出强大的国家能力。反之，较低的遗传多样性应该是有助于国家能力发展的因素。

2. 文化群体选择视角下的历史研究

美国著名历史社会学家蒂利曾在美国社会学会 2006 年年会上发言，

激励社会学家采用达尔文主义理论研究人类社会文化演化——“随着生物学进化模型和发现在公共话语里越来越占主流地位，我预言社会学将发生划时代综合的复兴：为什么要让这个世界的贾雷德·戴蒙德垄断这种研究?”① 实际上，戴蒙德的《枪炮、病菌与钢铁：人类社会的命运》等著作虽然在美国有的高校社会学系的进化社会学课程里被列入参考书目，但并不包含很多达尔文主义的思想成分，而主要应用某种环境决定论的框架。当然，作为生物学家，他关注环境里的农作物、牲畜和病菌等对人类社会命运的影响。

一批生物学家、人类学家和经济学家（例如 Alexander，1987；Bowles，2006；Boyd and Richerson，1985；Richerson and Boyd，2005）倡导以文化群体选择（cultural group selection）理论解释人类历史，或许尤为值得对历史感兴趣的人借鉴。在他们看来，正如存在生物演化，也存在可用自然选择逻辑解释的人类文化演化，而且群体选择的思想对于理解文化演化特别重要。所谓文化群体选择，指的是群体之间发生的文化的选择现象，即如果一种文化现象有利于群体的生存和繁衍，它就能以更大频率出现在总人口中，例如古希腊和古罗马的独特的一夫一妻制文化流传到全球各个民族，正如某个本来少有的基因因为能促进个体或群体的生存和繁衍也可能变得在某群体或物种中占据优势。有三个方面以群体选择思想解释人类社会文化演化的研究工作影响较大：一夫一妻制、宗教和复杂社会的演化。

在第六章里，我们就讲到了关于一夫一妻制演化的两种观点。其一是人类学家福图纳多等人（Fortunado and Archetti，2010）基于广义适合度理论（Hamilton，1964）的个体选择和基因选择框架下的解释。其二则是进化生物学家亚历山大（Alexander，1987）和人类学家亨利希等人的观点（Henrich et al.，2012）。按照第二种解释，一夫一妻制使得群体内部成员有着相似的生育机会，这有助于减少群体内部冲突，促进群体团结、整合，帮助群体在群体间竞争和冲突中获胜。总之，一夫一

---

① Tilly，Charles，2006，http：//professor-murmann. info/tilly/2006 _ History _ of _ in _ Sociology. pdf.

妻制是有利于群体的生存和繁衍的，因而能演化出来。

群体选择的思想在进化生物学界有着悠久的历史，虽然20世纪60年代曾经被著名生物学家威廉斯（2001）等人严厉批评，一度趋于衰微，但从未完全销声匿迹，近些年来更是呈复兴之势。美国进化生物学家D. S. 威尔逊（Wilson，2002）对各种宗教演化的研究是应用群体选择思想的著名例子。威尔逊认为，一种宗教所以具有很多信徒，甚至在一个社会里地位显赫，就是因为该宗教的教义使得信徒的生存和繁衍优于其他社会群体，例如基督教的演化。基督教在公元40年只有约1000名信徒，到了公元350年的罗马帝国时期，皇帝康斯坦丁皈依了基督教，使之成为罗马国教，此间基督教信徒每十年就增长40%。在罗马帝国时期，男子追求功名而并不喜欢婚姻家庭约束，社会流行同性恋和不会导致生育的不正常的异性性行为（例如肛交），也广泛存在溺杀女婴现象（据估计罗马城的男女性别比为131∶100）。相反，基督教希望信徒结婚、多生育孩子，反对婚外两性关系，反对溺杀女婴和不正常的性行为。罗马帝国曾经发生两次瘟疫，帝国人口急剧减少，但由于基督教徒之间能够团结互助，死亡率较低。总之，基督教文化能促进信徒的生存和繁衍，从而导致了该宗教在罗马帝国的崛起。

美国生物学家图琴（Turchin and Gavrilets，2009；Turchin，2011）等人关于复杂社会演化的研究特别引人感兴趣。复杂社会通常指建立了国家的社会，而他们把复杂社会定义为具有复杂层次的社会，即一个社会里包含很多群体，每个群体内部又有很多群体（例如，一个宗教团体里可能包括多个派别），等等。他们持群体选择论者通常的看法：在群体选择中，合作主义者或利他主义者较多的群体会胜出，而在群体内部选择中，自私者会胜出；群体选择是一个增加合作主义者或利他主义者的力量，而群体内部选择是一个减少合作主义者或利他主义者的力量。大规模的复杂社会容易在各群体之间存在很多文化差别而战争又特别残酷的地方形成。这是因为，其一，文化差别是文化群体选择的“原材料”，没有差别就谈不上选择：具有某些文化特征（突出表现在强调合作奉献精神）的群体容易兴旺发达，这些群体的文化就容易扩散到整个社会里去，发生文化的群体选择。其二，战争特别残酷，意味着群体间选择的力度很大，极端情况下意味着一个群体从肉体上消灭另一群体的骨干成员；群体选择力度大就可能克服掉群体内选择减少合作主义者的倾向。有的群体成员比较团结，战士也能合作起来奋勇作战，这样的群体通常生存和繁衍状况较好。一次次的群体选择就导致了合作主义者或利他主义者在社会总人口中所占比例不断增加，整合起来的社会规模越来越大，甚至形成大帝国。他们发现，在公元前 500 年到公元 1500 年期间，全球超过 90%的大帝国都形成于游牧民族和农业民族交界地区，因为这一地区满足存在很多文化差别并且战争特别残酷两个条件。

图琴等人（以及其他一些人类学家和经济学家）不重视严格使用进化生物学里的某些概念。对这些文献使用生物学术语不规范的一个批评，参见韦斯特等人相关著述（West et al.，2011）。在图琴等人讲到合作时，实质上往往指的是利他主义行为，即无私奉献行为。他们讲，在群体内部选择中，自私者会胜出。其实，按照特里弗斯（Trivers，1971）的互惠利他行为理论，在群体内部成员之间存在频繁交往的情况下，也会演化出广泛的互惠合作。在图琴等群体选择论者看来，这种斤斤计较的互惠合作等于自私行为。最后，按照对广义适合度理论的主流诠释，即个体层次和基因层次的选择观，利他行为通常只发生在有亲缘关系的个体之间，因为他们之间的利他行为容易满足 $rb-c>0$ 的条件，所以才演化出来。而陌生人之间的利他行为只会给行为人带来成本，导致 $rb-c=-c<0$，无法演化出来。此外，我们可能出于同情心等原因对跟自己无亲缘关系的人做出利他行为，例如自觉自愿地给乞丐食物、钱。而人们较为普遍地具有同情心等心理特征又可依据个体和基因层次的选择和演化来解释。群体选择论者关于利他行为演化的思想代表着另一种进路。

本章小结

社会分层是社会学者最重视的社会结构。社会分层与人类的历史一样古老。很可能如某些社会学家所认为的那样，狩猎采集社会的社会不平等程度最低；随着农业的发展，不平等程度逐渐提高，直至农业社会晚期达到最大的不平等程度；而工业社会的不平等程度又较农业社会降低了。

从演化的观点看，个体之间广泛地存在着资源竞争和冲突，但个体之间资源获取能力各异，这就必然导致由各个体构成的群体或社会内的在资源占有上的分化或差异现象。

费孝通曾经把传统的能够满足生存要求的中国农业社会的社会关系结构称为差序格局，他认为这一结构特征使得中国人表现出某些特殊的道德和行为倾向。而其中的某些道德和行为倾向可以看作人类演化出来的普遍的倾向。基于社会结构视角对国民性的解释属于直接层面的解释，应当带有一定的真理性成分，而直接解释与最终解释或进化解释是互补的关系。

自 20 世纪 60 年代以来，西方社会学和经济学里关于地位获得研究的主流理论范式是美国社会学家布劳和邓肯提出的地位获得模型。虽然邓肯本人也意识到了遗传因素对地位获得的影响，然而布劳和邓肯的地位获得模型本身却带有传统社会科学理论建构的基本特征，即只考虑后天的环境因素对地位获得的作用。按照行为遗传学研究，社会经济地位获得受遗传、共享环境（主要指家庭出身或家庭环境）和非共享环境三种因素影响，遗传的效应大于家庭出身的效应。

近些年来，阶层固化成为我国传媒和学术界的热门话题。遗传过程中的基因重组会导致代与代之间在认知能力和其他心理、行为特征上的差别，进一步导致代际流动的可能性。遗传因素在更大程度上影响地位获得的社会应该也是更开放的、代际阶层流动水平更高的社会。关于阶层固化的风险，需要担心的不是遗传现象本身，而是限制阶层流动的制度安排和习俗以及婚姻匹配习俗。

国家之间在财富上的差别受到地理环境、制度和政策、文化、国家能力等因素影响。此外，一国国民的认知能力、勤奋程度等心理、行为特征应当也会影响经济发展。这些心理、行为特征应当既是影响国富国穷的独立因素，也是影响制度、文化和国家能力的因素。在各种心理、行为特征中，认知能力与经济发展的关联最受关注。很多研究发现，国民智力水平较高的国家的经济发展水平也较高。西方主流心理学界承认各种族、民族智力水平的不平等。按照一种常见的观点，种族、民族的智商差别是由于这些人群在过去的几万年里在不同气候和地理环境条件下演化出来的结果。

一些西方学者以文化群体选择的理论视角解释人类历史，他们关于一夫一妻制、宗教和复杂社会的演化的工作很有意思。

参考文献

中　　文

[1] 阿西莫格鲁，罗宾逊. 国家为什么会失败［M］. 李增刚，译. 长沙：湖南科学技术出版社，2015.

[2] 巴斯. 进化心理学：心理的新科学（第二版）［M］. 熊哲宏，张勇，晏倩，译. 上海：华东师范大学出版社，2007.

[3] 鲍勒. 进化思想史［M］. 田洺，译. 南昌：江西教育出版社，1999.

[4] 比尔基埃，克拉比什-朱伯尔，雪伽兰，等. 家庭史［M］. 袁树仁，姚静，肖桂，译. 北京：生活·读书·新知三联书店，1998.

[5] 波兰尼. 科学中的天才［M］//波兰尼. 社会、经济和哲学：波兰尼文选. 彭锋，贺立平，徐陶，等译. 北京：商务印书馆，2006：301-318。

[6] 波普尔. 无尽的探索：卡尔·波普尔自传［M］. 邱仁宗，译. 南京：江苏人民出版社，2000.

[7] 波普尔. 猜想与反驳：科学知识的增长［M］. 傅季重，纪树立，周昌忠，等译. 上海：上海译文出版社，2005.

[8] 波普尔. 科学发现的逻辑［M］. 查汝强，邱仁宗，万木春，译. 杭州：中国美术学院出版社，2008.

[9] 陈凌剑. 女性犯罪现状、发展与成因研究［J］. 河北公安警察职业学院学报，2020（2）：34-37.

[10] 陈宜张. 神经科学的发展历史［J］. 科学，2012（4）：22-26.

[11] 陈云松，贺光烨，句国栋. 无关的流动感知：中国社会“阶层固化”了吗？［J］. 社会学评论，2019（6）：49-67.

［12］慈勤英，宁雯雯. 多子未必多福：基于子女数量与老年人养老状况的定量分析［J］. 湖北大学学报（哲学社会科学版），2003（4）：69-74.

［13］丛梅. 当前犯罪主体的性别特征分析［J］. 理论与现代化，2008（4）：95-100.

［14］达尔文. 物种起源：增订版［M］. 舒德干，等译. 北京：北京大学出版社，2005.

［15］达尔文. 人类的由来及性选择［M］. 叶笃庄，杨习之，译. 北京：北京大学出版社，2009.

［16］达尔文. 人类和动物的表情［M］. 周邦立，译. 北京：北京大学出版社，2009b.

［17］戴蒙德. 为什么有的国家富裕，有的国家贫穷：比较人类社会［M］. 栾奇，译. 北京：中信出版集团，2017.

［18］德瓦尔. 黑猩猩的政治：猿类社会中的权力与性［M］. 赵芊里，译. 上海：上海译文出版社，2009.

［19］邓伟志，徐新. 家庭社会学导论［M］. 上海：上海大学出版社，2006.

［20］丁斐. 神经生物学［M］. 北京：科学出版社，2016.

［21］杜布赞斯基. 遗传学与物种起源［M］. 谈家桢，韩安，蔡以欣，译. 北京：科学出版社，1985.

［22］恩格斯. 家庭、私有制和国家的起源［M］//中共中央马克思恩格斯列宁斯大林著作编译局. 马克思恩格斯选集：第四卷. 北京：人民出版社，1972：1-175.

［23］菲利. 犯罪社会学［M］. 郭建安，译. 北京：商务印书馆，2017.

［24］费孝通. 中华民族的多元一体格局［J］. 北京大学学报（哲学社会科学版），1989（4）：3-21.

［25］费孝通. 从马林诺夫斯基老师学习文化论［C］//费孝通. 从事求知录. 北京：北京大学出版社，1998：304-349.

［26］费孝通. 江村经济：中国农民的生活［M］. 北京：商务印书

馆，2001.

[27] 费孝通. 乡土中国　生育制度　乡土重建 [M]. 北京：商务印书馆，2011.

[28] 费耶阿本德. 对专家的安慰 [C] //拉卡托斯，马斯格雷夫. 批判与知识的增长：1965 年伦敦国际科学哲学会议论文汇编第四卷. 周寄中，译. 北京：华夏出版社，1987：268-310.

[29] FLETCHER H，HICKEY I，WINTER P. 遗传学 [M]. 张博，等译. 3 版. 北京：科学出版社，2010.

[30] 康利，弗莱彻. 基因：不平等的遗传 [M]. 王磊，译. 北京：中信出版集团，2018.

[31] 柯林伍德. 历史的观念 [M]. 何兆武，张文杰，译. 北京：商务印书馆，2004.

[32] 葛淑敏，尚晨阳，王怡，等. 文化启动范式研究述评 [J]. 心理学进展，2018 (8)：1184-1195.

[33] 古尔德. 自达尔文以来：自然史沉思录 [M]. 田洺，译. 北京：生活·读书·新知三联书店，1997.

[34] 郭志刚，张恺悌. 对子女数在老年人家庭供养中作用的再检验：兼评老年经济供给"填补"理论 [J]. 人口研究，1996 (2)：7-15.

[35] 哈里斯. 文化唯物主义 [M]. 张海洋，王曼萍，译. 北京：华夏出版社，1989.

[36] 胡雯，张浩，李毅，等. 分子遗传学的发展对社会学的影响 [J]. 社会学研究，2012 (5)：224-241.

[37] 华莱士，沃尔夫. 当代社会学理论：对古典理论的扩展 [M]. 刘少杰，等译. 北京：中国人民大学出版社，2008.

[38] 怀特. 摩尔根和他的《古代社会》[C] //庄孔韶. 人类学经典导读. 北京：中国人民大学出版社，2008：5-15.

[39] 霍瑟萨尔，郭本禹. 心理学史：第 4 版 [M]. 郭本禹，魏宏波，朱兴国，等译. 北京：人民邮电出版社，2011.

[40] 季婷，何巧巧，吴佳佳，等. 中国摩梭母系社会"走婚"婚姻的进化生物学研究进展 [J]. 中国科学：生命科学，2016 (1)：129-138.

［41］靳鑫虎，雷小霞，蚁金瑶. 边缘性人格障碍的神经机制研究进展［J］. 中国临床心理学杂志，2017（4）：630-634.

［42］科恩. 科学中的革命［M］. 鲁旭东，赵培杰，宋振山，译. 北京：商务印书馆，1998.

［43］科因. 为什么要相信达尔文［M］. 叶盛，译. 北京：科学出版社，2009.

［44］克博. 社会分层与不平等：历史、比较、全球视角下的阶级冲突（第7版）［M］. 蒋超，等译. 上海：上海人民出版社，2012.

［45］KREBS J. 社会生物学的十年［J］. 丁鸿富，译. 世界科学，1986（11）：1-4.

［46］库恩. 科学革命的结构［M］. 金吾伦，胡新和，译. 北京：北京大学出版社，2002.

［47］拉卡托斯. 科学研究纲领方法论［M］. 兰征，译. 上海：上海译文出版社，2005.

［48］雷恩. 暴力解剖：犯罪的生物学根源［M］. 钟鹰翔，译. 重庆：重庆出版社，2016.

［49］李强. 社会分层十讲［M］. 北京：社会科学文献出版社，2011.

［50］李醒民. 论科学的统一［J］. 湖南社会科学，2008（1）：25-37.

［51］李醒民. 哲人科学家眼中的科学理论的认知结构［J］. 自然辩证法通讯，2012（2）：1-6.

［52］李中清，王丰. 人类的四分之一：马尔萨斯的神话与中国的现实［M］. 北京：生活·读书·新知三联书店，2000.

［53］梁晨，董浩，任韵竹，等. 江山代有才人出：中国教育精英的来源与转变（1865—2014）［J］. 社会学研究，2017（3）：48-70.

［54］梁晨，李中清，等. 无声的革命：北京大学与苏州大学学生社会来源研究（1952—2002）［J］. 中国社会科学，2012（1）：98-118.

［55］柳昀哲，张丹丹，罗跃嘉. 社会神经科学研究进展［J］. 中国科学：生命科学，2014（6）：551-561.

［56］罗力群. 进化社会科学导论［M］. 北京：社会科学文献出版社，2016.

［57］罗力群. 罗伯特·特里弗斯：桀骜不驯的卓越进化理论家［J］. 自然辩证法通讯，2018（5）：132-141.

［58］罗力群. “社会达尔文主义”的由来与争议［J］. 自然辩证法通讯，2019a（8）：106-114.

［59］罗力群. 人类行为和文化的演化研究：理论和方法评价［J］. 科学文化评论，2019b（3）：29-42.

［60］罗力群. 生物社会视角下的民族问题研究引论［J］. 社会科学论坛，2020（4）：187-194.

［61］罗力群. 现代生物社会犯罪学：西方犯罪学研究的新取向［J］. 犯罪研究，2022（5）：97-112.

［62］罗力群. 20 世纪后期以来生物社会学的兴起［J］. 社会学评论，2024（2）：5-27.

［63］罗力群，高夏丽，赵巍，等. 农民的社会经济地位与子女数量之间关系的实证研究［J］. 长安大学学报（社会科学版），2018（2）：71-82.

［64］伦斯基. 权力与特权：社会分层的理论［M］. 关信平，陈宗显，谢晋宇，译．北京：社会科学文献出版社，2018.

［65］马克思. 1844 年经济学哲学手稿［M］. 北京：人民出版社，1985.

［66］马磊，袁浩，顾大男. 婚姻匹配研究：理论与实证［J］. 人口与经济，2019（3）：1-15.

［67］马林诺夫斯基. 文化论［M］. 费孝通，等译．北京：中国民间文艺出版社，1987.

［68］马庆国. 中国神经科学与社会科学交叉学科研究进展［M］．北京：科学出版社，2012.

［69］马戎. 民族社会学：社会学的族群关系研究［M］. 北京：北京大学出版社，2004.

［70］迈尔. 进化是什么［M］. 田洺，译．上海：上海科学技术出

版社，2009.

[71] 迈尔. 生物学思想发展的历史 [M]. 涂长晟，译 . 成都：四川教育出版社，2010.

[72] 孟维杰，吕晓峰. 文化视域下文化神经科学学科主张与检讨 [J]. 心理科学，2018 (3)：761-767.

[73] 米德. 心灵、自我与社会 [M]. 赵月瑟，译 . 上海：上海译文出版社，2005.

[74] 默顿. 社会理论和社会结构 [M]. 刘少杰，齐心，等译 . 南京：译林出版社，2006.

[75] 摩尔根. 古代社会 [M]. 杨东莼，马雍，马巨，译 . 北京：商务印书馆，1977.

[76] 穆峥，谢宇. 生育对父母主观幸福感的影响 [J]. 社会学研究，2014 (6)：124-147.

[77] 尼克利斯，普利高津. 探索复杂性 [M]. 罗久里，陈奎宁，译 . 成都：四川教育出版社，1986.

[78] 潘光旦. 潘光旦文集：第 1 卷 [M] . 北京：北京大学出版社，1993.

[79] 潘光旦. 潘光旦文集：第 2 卷 [M] . 北京：北京大学出版社，1994.

[80] 潘允康. 婚姻家庭社会学 [M]. 北京：北京大学出版社，2018.

[81] 皮亚杰. 人文科学认识论 [M]. 郑文斌，译 . 北京：中央编译出版社，1998.

[82] 邱格屏，吴真. 犯罪和年龄关系曲线纵向变化的实证分析：对S市的数据观察 [J]. 青少年犯罪问题，2018 (2)：49-58.

[83] 平克. 人性中的善良天使：暴力为什么会减少 [M]. 安雯，译 . 北京：中信出版集团，2015.

[84] 饶毅. 孤独的天才 [J]. 科学文化评论，2010 (5)：90-106.

[85] 饶毅. 欲解异性恋，须知同性恋 [J]. 科学文化评论，2012 (9)：63-74.

［86］萨顿. 赫伯特·斯宾塞（1820—1903）［C］//萨顿. 科学的历史研究. 刘兵，陈恒六，仲维光，译，北京：科学出版社，1990：213-227.

［87］桑德森. 宏观社会学［M］. 高永平，译. 北京：中国人民大学出版社，2013.

［88］尚玉昌. 行为生态学［M］. 北京：北京大学出版社，2018.

［89］石人炳. 婚姻挤压和婚姻梯度对湖北省初婚市场的影响［J］. 华中科技大学学报（社会科学版），2005（4）：46-50.

［90］石智雷. 多子未必多福：生育决策、家庭养老与农村老年人生活质量［J］. 社会学研究，2015（5）：189-215.

［91］斯宾塞. 社会学研究［M］. 张红晖，胡江波，译. 北京：华夏出版社，2001.

［92］宋健. 结婚率新低现象的人口学解读［J］. 人民论坛，2020（8）：72-74.

［93］佟新. 社会性别研究导论［M］. 北京：北京大学出版社，2011.

［94］涂尔干. 自杀论［M］. 冯韵文，译. 北京：商务印书馆，1996.

［95］涂尔干. 社会学方法的准则［M］. 狄玉明，译. 北京：商务印书馆，2004.

［96］涂尔干. 社会分工论［M］. 渠东，译. 北京：生活·读书·新知三联书店，2013.

［97］王牧. 新犯罪学［M］. 北京：高等教育出版社，2005.

［98］王云. 明代女官制度探析［J］. 齐鲁学刊，1997（1）：102-108.

［99］威尔逊. 论人的本性［M］. 胡婧，译. 北京：新华出版社，2015.

［100］韦斯特马克. 人类婚姻史［M］. 李彬，李毅夫，欧阳觉亚，译. 北京：商务印书馆，2002.

［101］韦伯. 经济与社会［M］. 林荣远，译. 北京：商务印书馆，1997.

［102］韦伯. 新教伦理与资本主义精神［M］. 康乐，简惠美，译. 桂林：广西师范大学出版社，2005.

［103］威廉斯. 适应与自然选择［M］. 陈蓉霞，译. 上海：上海科学技术出版社，2001.

［104］沃尔德，伯纳德，斯奈普斯. 理论犯罪学［M］. 方鹏，译. 北京：中国政法大学出版社，2005.

［105］吴景超. 社会的生物基础［M］. 上海：世界书局，1930.

［106］吴鹏森. 犯罪社会学［M］. 北京：社会科学文献出版社，2008.

［107］武雅士. 韦斯特马克的复活［J］. 潘蛟，译. 世界民族，1996（1）：40-52.

［108］夏玉珍. 犯罪社会学［M］. 武汉：华中科技出版社，2014.

［109］薛一雪. 基础神经科学教程［M］. 北京：科学出版社，2018.

［110］易石. 揭开"暴力基因"之谜［J］. 大自然探索，2010（12）：42-47.

［111］尹文刚. 神经心理学［M］. 北京：科学出版社，2007.

［112］翟振武，刘雯莉. 中国人真的都不结婚了吗：从队列的视角看中国人的结婚和不婚［J］. 探索与争鸣，2020（2）：122-130.

［113］张建军，张知彬. 动物的婚配制度［J］. 动物学杂志，2003（2）：84-89.

［114］张敦福. 从兽性到人性：人对自身行为的再认识［M］. 济南：山东人民出版社，2004.

［115］张天虹. "走出科举"：七至二十世纪初中国社会流动研究的再思考［J］. 历史研究，2017（3）：137-148.

［116］赵鼎新. 路径不依赖、政策不相干：什么才是中国经济成功的关键？［J］. 学海，2016（2）：116-124.

［117］赵鼎新. 什么是历史社会学？［J］. 中国政治学，2019（2）：101-117.

［118］赵鼎新. 论机制解释在社会学中的地位及其局限［J］. 社会

学研究，2020（2）：1-24.

［119］赵敦华. 谈谈道德起源问题［J］. 云南大学学报，2006（3）：13-28.

［120］赵功民. 遗传的观念［M］. 北京：中国社会科学出版社，1996.

［121］郑若玲. 科举制度对社会流动影响几何［J］. 人民论坛，2017（16）：142-144.

［122］郑也夫. 阅读生物学札记［M］. 北京：中国青年出版社，2004.

［123］周文英. 略论中国古代的女官制度［J］. 辽宁大学学报（哲学社会科学版），1996（3）：56-60.

［124］邹吉林，王美芳，曹仁艳，等. 性别发展的生物学取向研究述评［J］. 心理科学进展，2009（5）：973-982.

［125］佐藤宏，李实. 中国农村地区的家庭成份、家庭文化和教育［J］. 经济学（季刊），2008（4）：1105-1130.

英　　文

［1］ABBOT P，et al. Inclusive fitness theory and eusociality［J］. Nature，2011，471：E1-E4.

［2］ACEMOGLU D，SIMON J，ROBINSON J A. The colonial origins of comparative development：an empirical investigation［J］. American economic review，2001，91（5）：1369-1401.

［3］ACEMOGLU D，SIMON J，ROBINSON J A. Institutions as a fundamental cause of long-run growth［C］//AGHION P，DURLAUF S N. Handbook of economic growth，Volume 1A. Amsterdam and Boston：Elsevier，North-Holland，2005：385-472.

［4］ADKINS D E，Guo G. Societal development and the shifting influence of the genome on status attainment［J］. Research in social stratification & mobility，2008，26（3）：235-255.

[5] ADOLPHS R. Conceptual challenges and directions for social neuroscience [J]. Neuron, 2010, 65 (6): 752-767.

[6] ALCOCK J. The triumph of sociobiology [M]. Oxford: Oxford University Press, 2001.

[7] ALEXANDER R. The biology of moral systems [M]. Hawthorne, NY: Aldine de Gruyter, 1987.

[8] AMATO P R. Research on divorce: continuing trends and new Developments [J]. Journal of marriage & family, 2010, 72 (3): 650-666.

[9] ANDERSON K G. How well does paternity confidence match actual paternity? evidence from worldwide nonpaternity rates [J]. Current anthropology, 2006, 47 (3): 513-520.

[10] ANHOLT R R H, MACKAY T F C. Principles of behavioral genetics [M]. 北京：科学出版社，2012.

[11] ARCHER J. The nature of human aggression [J]. International journal of law & psychiatry, 2009, 32 (4): 202-208.

[12] ARSENEAULT L, et al. Strong genetic effects on cross-situational antisocial behaviour among 5-year-old children according to mothers, teachers, examiner-observers, and twins' self-reports [J]. Journal of child psychology and psychiatry, 2003, 44 (6): 832-848.

[13] ASHRAF Q, GALOR O. The "out-of Africa" hypothesis, human genetic diversity, and comparative economic development [J]. American economic review, 2013, 103 (1): 1-46.

[14] BALL T. Marx and Darwin: a reconsideration [J]. Political theory, 1979, 7 (4): 469-483.

[15] BARNES J C, BEAVER K M, BOUTWELL B B. Examining the genetic underpinnings to Moffitt's developmental taxonomy: a behavioral genetic analysis [J]. Criminology, 2011, 49 (4): 923-954.

[16] BARNES J C, JORGENSEN C, PACHECO D, et al. The puzzling relationship between age and criminal behavior [C] //

BEAVER K, BARNES J C, BOUTWELL B B. The nurture versus biosocial debate in criminology: on the origins of criminal behavior and criminality. Los Angeles: Sage, 2014: 397-414.

[17] BARTHOLD J A, MYRSKYLÄ M, JONES O. Childlessness drives the sex difference in the association between income and reproductive success of modern Europeans [J]. Evolution and human behavior, 2012, 33 (6): 628-638.

[18] BEARMAN P. Exploring genetics and social structure [J]. American journal of sociology, 2008, 114 (S1): Ⅴ-Ⅹ.

[19] BEAUCHAMP J P, et al. Molecular genetics and economics [J]. Journal of economic perspectives, 2011, 25 (4): 57-82.

[20] BEAVER K M, CONNOLLY E J, NEDELEC J L, et al. On the genetic and genomic basis of aggression, violence, and antisocial behavior [C] //HOPCROFT R L. The Oxford handbook of evolution, biology and society. Oxford: Oxford University Press, 2018: 265-280.

[21] BEAVER K, NEDELEC J L. A biosocial explanation for male-female differences in criminal involvement [C] //BEAVER K, BARNES J C, BOUTWELL B B. The nurture versus biosocial debate in criminology: on the origins of criminal behavior and criminality. Los Angeles: Sage, 2014: 25-42.

[22] BEAVER K M, WALSH A. Biosocial criminology [C] // BEAVER K, WALSH A. The Ashgate research companion to biosocial theories of crime. Farnham, UK: Ashgate, 2011: 3-16.

[23] BENJAMIN D J, et al. The promises and pitfalls of genoeconomics [J]. Annual review of economics, 2012, 4 (1): 627-662.

[24] BETZIG L. Means, variances, and ranges in reproductive success: comparative evidence [J]. Evolution and human behavior, 2012, 33 (4): 309-317.

[25] BIBLARZ T J, RAFTERY A E, BUCUR A. Family structure and social mobility [J]. Social forces, 1997, 75 (4): 1319-1339.

［26］BURCHARD E G，et al. The importance of race and ethnic background in biomedical research and clinical practice ［J］. New England journal of medicine，2003，348（12）：1170-1175.

［27］BLUTE M. Darwinian sociocultural evolution：solutions to dilemmas in cultural and social theory ［M］. Cambridge：Cambridge University Press，2010.

［28］BOEHM C. Egalitarian behavior and reverse dominance hierarchy ［J］. Current anthropology，1993，34（3）：227-254.

［29］BOEHM C. Hierarchy in the forest：the evolution of egalitarian behavior ［M］. Cambridge，MA：Harvard University Press，1999.

［30］BOGAN J E，DEZURE R，TENHOUTEN W D，et al. The other side of the brain IV：the A/P ratio ［J］. Bulletin of the Los Angeles neurological societies，1972，37：49-61.

［31］BOOTH A，CARVER K，GRANGER D A. Biosocial perspectives on the family ［J］. Journal of marriage and family，2000，62（4）：1018-1034.

［32］BOOTH A，DABBS J M. Testosterone and men's marriages ［J］. Social forces，1993，72（2）：463-477.

［33］BOOTS D P. Neurobiological perspectives of brain vulnerability in pathways to violence over the life course ［C］//BEAVER K，WALSH A. The Ashgate research companion to biosocial theories of crime. Farnham，UK：Ashgate，2011：181-211.

［34］BOUCHARD T J，MCGUE M. Genetic and environmental influences on human psychological differences ［J］. Journal of neurobiology，2003，54（1）：4-45.

［35］BOURKE A. Principles of social evolution ［M］. Oxford and New York：Oxford University Press，2011.

［36］BOURKE A. Hamilton's rule and the causes of social evolution ［J］. Philosophical transactions of the royal society B，2014，

369：1-10.

[37] BOWLES S. Group competition, reproductive leveling and the evolution of human altruism [J]. Science, 2006, 314 (5805): 1569-1572.

[38] BOYD R, RICHERSON P J. Culture and the evolutionary process [M]. Chicago: University of Chicago Press, 1985.

[39] BREEN R. Social mobility in Europe [M]. Oxford: Oxford University Press, 2004.

[40] BROWN G R. Why mechanisms shouldn't be ignored [J]. Behavioral ecology, 2013, 24 (5): 1041-1042.

[41] BREEN R, JONSSON J O. Inequality of opportunity in comparative perspective: recent research on educational attainment and social mobility [J]. Annual review of sociology, 2005, 31: 223-243.

[42] BRUNNER H G, NELEN M, BREAKEFIELD X, et al. Abnormal behavior associated with a point mutation in the structural gene for monoamine oxidase A [J]. Science, 1993, 262 (5133): 578-580.

[43] BURLEY N. Parental investment, mate choice, and mate quality [J]. Proceedings of the national academy of sciences, 1977, 74 (8): 3476-3479.

[44] BUSS D. Sex differences in human mate preferences: evolutionary hypotheses tested in 37 cultures [J]. Behavioral and brain sciences, 1989, 12 (1): 1-14.

[45] BUSS D. The evolution of desire: strategies of human mating [M]. New York: Basic Books, 2003.

[46] BUSS D, et al. International preferences in selecting mates: a study of 37 cultures [J]. Journal of cross cultural psychology, 1990, 21 (1): 5-47.

[47] BUSS D, DUNTLEY J D. Adaptations for exploitation [J]. Group dynamics theory research & practice, 2008, 12 (1): 53-62.

[48] BUSS D, LARSEN R J, WESTEN D, et al. Sex differences in jealousy: evolution, physiology, and psychology. Psychological science [J]. 1992, 3 (4): 251-255.

[49] BUSS D, SCHMITT D. Sexual strategies theory: an evolutionary perspective on human mating [J]. Psychological review, 1993, 100 (2): 204-232.

[50] BUSS D, SHACKELFORD T. Human aggression in evolutionary psychological perspective [J]. Clinical psychology review, 1997, 17 (6): 605-619.

[51] BUTOVSKAYA M, SALTER F, DIAKONOV I, et al. Urban begging and ethnic nepotism in Russia: an ethological pilot study [J]. Human nature, 2000, 11 (2): 157-182.

[52] CACIOPPO J T, BERNTSON G G. Social psychological contributions to the decade of the brain: doctrine of multilevel analysis [J]. American psychologist, 1992, 47 (8): 1019-1028.

[53] CAMPBELL A. Gender and crime: an evolutionary perspective [C] //WALSH A, BEAVER K. Biosocial criminology: new directions in theory and research, New York: Routledge, 2009: 117-136.

[54] CANLI T, DESMOND J E, ZHAO Z, et al. Sex differences in the neural basis of emotional memories [J]. Proceedings of the national academy of sciences, 2002, 99 (16): 10789-10794.

[55] CAO Y, et al. The chinamap analytics of deep whole genome sequences in 10, 588 individuals [J]. Cell research, 2020, 30 (9): 717-731.

[56] CAREY J R, VAUPEL J W. Biodemography [C] // POSTON D L. Handbook of population. New York: Springer, 2019: 713-746.

[57] CARTER M, SHIEH J. Guide to research techniques in neuroscience [M]. Burlington, MA: Academic Press, 2009.

[58] CASPI A, TAYLOR A, MOFFITT T E, et al. Neighborhood

deprivation affects children's mental health: environmental risks identified in a genetic design [J]. Psychological Science, 2000, 11 (4): 338-342.

[59] CHAPAIS B. Primeval kinship: how pair-bonding gave birth to human society [M]. Cambridge, MA: Harvard University Press, 2008.

[60] CHAPAIS B. The deep structure of human society: primate origins and evolution [C] //KAPPELER P M, SILK J B. Mind the gap: tracing the origins of human universals, New York: Springer, 2010: 19-52.

[61] CHAPAIS B. The evolutionary history of pair-bonding and parental collaboration [C] //SHACKELFORD T K, SALMON C A. The Oxford handbook of evolutionary family psychology, Oxford: Oxford University Press, 2011: 33-50.

[62] CHETTY R, HENDREN N, KLINE P, et al. Is the United States still a land of opportunity? Recent trends in intergenerational mobility [J]. American economic review, 2014, 104 (5): 141-147.

[63] CLUTTON-BROCK T. Mammalian mating systems [J]. Proceedings of the royal society of London, 1989, 236 (1285): 339-372.

[64] COALL D A, HERTWIG R. Grandparental investment: past, present, and future [J]. Behavioral and brain sciences, 2010, 33 (1): 1-19.

[65] COHEN L E, MACHALEK R. A general theory of expropriative crime: an evolutionary ecological approach [J]. American journal of sociology, 1988, 94 (3): 465-501.

[66] COLE S. What's wrong with sociology? [M]. New Brunswick: Transaction Publishers, 2001.

[67] DAW J, SHANAHAN M, HARRIS K M, et al. Genetic sensitivity to peer behaviors: 5HTTLPR, smoking, and alcohol consumption [J]. Journal of health and social behavior, 2013, 54 (1):

92-108.

[68] DAWKINS R. The selfish genes [M]. Oxford: Oxford University Press, 2012.

[69] DEARY I J, COX S R, HILL W D. Genetic variation, brain, and intelligence differences [J]. Molecular psychiatry, 2022, 27: 335-353.

[70] DEGLER C. In search of human nature: the decline and revival of Darwinism in American social thought [M]. Oxford and New York: Oxford University Press, 1991.

[71] DELISI M. The limbic system and crime [C] //BEAVER K, WALSH A. The Ashgate research companion to biosocial theories of crime, Farnham, UK: Ashgate, 2011: 167-180.

[72] DOCHTERMANN N A, SCHWAB T, BERDAL M A, et al. The heritability of behavior: a meta-analysis [J]. The Journal of heredity, 2019, 4 (4): 1-8.

[73] DRUCKERMAN P. Lust in Translation: the rules of infidelity from Tokyo to Tennessee [M]. New York: Penguin, 2007.

[74] DUNBAR R I M. The social brain hypothesis and human evolution [C] //BRADDICK O. Oxford research encyclopedia of psychology. Oxford: Oxford University Press, 2016.

[75] DUNBAR R I M, SHULTZ S. Evolution in the social brain [J]. Science, 2007, 317 (5843): 1344-1347.

[76] DUNCAN O D. Ability and achievement [J]. Eugenics, 1968, 15 (1): 1-11.

[77] DUNTLEY J D, SHACKELFORD T D. Darwinian foundations of crime and law [J]. Aggression & violent behavior, 2008, 13 (5): 373-382.

[78] DUNTLEY J D, SHACKELFORD T D. Adaptations to avoid victimization [J]. Aggression & violent behavior, 2012, 17 (1): 59-71.

[79] DURRANT R, WARD T. Evolutionary criminology: towards

a comprehensive explanation of crime [M]. New York: Elsevier, 2015.

[80] DURHAM W H. Coevolution: genes, culture, and human diversity [M]. Stanford: Stanford University Press, 1991.

[81] DURKHEIM E. The division of labour in society [M]. translated by W. D. Halls. Basingstoke: The Macmillan Press Ltd, 1984.

[82] DUSTER T. Comparative perspectives and competing explanations: taking on the newly configured reductionist challenge to sociology [J]. American sociological review, 2006, 71 (1): 1-15.

[83] ELLIS L. The decline and fall of sociology, 1975-2000 [J]. American sociologist, 1977, 12: 56-66.

[84] ELLIS L. Dominance and reproductive success in non-human animals: a cross-species comparison [J]. Ethology and sociobiology, 1995, 16 (4): 257-333.

[85] ELLIS L. A discipline in peril: sociology's future hinges on curing its biophobia [J]. The American sociologist, 1996, Summer: 21-41.

[86] ELLIS L, et al. Sex differences: summarizing more than a century of scientific research [M]. New York: Routledge, 2008.

[87] EMLEN S T, ORING L W. Ecology, sexual selection, and the evolution of mating systems [J]. Science, 1977, 197 (4300): 215-223.

[88] ENDENDIJK J J, GROENEVELD M G, BAKERMANS-KRANENBURG M J, et al. Gender differentiated parenting revisited: meta-analysis reveals very few differences in parental control of boys and girls [J]. 2016, Plos one, 11 (7): e0159193.

[89] EULER H A. Grandparents and extended kin [C] // SALMON C, SHACKELFORD T K. The Oxford handbook of evolutionary family psychology. Oxford: Oxford University Press, 2011: 181-210.

[90] EVANS P B. Embedded autonomy: states and industrial

transformation [M]. Princeton: Princeton University Press, 1995.

[91] FARKAS G. Cognitive skills and noncognitive traits and behaviors in stratification processes [J]. Annual review of sociology, 2003, 29: 541-562.

[92] FEENY D, BERKES F, MCCAY B J, ACHESON J M. The tragedy of the commons: twenty years late [J]. Human ecology, 1990, 18 (1): 1-19.

[93] FERGUSON C J. Genetic contributions to antisocial personality and behavior: a meta-analytic review from an evolutionary perspective [J]. The journal of social psychology, 2010, 50 (2): 160-180.

[94] FIEDER M, HUBER S. The effects of sex and childlessness on the association between status and reproductive output in modern society [J]. Evolution and human behavior, 2007, 28 (6): 392-398.

[95] FIRTH R. Man and culture: an evaluation of the work of Bronislaw Malinowski [M]. London: Rouledge & Kegan Paul Limited, 1957.

[96] FISCHER R, CALLANDER R, REDDISH P, et al. How do rituals affect cooperation? [J]. Human nature, 22013, 4 (2): 115-125.

[97] FISHER R A. The genetical theory of natural selection [M]. Oxford: Clarendon Press, 1930.

[98] FLINN M V. Evolutionary anthropology of the human family [C] //SALMON C, SHACKELFORD T K. The Oxford handbook of evolutionary family psychology. Oxford: Oxford University Press, 2011: 12-32.

[99] FORTUNATO L. Evolution of marriage systems [C] //WRIGHT J D. International encyclopedia of the social & behavioral sciences (2nd ed. , vol. 14). Oxford, UK: Elsevier, 2015: 611-619.

[100] FORTUNADO L, ARCHETTI M. Evolution of monogamous marriage by maximization of inclusive fitness [J]. Journal of evolutionary

biology, 2010, 23 (1): 149-156.

[101] FOX R. Siblingincest [J]. British journal of sociology, 1962, 13 (2): 128-150.

[102] FRANK S A. George Price's contributions to evolutionary genetics [J]. Journal of theoretical biology, 1995, 175: 373-388.

[103] FRANKS D D. Neurosociology: the nexus between neuroscience and social psychology [M]. New York: Springer, 2010.

[104] FRANKS D D. Why we need neurosociology as well as social neuroscience: or-why role-taking and theory of mind are different concepts [C] //FRANKS D D, TURNER J H. Handbook of eurosociology, New York: Springer, 2013: 27-32.

[105] FRANKS D D. Neurosociology: fundamentals and current findings [M]. New York: Springer, 2019.

[106] FRANKS D D, TURNER J H. Handbook of eurosociology [C]. New York: Springer, 2013.

[107] FREESE J. Genetics and the social science explanation of individual outcomes [J]. American journal of sociology, 2008, 114 (S1): S1-S35.

[108] FREESE J, JAO Y. Shared environment estimates for educational attainment: a puzzle and possible solutions [J]. Journal of personality, 2017, 85 (1): 79-89.

[109] FREESE J, LI J A, WADE L D, The potential relevances of biology to social inquiry [J]. Annual review of sociology, 2003, 29: 233-256.

[110] FROST P, HARPENING H. Western Europe, state formation, and genetic pacification [J]. Evolutionary psychology, 2015, 13 (1): 230-243.

[111] GANNA A, et al. Large-scale GWAS reveals insights into the genetic architecture of same-sex sexual behavior [J]. Science, 2019: 365 (6456): eaat7693.

[112] GAO Y, RAINE A, VENABLES P H, et al. Association of poor childhood fear conditioning and adult crime [J]. American journal of psychiatry, 2010: 167 (1): 56-60.

[113] GAVRILETS S. Human origins and the transition from promiscuity to pair-bonding [J]. Proceedings of the national academy of sciences of the United States of America, 2012: 109 (25): 9923-9928.

[114] GEARY D C. Evolution of fatherhood [C] //SALMON C, SHACKELFORD T K. Family relationships: an evolutionary perspective, Oxford: Oxford University Press, 2007: 115-144.

[115] GEARY D C. Male, Female: The evolution of human sex differences [M]. Washington, D. C. : American Psychological Association, 2009.

[116] GINTIS H, VAN SCHAIK C, BOEHM C. Zoon Politikon: the evolutionary origins of human socio-political systems [J]. Behavioural processes, 2019, 161: 17-30.

[117] GLAESER E L, PORTA R A, LOPEZDE-SILANES F, et al. Do institutions cause growth? [J]. Journal of economic growth, 2004, 9 (3): 271-303.

[118] GONG H, LEIGH A, MENG X. Intergenerational income mobility in urban China [J]. Review of income & wealth, 2012, 58 (3): 481-503.

[119] GORDON R A. The black-white factor is G [J]. Behavioral and brain sciences, 1985, 8 (2), 229-231.

[120] GOTTESMAN I I. Milestones in the history of behavioral genetics: participant observer [J]. Acta psychologica sinica, 2008, 40 (10): 1042-1050.

[121] GOTTFREDSON L S. The practical significance of black-white differences in intelligence [J]. Behavioral and brain sciences, 1987, 10 (3): 510-512.

[122] GOTTFREDSON L S. Mainstream science on intelligence:

an editorial with 52 signatories, history, and bibliography [J]. Intelligence, 1997, 24 (1): 13-23.

[123] GRAFEN A. Optimization of inclusive fitness [J]. Journal of theoretical biology, 2006, 238: 541-563.

[124] GRAFEN A. Formalizing darwinism and inclusive fitness theory [J]. Philosophical transactions of the royal society B, 2009, 364: 3135-3141.

[125] GREGORY S W, KALKHOFF W. Comprehending the neurological substratum of paraverbal communications: the invention of splitspec technology [C] //FRANKS D D, TURNER J H. Handbook of neurosociology. New York: Springer, 2013: 369-383.

[126] GREILING H, BUSS D. Women's sexual strategies: the hidden dimension of extra-pair mating [J]. Personality and individual differences, 2000, 28 (5): 929-963.

[127] GUO G, OU X, ROETTGER M, et al. The VNTR 2 Repeat in MAOA and delinquent behavior in adolescence and young adulthood: associations and MAOA promoter activity [J]. European journal of human genetics, 2008, 16 (5): 626-634.

[128] GUO G, TONG Y, CAI T. Gene by social context interactions for number of sexual partners among white male youth: genetics-informed sociology [J]. American journal of sociology, 2008, 114 (S1): S36-S66.

[129] GUO G, ROETTGER M E, CAI T. The integration of genetic propensities into social-control models of delinquency and violence among male youths [J]. American sociological review, 2008, 73 (4): 543-568.

[130] HAINES V A. Is Spencer's theory an evolutionary theory? [J]. American journal of sociology, 1988, 93 (5): 1200-1223.

[131] HALL J A., MATSUMOTO D. Gender differences in judgments of multiple emotions from facial expressions [J]. Emotion,

2004, 4 (2): 201-206.

[132] HALPERN D F. Sex differences in cognitive abilities [M]. New York and Hove: Psychology Press, 2012.

[133] HALPERN D F, et al. The science of sex differences in science and mathematics [J]. Psychological science in the public interest, 2007, 8 (1): 1-51.

[134] HAMILTON W D. The evolution of altruistic behavior [J]. American naturalist, 1963, 97 (896): 354-356.

[135] HAMILTON W D. The genetical evolution of social behavior: I & II [J]. Journal of theoretical biology, 1964, 7: 1-52.

[136] HAMILTON W D. The innate social aptitudes of man: an approach from evolutionary genetics [C] //FOX R. Biosocial anthropology. New York: John Wiley and Sons, 1975: 329-351.

[137] HAN S, NORTHOFF G. Culture-sensitive neural substrates of human cognition: a transcultural neuroimaging approach [J]. Nature reviews neuroscience, 2008, 9 (8): 646-654.

[138] HARDIN G. The tragedy of the commons [J]. Science, 1968, 162 (3859): 1243-1248.

[139] HARRIS M. Cultural anthropology [M]. New York: HarperCollins Publishers, 1991.

[140] HARRIS M. The rise of anthropological theory [M]. Walnut Creek, CA: Altamira Press, 2011.

[141] HART D, SUSSMAN R W. Man the hunted: primates, predators, and human evolution [M]. Boulder, Colorado: Westview, 2009.

[142] HATEMI P K, MCDERMOTT R. The genetics of politics: discovery, challenges, and progress [J]. Trends in genetics, 2012, 28 (10): 525-533.

[143] HEARD E, MARTIENSSEN R A. Transgenerational epigenetic inheritance: myths and mechanisms [J]. Cell, 2014, 157

(1): 95-109.

[144] HENRICH J, BOYD R, RICHERSON P J. The puzzle of monogamous marriage [J]. Philosophical transactions of the royal society B, 2012, 367 (1589): 657-669.

[145] HESKETH T, ZHU W. Abnormal sex ratios in human populations: causes and consequences [J]. Proceedings of the national academy of sciences, 2006, 103 (36): 13271-13275.

[146] HILL W D, MARIONI R E, MAGHZIAN O, et al. A combined analysis of genetically correlated traits identifies 187 loci and a role for neurogenesis and myelination in intelligence [J]. Molecular psychiatry, 2018, 24: 169-181.

[147] HINES M. Gender development and the human brain [J]. Annual review of neuroscience, 2011, 34 (1): 69-88.

[148] HOFSTEDE G, HOFSTEDE G J, MINKOV M. Cultures and organizations: software of the mind. revised and expanded 3rd Edition [M]. New York: McGraw-Hill, 2010.

[149] HOHM C F. Sociology in the academy: how the discipline is viewed by deans: pacific sociological association 2007 presidential address [J]. Sociological perspectives, 2008, 51 (2): 235-258.

[150] HOHM C F. Thirty five years of viewing sociology as an external program reviewer: a dean's perspective on how administrators view sociology [J]. The American sociologist, 2008b, 39 (2): 130-137.

[151] HOLMES W G. The early history of hamiltonian-based research on kin recognition [J]. Annales zoologici fennici, 2004, 41: 691-711.

[152] HOPCROFT R L. Sex, status, and reproductive success in the contemporary United States [J]. Evolution and human behavior, 2006, 27 (2): 104-120.

[153] HOPCROFT R L. Gender inequality in interaction: an evolutionary account [J]. Social forces, 2009, 87 (4): 1845-1871.

［154］HOPCROFT R L. The evolved actor in sociology ［J］. Sociological theory，2009b，27（4）：390-406.

［155］HOPCROFT R L. Evolution and gender：why it matters for contemporary life ［M］. New York and London：Routledge，2016.

［156］HOPCROFT R L，MARTIN D O. The primary parental investment in children in the contemporary USA is education：testing the Trivers-Willard hypothesis of parental investment ［J］. Human nature，2014，25：235-250.

［157］HRDY S B. Raising Darwin's consciousness：female sexuality and the prehominid origins of patriarchy ［J］. Human nature，1997，8（1）：1-49.

［158］JACOBS P，BRUNTON M，MELVILLE M M. Aggressive behaviour，mental sub-normality and the XYY male ［J］. Nature，1965，208（5017）：1351-1352.

［159］JEFFERY C R. Criminology-whither or wither? ［J］. Criminology，1977，15（3）：283-286.

［160］JIRTLE R L，SKINNER M K. Environmental epigenomics and disease susceptibility ［J］. Nature reviews genetics，2007，8（4）：253-262.

［161］JOHNSON A，EARLE T. The evolution of human societies：from foraging group to agrarian state ［M］. Stanford：Stanford University Press，2000.

［162］JONES G，SCHNEIDER W J. Intelligence，human capital，and economic growth：a beysian averaging of classical estimates（BACE）approach ［J］. Journal of economic growth，2006，11：71-93.

［163］KALKHOFF W，THYE S R，POLLOCK J. Developments in neurosociology ［J］. Sociology compass，2016，10（3）：242-258.

［164］KALMIJN M. Intermarriage and homogamy：causes，patterns，trends ［J］. Annual review of sociology，1998，24（1）：395-421.

[165] KAPLAN H, LANCASTER J B, TUCKER W T, et al. Evolutionary approach to below replacement fertility [J]. American journal of human biology, 2002, 14 (2): 233-256.

[166] KAPPELER P M. Variation in social structure: the effects of sex and kinship on social interactions in three lemur species [J]. Ethology, 1993, 93 (2): 125-145.

[167] KAPPELER P M, FICHTEL C. ECO-evo-devo of the lemur syndrome: did adaptive behavioral plasticity get canalized in a large primate radiation? [J]. FRONTIERS IN ZOOLOGY, 2015, 12 (1): 1-16.

[168] KELLER H, CHASIOTIS A. Maternal investment [C] // SALMON C, SHACKELFORD T K. Family relationships: an evolutionary perspective. Oxford: Oxford University Press, 2007: 91-114.

[169] KENRICK D T, KEEFE R C, GABRIELIDIS C, et al. Adolescents' age preferences for dating partners: support for an evolutionary model of life-history strategies [J]. Child development, 1996, 67 (4): 1499-1511.

[170] KENRICK D T, SADALLA E K, GROTH G, et al. Evolution, traits, and the stages of human courtship: qualifying the parental investment model [J]. Journal of personality, 1990, 58 (1): 97-116.

[171] KHANNA N. If you're half black, you're just black: reflected appraisals and the persistence of the one-drop rule [J]. Sociological quarterly, 2010, 51 (1): 96-121.

[172] KIM Y. Handbook of behavior genetics [M]. New York: Springer, 2009.

[173] KIRKPATRICK R C. The evolution of human homosexual behavior [J]. Current anthropology, 2000, 41 (3): 385-413.

[174] KNOPIK V S, NEIDERHISER J M, DEFRIES J C, et al. Behavioral genetics [M]. New York: Worth Publishers, 2018.

[175] KOPSIDA E, STERGIAKOULI E, LYNN P M, et al. The role of the Y chromosome in brain function [J]. Open neuroendocrinol journal, 2009, 2 (1): 20-30.

[176] LALAND K, SEED A. Understanding human cognitive uniqueness [J]. Annual review of psychology, 2021, 72: 689-716.

[177] LÅNGSTRÖM N, BABCHISHIN K M, FAZEL S, et al. Sexual offending runs in families: a 37-year nationwide study [J]. International journal of epidemiology, 2015, 44 (2): 713-720.

[178] LAWSON David, UGGLA C. Family structure and health in the developing world: what can evolutionary anthropology contribute to population health science? [C] //GIBSON M, LAWSON D. Applied evolutionary anthropology: advances in the evolutionary analysis of human behaviour, vol 1. New York: Springer, 2014: 85-118.

[179] LEE C, SOLON G. Trends in intergenerational income mobility [J]. Review of economics & statistics, 2009, 91 (4): 766-772.

[180] LENSKI G. Ecological-evolutionary theory: principles and applications [M]. Boulder and London: Paradigm Publishers, 2005.

[181] LERNER G. The creation of patriarchy [M]. Oxford: Oxford University Press, 1986.

[182] LEVIN M. Comment on Minnesota transracial adoption study [J]. Intelligence, 1994, 19: 13-20.

[183] LEWONTIN R C. Biology as Ideology: The doctrine of DNA [M]. West Concord: House of Anansi, 1991.

[184] LI R, et al. Trends and sex disparities in school bullying victimization among U. S. youth, 2011—2019 [J]. BMC public health, 2020, 20 (1): 1583.

[185] LIEBERMAN D. Darwinian psychology: a modern-day Hercules [J]. Evolution and human behavior, 2007, 28: 211-213.

[186] LIEBERMAN D, TOOBY J, COSMIDES L. Does morality has a biological basis? an empirical test of the factors governing moral

sentiments regarding incest [J]. Proceedings of the royal society B: biological sciences, 2003, 270 (1517): 819-826.

[187] LIEBERMAN D, TOOBY J, COSMIDES L. The architecture of human kin detection [J]. Nature, 2007, 445 (7129): 727-731.

[188] LIN N, BIAN Y. Getting ahead in urban China [J]. American journal of sociology, 1991, 97 (3): 657-688.

[189] LIU H, GUO G. Lifetime socioeconomic status, historical context, and genetic inheritance in shaping body mass in middle and late adulthood [J]. American sociological review, 2015, 80 (4): 705-737.

[190] LOPREATO J, CRIPPEN T. Human nature and biocultural evolution [M]. Winchester, MA: Allen & Unwin, 1984.

[191] LOPREATO J, CRIPPEN T. Crisis in sociology: the need for Darwin [M]. New Brunswick and London: Transaction Publishers, 1999.

[192] LUKAS D, CLUTTON-BROCK T H. The evolution of social monogamy in mammals [J]. Science, 2013, 341 (6145): 526-530.

[193] LUO L, DING R, GAO X, et al. Socioeconomic status influences sex ratios in a Chinese rural population [J]. PeerJ, 2017, 5: e3546.

[194] LUO L, ZHAO W, WENG T. Sex-biased parental investment among contemporary Chinese peasants: testing the Trivers-Willard hypothesis [J]. Frontiers in psychology, 2016, 7: 1215.

[195] LUO L, ZUO Y, XIONG X. Discriminative grandparental investment in China [J]. Human nature, 2024, 35 (1).

[196] LYNN R. Some reinterpretations of the Minnesota transracial adoption study [J]. Intelligence, 1994, 19: 21-27.

[197] LYNN R. Race differences in intelligence: an evolutionary analysis [M]. Augusta, GA: Washington Summit Publishers, 2006.

[198] LYNN R, BECKER D. The intelligence of nations [M]. London: Ulster Institute for Social Research, 2019.

[199] LYNSKEY M T, AGRAWAL A, HEATH A C. Genetically informative research on adolescent substance use: methods, findings, and challenges [J]. Journal of the American academy of child & adolescent psychiatry, 2010, 49 (12): 1202-1214.

[200] LYTTON H, ROMNEY D M. Parents' differential socialization of boys and girls: a meta-analysis [J]. Psychological bulletin, 1991, 109 (2): 267-296.

[201] MACE R. The evolutionary anthropology of the family [J]. British academy review, 2010, 15: 18-20.

[202] MAES H H M, NEALE M C, EAVES L J. Genetic and environmental factors in relative body weight and human adiposity [J]. Behavior genetics, 1997, 27 (4): 325-351.

[203] MALOUFF J M, ROOKE S E, SCHUTTE N S. The heritability of human behavior: results of aggregating meta-analyses [J]. Current psychology, 2008, 27 (3): 153-161.

[204] MARKS J. The origins of anthropological genetics [J]. Current anthropology, 2012, 53 (S5): S161-S172.

[205] MARLOWE F. Paternal investment and the human mating system [J]. Behavioural processes, 2000, 51 (1-3): 45-61.

[206] MARTIN M A. The intergenerational correlation in weight: how genetic resemblance reveals the social role of families [J]. American journal of sociology, 2008, 114 (S1): S67-S105.

[207] MARYANSKI A, TURNER J H. The social cage: human nature and the evolution of society [M]. Stanford, CA: Stanford University Press, 1992.

[208] MANNING J T, FINK B, TRIVERS R. The biology of human gender [C] //SHACKELFORD T K, WEEKES-SHACKELFORD V V. Encyclopedia of evolutionary psychological science, New York, NY: Springer International Publishing, 2018: B1-5.

[209] MASSEY D. What I don't know about my field but wish I did

[J]. Annual review of sociology, 2000, 26: 699-701.

[210] MASON D A, FRICK P J. The heritability of antisocial behavior: a meta-analysis of twin and adoption studies [J]. Journal of psychopathology & behavioral assessment, 1994, 16 (4): 301-323.

[211] MAYR E. What makes biology unique? [M]. Cambridge: Harvard University Press, 2004.

[212] MCGUE M. The end of behavioral genetics? [J]. Behavior genetics, 2010, 40 (3): 284-296.

[213] MICHALSKI R L, EULER H A. Evolutionary perspectives on sibling relationships [C] //SALMON C, SHACKELFORD T K. Family relationships: an evolutionary perspective, Oxford: Oxford University Press, 2007: 185-204.

[214] MIGDAL J S. Strong societies and weak states: state-society relations and state capabilities in the third world [M]. Princeton: Princeton University Press, 1988.

[215] MILES D R, CAREY G. Genetic and environmental architecture of human aggression [J]. Journal of personality & social psychology, 1997, 72 (1): 207-217.

[216] MOFFITT T E. Adolescence-limited and life-course-persistent antisocial behavior: a developmental taxonomy [J]. Psychological review, 1993, 100 (4): 674-701.

[217] MOLNAR S. Human variation, types, and ethnic groups [M]. Englewood Cliffs, NJ: Prentic-Hall, INC, 1983.

[218] MORGAN L H. Ancient society, or researches in the lines of human progress from savagery through barbarism to civilization [M]. Gloucester, MA: Peter Smith, 1974.

[219] MULLER M N, KAHLENBERG S M, WRANGHAM R W. Male aggression and sexual coercion in primates [C] //MULLER M N, and WRANGHAM R W. Sexual coercion in primates and humans: an evolutionary perspective on male aggression against females,

Cambridge, MA: Harvard University Press, 2009: 3-22.

[220] MURDOCK G P, WHITE D R. Standard cross-cultural sample [J]. Ethnology, 1969, 8 (4): 329-349.

[221] MURDOCK G P, WILSON S F. Settlement patterns and community organization: cross-cultural codes 3 [J]. Ethnology, 1972, 11 (3): 254-295.

[222] MURPHY M. Is the relationship between fertility of parents and children really weak? [J]. Biodemography and social biology, 1999, 46 (1—2): 122-145.

[223] MURPHY M, KNUDSEN L B. The intergenerational transmission of fertility in contemporary denmark: the effects of number of siblings (full and half), birth order, and whether male or female [J]. Population studies, 2002, 56 (3): 235-248.

[224] NEISSER U, et al. Intelligence: KNOWNS AND UNKNOWNS [J]. American psychologist, 1996, 51 (2) : 77-101.

[225] NEISS M, ROWE D C, RODGERS J L. Does education mediate the relationship between IQ and age of first birth? a behavioural genetic analysis [J]. Journal of biosocial sciences, 2002, 34 (2): 259-75.

[226] NETTLE D, POLLET T V. Natural selection on male wealth in humans [J]. American naturalist, 2008, 172 (5): 658-666.

[227] NIELSEN F. Achievement and ascription in educational attainment: genetic and environmental influences on adolescent schooling [J]. Social forces, 2006, 85 (1): 193-216.

[228] NIELSEN F. The status-achievement process: insights from genetics [J]. Frontiers in sociology, 2016, 1: 9.

[229] NIELSEN F. Genes and status achievement [C] // HOPCROFT R L. The Oxford handbook of evolution, biology and society, Oxford: Oxford University Press, 2018: 305-326.

[230] PALOMINO J C, MARRERO G A, RODRIGUEZ J G. One

size doesn't fit all: a quantile analysis of intergenerational income mobility in the U. S. (1980 — 2010) [J]. The journal of economic inequality, 2018, 16: 347-367.

[231] PARK S. East Asian culture and economic miracle: the south Korean experience [J]. Institutions and economies, 2016, 8 (1): 1-24.

[232] PARSONS T. Societies: evolutionary and comparative perspectives [M]. Englewood Cliffs, New Jersey: Prentice-Hall, Inc, 1966.

[233] PENN D C, HOLYOAK K J, POVINELLI D J. Darwin's mistake: explaining the discontinuity between human and nonhuman minds [J]. Behavioral and brain sciences, 2008, 31 (2): 109-130.

[234] PINKER S. How the mind works [M]. New York & London: W. W. Norton & Company, Inc, 1997.

[235] PLOMIN R, OWEN M J, MCGUFFIN P. The genetic basis of complex human behaviors [J]. Science, 1994, 264 (5166): 1733-1739.

[236] POIRIER F E. Understanding human evolution [M]. Englewood Cliffs, NJ: Prentice-Hall, Inc, 1987.

[237] POLLET T V, HOBEN A D. An evolutionary perspective on siblings: rivals and resources [C] //SALMON C, SHACKELFORD T K. The oxford handbook of evolutionary family psychology, Oxford: Oxford University Press, 2011: 128-148.

[238] POLLET T V, NETTLE D. Market forces affect patterns of polygyny in Uganda [J]. Proceedings of the national academy of sciences of the United States of America, 2009, 106 (7): 2114-2117.

[239] POWE C E, et al. Vitamin D-binding protein and vitamin D status of black Americans and white Americans [J]. New England Journal of Medicine, 2013, 369 (21): 1991-2000.

[240] RANKIN D J, BARGUM K, KOKKO H. The tragedy of the commons in evolutionary biology [J]. Trends in ecology and evolution,

2007, 22 (12): 643-651.

[241] RE L, BIRKHOFF J M. The 47, XYY syndrome, 50 years of certainties and doubts: a systematic review [J]. Aggression and violent behavior, 2015, 22: 9-17.

[242] RELETHFORD J. The Human Species: an introduction to biological anthropology [M]. Mountain View, CA: Mayfield Publishing Company, 1990.

[243] RHEE S H, WALDMAN I D. Genetic and environmental influences on antisocial behavior: a meta-analysis of twin and adoption studies [J]. Psychological bulletin, 2002, 128 (3): 490-529.

[244] RICE W R, FRIBERG U, GAVRILETS S. Homosexuality as a consequence of epigenetically canalized sexual development [J]. The quarterly review of biology, 2012, 87 (4): 343-368.

[245] RICHERSON P J, BOYD R. Not by genes alone: how culture transform human evolution [M]. Chicago: The University of Chicago Press, 2005.

[246] RIDLEY M. The red queen: sex and the evolution of human nature [M]. New York: HarperCollins Publishers Inc, 2003.

[247] RIETSCHEL M, TREUTLEIN J. The genetics of alcohol dependence [J]. Annals of the New York academy of sciences, 2013, 1282 (1): 39-70.

[248] RINDERMANN H. Intellectual classes, technological progress and economic development: the rise of cognitive capitalism [J]. Personality and individual differences, 2012, 53 (2): 108-113.

[249] RISCH N, BURCHARD E, ZIV E, et al. Categorization of humans in biomedical research: genes, race and disease [J]. Genome biology, 2002, 3 (7): 1-12.

[250] RODGERS J L, et al. Genetic influence helps explain variation in human fertility: evidence from recent behavioral and molecular genetic studies [J]. Current directions in psychological

science, 2001, 10 (5): 184-188.

[251] RODGERS J L, DOUGHTY D. Genetic and environmental influences on fertility expectations and outcomes using nlsy kinship data [C] //RODGERS J L, ROWE D C, MILLER W B. Genetic influences on human fertility and sexuality. New York: Springer, 2000: 85-106.

[252] RODGERS J L, KOHLER H, KYVIK K O, et al. Behavior genetic modeling of human fertility: findings from a contemporary danish twin study [J]. Demography, 2001, 38 (1): 29-42.

[253] RODGERS J L, et al. Education and cognitive ability as direct, mediating, or spurious influences on female age at first birth: behavior genetic models fit to Danish twin data [J]. American journal of sociology, 2008, 114 (S1): S202-S232.

[254] ROSSI A. Gender and parenthood [J]. American sociological review, 1984, 49 (1): 1-19.

[255] ROTKIRCH A. Evolutionary family sociology [C] // HOPCROFT R L. The Oxford handbook of evolution, biology and society. Oxford: Oxford University Press, 2018: 451-478.

[256] ROWE D C. The limits of family influence: genes, experience, and behavior [M]. New York: Guilford, 1994.

[257] RUDO-HUTT A, et al. Biosocial interactions and correlates of crime [C] //BEAVER K, WALSH A. The Ashgate research companion to biosocial theories of crime. Farnham, UK: Ashgate, 2011: 17-44.

[258] RUIGROK AN, et al. A meta-analysis of sex differences in human brain structure [J]. Neuroscience & biobehavioral reviews, 2014, 39 (100): 34-50.

[259] RULE N O. Cultural Neuroscience: A historical introduction and overview. Online readings in psychology and culture, 2014, 9 (2). https://doi. org/10. 9707/2307-0919. 1128.

[260] RULE N O, FREEMAN J B, AMBADY N. Culture in social

neuroscience: a review [J]. Social neuroscience, 2013, 8 (1): 3-10.

[261] RUNCIMAN W G. A treatise on social theory [M]. Cambridge: Cambridge University Press, 1989.

[262] RUNCIMAN W G. The theory of cultural and social selection [M]. Cambridge: Cambridge University Press, 2009.

[263] RUSHTON J P, JENSEN A R. Thirty years of research on race differences in cognitive ability [J]. Psychology, public policy, and law, 2005, 11 (2): 235-294.

[264] SALMON C, SHACKELFORD T K. Toward an evolutionary psychology of the family [C] //SALMON C, SHACKELFORD T K. The oxford handbook of evolutionary family psychology. Oxford: Oxford University Press, 2011: 3-11.

[265] SALTER F. Ethnic nepotism as heuristic: risky transactions and public altruism [C] //DUNBAR R I M, BARRETT L. The oxford handbook of evolutionary psychology. Oxford: Oxford University Press, 2007: 541-552 .

[266] SALTER F. Review: The social cage: human nature and the evolution of society [J]. Politics and the life sciences, 1995, 14 (1): 118-120.

[267] SALTER F. The biosocial study of ethnicity [C] // HOPCROFT R. Oxford handbook of evolution, biology and society. Oxford: Oxford University Press. 2018: 543-568.

[268] SAMPSON R J. Moving to inequality: neighborhood effects and experiments meet structure [J]. American journal of sociology, 2008, 114 (1): 189-23.

[269] SANDAY P R. The socio-cultural context of rape: a cross-cultural study [J]. Journal of social issues, 1981, 37 (4): 5-27.

[270] SANDERSON S K. Human nature and the evolution of society [M]. Boulder, Colorado: Westview Press, 2014.

[271] SANDERSON S K, Ellis L. Theoretical and political

perspectives of American sociologists in the 1990s [J]. The American sociologist, 1992, 23 (2): 26-42.

[272] SANTOS R V, et al. Color, race, and genomic ancestry in Brazil: dialogues between anthropology and genetics [J]. Current Anthropology, 2009, 50 (6): 787-819.

[273] SARASWAT A, WEINAND J, SAFER J. Evidence supporting the biologic nature of gender identity [J]. Endocrine Practice, 2015, 21 (2): 199-204.

[274] SAVOLAINEN V, HODGSON J A. Evolution of homosexuality [C] //SHACKELFORD T K, WEEKES-SHACKELFORD V. Encyclopedia of evolutionary psychological science. New York: Springer, 2016: E1-8.

[275] SCARR S, WEINBERG R A. IQ test performance of black children adopted by white families [J]. American psychologist, 1976, 31: 726-739.

[276] SCARR S, WEINBERG R A. The influence of 'family background' on intellectual attainment [J]. American sociological review, 1978, 43 (5): 674-692.

[277] SCHEIDEL W. A peculiar institution? greco-roman monogamy in global context [J]. History of the family, 2009, 14 (3): 280-291.

[278] SCHMALLEGER F. Criminology today: an integrative introduction [M]. New York: Pearson, 2017.

[279] SCHMITT D, et al. Universal sex differences in the desire for sexual variety: tests from 52 nations, 6 continents, and 13 islands [J]. Journal of personality and social psychology, 2003, 85 (1): 85-104.

[280] SCHNITTKER J. Happiness and success: genes, families, and the psychological effects of socioeconomic position and social support [J]. American journal of sociology, 2008, 114 (S1): S233-S259.

[281] SCHUTT R K, TURNER J H. Biology and American sociology, part I: the rise of evolutionary thinking, its rejection, and potential resurrection [J]. The American sociologist, 2019, 50 (3):

356-377.

[282] SCHWARTZ J A, BEAVER K M. Exploring whether genetic differences between siblings explain sibling differences in criminal justice outcomes [J]. Comprehensive psychiatry, 2014, 55 (1): 93-103.

[283] SEAR R. Evolutionary contributions to the study of human fertility [J]. Population studies: a journal of demography, 2015, 69 (sup1): S39-S55.

[284] SEAR R, LAWSON D W, KAPLAN H, et al. Understanding variation in human fertility: what can we learn from evolutionary demography? [J]. Philosophical transactions of the royal society B: biological sciences, 2016, 371 (1692): 1-16.

[285] SETTLE J E, DAWES C T, CHRISTAKIS N A, et al. Friendships moderate an association between a dopamine gene variant and political ideology [J]. The journal of politics, 2014, 72 (4): 1189-1198.

[286] SHANAHAN M J, VAISEY S, ERICKSON L D, et al. Environmental contingencies and genetic propensities: social capital, educational continuation, and dopamine receptor gene DRD2 [J]. American journal of sociology, 2008, 114 (S1): S260-S286.

[287] SCHUTT R K, TURNER J H. Biology and American sociology, part I: the rise of evolutionary thinking, its rejection, and potential resurrection [J]. The American sociologist, 2019, 50 (3).

[288] SHEPHER J. Mate selection among second-generation kibbutz adolescents: incest avoidance and negative imprinting [J]. Archives of sexual behavior, 1971, 1 (4): 293-307.

[289] SHULTZ S, DUNBAR R I M. The evolution of the social brain: anthropoid primates contrast with other vertebrates [J]. Proceedings of the royal society B: biological sciences, 2007, 274 (1624): 2429-2436.

[290] SMITH A D. The ethnic origins of nations [M]. Oxford,

UK：Basil Blackwell，1986.

[291] SMUTS B. The evolutionary origins of the patriarchy [J]. Human nature，1995，6 (1)：1-32.

[292] SOLON G. Cross-country differences in intergenerational earnings mobility [J]. Journal of economic perspectives，2002，16 (3)：59-66.

[293] SONG S. Malnutrition，Sex ratio，and selection：a study based on the great leap forward famine [J]. Human nature，2014，25 (4)：580-595.

[294] SPENCER H. First principles [M]. London：Williams and Norgate，1867.

[295] SPENCER H. The principles of sociology vol. Ⅰ [M]. New York：D. Appleton and Company，1898.

[296] SPIRO M. Children of the kibbutz [M]. Cambridge：Harvard University Press，1958.

[297] SPOLAORE E，WACZIARG R. How deep are the roots of economic development? [J]. Journal of economic literature，2013，51 (2)：325-369.

[298] STANLEY D A，ADOLPHS R. Toward a neural basis for social behavior [J]. Neuron，2013，80 (3)：816-826.

[299] STARKWEATHER K E，HAMES R. A survey of non-classical polyandry [J]. Human nature，2012，23 (2)：149-172.

[300] STRASSMANN B I. The function of menstrual taboos among the Dogon [J]. Human nature，1992，3 (2)：89-131.

[301] STRASSMANN B I. Menstrual hut visits by Dogon women：a hormonal test distinguishes deceit from honest signaling [J]. Behavioral ecology，1996，7 (3)：304-315.

[302] STRENZE T. Intelligence and economic success：a meta-analytic review of longitudinal studies [J]. Intelligence，2007，35：401-426.

[303] SZELÉNYI I. Socialist entrepreneurs: embourgeoisement in rural Hungary [M]. Madison: University of Wisconsin Press, 1988.

[304] TABUTIN D. Whither demography? Strengths and weaknesses of the discipline over 50 years [J]. Population, 2007, 62 (1): 15-31.

[305] TAKAHASHI H, et al. Men and women show distinct brain activations during imagery of sexual and emotional infidelity [J]. Neuroimage, 2006, 32 (3), 1299-1307.

[306] TALMON Y. Mate selection in collective settlements [J]. American sociological review, 1964, 29 (4): 491-508.

[307] TENHOUTEN W. Explorations in neurosociological theory: from the spectrum of affect to time consciousness [J]. Social perspectives on emotion, 1999, 5: 41-80.

[308] THOMPSON M E. Human rape: revising evolutionary perspectives [C] //MULLER M N, WRANGHAM R W. Sexual coercion in primates and humans: an evolutionary perspective on male aggression against females, Cambridge, MA: Harvard University Press, 2009: 346-376.

[309] TINBERGEN N. On aims and methods of ethology [J]. Zeitschrift für tierpsychologie, 1963, 20 (4): 410-433.

[310] THORNHILL R, PALMER C T. A natural history of rape: biological bases of sexual coercion [M]. Boston: MIT Press, 2000.

[311] TOOBY J, COSMIDES L. The psychological foundations of culture [C] //BARKOW J H, COSMIDES L, TOOBY J. The adapted mind: evolutionary psychology and the generation of culture, Oxford: Oxford University Press, 1992: 19-136.

[312] TRIVERS R. The evolution of reciprocal altruism [J]. The quarterly review of biology 1971, 46 (1): 35-57.

[313] TRIVERS R. Parental investment and sexual selection [C] //CAMPBELL B. Sexual selection and the descent of man: 1871—1971. Chicago: Aldine Publishing Company, 1972: 136-179.

[314] TRIVERS R. Parent-offspring conflict [J]. American zoologist, 1974, 14 (1): 249-264.

[315] TRIVERS R. Obituary: William Donald Hamilton (1936—2000) [J]. 2000, Nature, 404: 828.

[316] TRIVERS R. The Folly of fool: the logic of deceit and self-deception in human life [M]. New York: Basic Books, 2011.

[317] TRIVERS R, WILLARD D E. Natural selection and parental ability to vary the sex ratio of offspring [J]. Science, 1973, 179 (4068): 90-92.

[318] TROPF F C, et al. Human fertility, molecular genetics, and natural selection in modern societies [J]. Plos one, 2015, 10 (6): 1-14.

[319] TURCHIN P. Warfare and the evolution of social complexity: a multilevel-selection approach [J]. Structure and dynamics, 2011, 4 (3): 1-37.

[320] TURCHIN P, GAVRILETS S. Evolution of complex hierarchical societies [J]. Social history and evolution, 2009, 8 (2): 167-198.

[321] TURKHEIMER E. Three laws of behavior genetics and what they mean [J]. Current directions in psychological science, 2000, 9 (5): 160-164.

[322] TURNER J H. Human institutions: a theory of societal evolution [M]. New York: Rowman & Littlefield, 2003.

[323] TURNER J H, MARYANSKI A. On the origin of societies by natural selection [M]. Boulder, CO: Paradigm Publishers, 2008.

[324] TURNER J H, SCHUTT R K, KESHAVAN M S. Biology and American sociology, part II: developing a unique evolutionary sociology [J]. The American sociologist, 2020, 51 (4): 470-505.

[325] TUVBLAD C, NARUSYTE J, GRANN M, et al. The genetic and environmental etiology of antisocial behavior from childhood to emerging adulthood [J]. Behavior genetics, 2011, 41 (5): 629-640.

［326］ UDRY J R. Sociology and biology：what biology do sociologists need to know? ［J］. Social forces，1995，73 (4)：1267-1278.

［327］ VAN DEN BERGHE P L. Bringing beasts back in：toward a biosocial theory of aggression ［J］. American sociological review，1974，39 (6)：777-788.

［328］ VAN DEN BERGHE P L. Man in society：a biosocial view ［M］. New York：Elsevier，1975.

［329］ VAN DEN BERGHE P L. The ethnic phenomenon ［M］. New York：Elsevier，1981.

［330］ VAN DEN BERGHE P L. Why most sociologists don't (and won't) think evolutionarily ［J］. Sociological forum，1990，5 (2)：173-185.

［331］ VANHANEN T. Ethnic conflicts：their biological roots in ethnic nepotism ［M］. London：Ulster Institute for Social Research，2012.

［332］ VANHANEN T. Ethnic nepotism as a cross-cultural background factor of ethnic conflicts ［J］. Open journal of political science，2014，4：143-155.

［333］ VON SCHEVE C. Sociology of neuroscience or neurosociology? ［C］ //PICKERSGILL M，KEULEN I V. Sociological reflections on the neurosciences. Bingley，UK：Emerald Group Publishing Limited，2011：255-278.

［334］ WALDMAN I D，WEINBERG R A，SCARR S. Racial-group differences in IQ in the Minnesota transracial adoption study：a reply to Levin and Lynn ［J］. Intelligence，1994，19 (1)：29-44.

［335］ WADE N. 2006. Before the dawn：recovering the lost history of our ancestors ［M］. New York：Penguin Books.

［336］ WALSH A. Biology and criminology：the biosocial synthesis ［M］. New York：Routledge，2009.

［337］ WALSH A. Biosociology：bridging the biology-sociology

divide, New Brunswick: Transaction Publishers, 2014.

[338] WALSH A, JORGENSEN C. Evolutionary theory and criminology [C] //HOPCROFT R L. The Oxford handbook of evolution, biology and society. Oxford: Oxford University Press, 2018: 517-542.

[339] WANG Feng, CAI Y, GU B. Population, Policy, and Politics: How will history judge China's one-child policy? [J]. Population and development review, 2013, 38 (Supplement): 115-129.

[340] WARD J. The student's guide to social neuroscience [M]. London and New York: Routledge, 2017.

[341] WATSON-CAPPS J J. Evolution of sexual coercion with respect to sexual selection and sexual conflict theory [C] //MULLER M N, WRANGHAM R W. Sexual coercion in primates and humans: an evolutionary perspective on male aggression against females. Cambridge, MA: Harvard University Press, 2009: 23-41.

[342] WATTS D P. Dominance, power, and politics in nonhuman and human primates [C] //KAPPELER P M, SILK J B. Mind the gap: tracing the origins of human universals. New York: Springer, 2010: 109-138.

[343] WEEDEN J, ABRAMS M J, GREEN M C, et al. Do high-status people really have fewer children? [J]. Human nature, 2006, 17 (4): 377-392.

[344] WEINBERG R A, SCARR S, WALDMAN ID. The Minnesota transracial adoption study: a follow-up of IQ test performance at adolescence [J]. Intelligence, 1992, 16 (1): 117-135.

[345] WEN B, et al. Genetic evidence supports demic diffusion of Han culture [J]. Nature, 2004, 431 (7006): 302-305.

[346] WEST S, MOUDEN C, GARDNER A. Sixteen common misconceptions about the evolution of cooperation in humans [J]. Evolution and human behavior, 2011, 32 (4): 231-262.

[347] WESTERMARCK E. The origin and development of moral ideas (vol. I) [M]. London: Macmillan, 1912.

[348] WESTERMARCK E. The origin and development of moral ideas (vol. II) [M]. London: Macmillan, 1917.

[349] WILSON E O. Sociobiology: the new synthesis [M]. Cambridge, MA: Harvard University Press, 1975.

[350] WILSON E O. The social conquest of earth, New York: W. W. Norton & Company, Inc, 2012.

[351] WILSON D S. Darwin's cathedral: evolution [M]. religion, and the nature of society, Chicago: University of Chicago Press, 2002.

[352] WILSON J F, et al. Population genetic structure of variable drug response [J]. Nature genetics, 2001, 29 (3): 265-269.

[353] WINTERHALDER B, SMITH E A. Analyzing adaptive strategies: human behavioral ecology at twenty-five [J]. Evolutionary anthropology, 2000, 9 (2): 51-71.

[354] WODTKE G T, HARDING D J, ELWERT F. Neighborhood effect heterogeneity by family income and developmental period [J]. American journal of sociology, 2016, 121 (4): 1168-1222.

[355] WOLF A. Childhood association, sexual attraction, and the incest taboo: a Chinese case [J]. American anthropologist, 1966, 68 (4): 883-898.

[356] WOLF A. Sexual and childhood association: a Chinese brief for Edward Westermarck [M]. Stanford, CA: Stanford University Press, 1995.

[357] WOLF A. Explaining the Westermarck effect, or what did natural selection select for? [C] //WOLF A, DURHAM W. Inbreeding, incest, and the incest taboo: the state of knowledge at the turn of the century. Stanford, CA: Stanford University Press, 2004: 76-92.

[358] WOODBURN J. Egalitarian societies [J]. Man, 1982, 17 (3): 431-451.

［359］ WRIGHT J P，CULLEN F T. The future of biosocial criminology beyond scholars' professional ideology ［J］. Journal of contemporary criminal justice，2012，28 (3)：237-253.

［360］ WRIGHT R. The moral animal：evolutionary psychology and everyday life ［M］. New York：Vintage Books，1994.

［361］ WRONG D H. The oversocialized conception of man in modern sociology ［J］. American sociological review，1961，26 (2)：183-193.

［362］ WUNSCH G. God has chosen to give the easy problems to the physicists，or why demographers need theory ［EB/OL］. Plenary given at the European Population Conference，Milan，1995. http://www. un. org/popin/confcon/milan/plen6. html.

［363］ YUDELL M，ROBERTS D，DESALLE R，et al. Taking race out of human genetics ［J］. Science，2016，351 (6273)：564-565.

［364］ ZHANG N，PARISH W L，HUANG Y，et al. Sexual infidelity in China：prevalence and gender-specific correlates ［J］. Archives of sexual behavior，2012，41 (4)：861-873.

［365］ ZHOU X，XIE Y. Market transition，industrialization，and social mobility trends in post-revolution China ［J］. American journal of sociology，2019，124 (6)：1810-1847.

［366］ ZIETSCH B P，KUJAHALKOLA R，WALUM H，et al. Perfect genetic correlation between number of offspring and grandoffspring in an industrialized human population ［J］. Proceedings of the national academy of sciences of the United States of America，2014，111 (3)：1032-1036.